KB231389

마르크스 2020

자본주의 위기에서 마르크스는 여전히 유효한가?

마르크스 2020

로날도 뭉크 지음
김한슬기 옮김

팬덤북스

목차

　오늘날 대두되는 주요 논점들과 마르크스주의를 결합하여 이야기를 진행하기 전에 먼저 '나는 마르크스주의자가 아니다'라는 사실을 분명히 밝히고자 한다. 자신의 혁명적인 사상이 하나의 도그마로 자리 잡고 종교적인 논쟁의 영역까지 발전하자 카를 마르크스가 직접 입장을 표명했던 것과 같은 맥락이다. 나는 "마르크스주의는 존재하지 않는다(Badiou, 2005)"는 알랭 바디우Alain Badiou의 애매모호한 발언에 십분 동의한다. 마르크스, 레닌Lenin, 스탈린Stalin과 이후 등장한 현대 사회주의자들의 계보가 한 줄기로 이어지지 않고 반복적으로 단절된다는 의미이다. 따라서 '마르크스주의'는 정치적으로 독립된 여러 사회주의자들을 한데 묶어 발전 가능성을 가진 하나의 집단에 소속시키기 위한 허울에 불과할 뿐이다. 간단히 말하자면 마르크스주의에는 자립성과 일관성이 없다는 뜻이다. 게다가 마르크스주의가 내세우는 원칙을 면밀히 검토해 보면 '진리'라고 받아들여지는 개념 또한 여타 종교와는 비견할 수가 없다.

독자들은 '마르크스주의자'가 아니라면서 마르크스주의를 다루는 까닭을 궁금해할지도 모른다. 글쎄, 서문의 뒷부분에서 언급하겠지만 나는 전 세계가 격동하는 이 시기에 마르크스의 사상이 여전히 유효하다고 생각한다. 아니, 어쩌면 과거보다 지금 더욱 필요성이 강조된다고 할 수도 있다. 마르크스가 제시한 방법론과 (불완전한) 이론은 자본주의를 덮친 또 다른 위기와 깊은 연관이 있다. 또한 우리는 단순히 스탈린의 포로수용소로 설명될 수 없는 마르크스주의와 공산주의가 앞으로 향할 길을 살펴봐야 한다(순전히 나의 의견이다). 마르크스의 사상에 바탕을 둔 마르크스주의는 오늘날 주요한 이슈로 대두되는 문제와 접점을 가진다. 이론적인 부분을 말하는 것이 아니라, 더 나은 미래를 향하고자 하는 정치적, 문화적 조류를 아우르는 요소에 다양한 접근이 가능하다는 점에서 가능성을 지닌다는 의미이다.

이 책의 초판은 2000년, '한 세기의 끝'을 마주하고 20세기의 종결은 곧 '역사의 끝'이라는 분위기가 감돌던 시기에 출간됐다. 여러 가지 측면에서 탈근대에 돌입하고 침몰해 가는 마르크스주의를 수면으로 이끌어 내기 위한 해묵은 행동으로 보였을 것이다. 대부분의 사람들은 1989년 베를린 장벽의 붕괴나 1991년 소비에트 연방의 해체를 마르크스주의의 치명적인 위기로 인식했다. 물론 역사상 굉장히 중요한 두 사건이라는 사실은 부정하지 않지만 나의 관심사는 아니었다. 오히려 1990년대 중반 내가 살던 남아프리카공화국의 사회주의에 접근하는 어떤 것에서도 아프리카 민족 회의ANC(그리고 회의 내 공산주의자 리더들)가 후퇴하는 뿌리 깊은 반응에 더 큰 관심을 뒀다. 내가 태어난 라틴아메리카에서 나는 이미 1980년대 후반부터 브라질, 파라과이, 우루과이, 아르헨티나, 칠레 지역에서 마르크스주의 정당과 구성원들이 우파로 전향하는 모습을 보았다. 1979년 이후 세대에게 큰 감명을 준 산디니스타Sandinista의 권위는 안타깝게 추락하고 말았다. 러시아 혁명 이후 마르크스주의는 실제로 동쪽과 남쪽 세계에 '먹혀들었'지만, 이제 우리는 배신이 아니라 기본 원칙의 측면에서 전 세계 어디에서나 마르크스주의의 몰락을 볼 수 있다.

《마르크스 @ 2000》의 신판인 이 책은 2020년 마르크스의 사상이 다시 한 번 세상의 이목을 끌기를 기대하며 집필됐다. 2007년 시작된 금융 위기가 전 세계를 휩쓸자 자본주의 사회의 언론은 정신없이 카를 마르크스가 제시한 자본주의 발전 이론을 소개했다. 경제적 자유주의는 한계에 봉착했으며, 오직 마르크스만이 여기에 합리적인 해설을 내놓는다. 소비에트 연방이 몰락하고(실제로는 마르크스주의로 추정되는) 겨우 15년 만에 마르크스주의를 구성하는 정치철학은 '역사의 끝', '대안은 없다'는 슬로건을 내세운 경제적 자유주의와 정치적 자유주의 신념이 붕괴한 이유를 이해하는 열쇠로 사용되었다. 그러나 전 세계적으로 카를 마르크스의 사상을 기저에 두고 실행에 옮긴 정치적 세력은 매우 드물었다. 1968년 이후 세대와 1989년 이후 세대는 날이 갈수록 힘을 잃어 가는 마르크스주의를 버리고 후기 구조주의와 포스트모더니즘, 심지어는 포스트정치철학들에서 새로운 신념을 찾고자 노력했다. 그러한 모순이 이 책의 핵심 주제이다.

한때 전 세계적으로 엄청난 영향력을 미쳤던 과거의 융통성 없는 마르크스주의나, 논란을 일으켰던 급진적 공산주의자들이 내세운 이론과 오늘날 재발견된 마르크스의 사상 사이에서 공통점을 찾기는 어렵다. 2009년 비데Bidet와 쿠벨라키스Kouvelakis는 마르크스에 관해 800페이지가 넘는 책을 한 권 내놓았다(Bidet and Kouvelakis, 2009). 이 책은 현대 사회의 마르크스주의를 기록한 진정한 백과사전이라고 할 수 있다. 비데와 쿠벨라키스는 마르크스주의가 중대한 위기 상황에 직면했다는 사실을 솔직히 인정하지만(19세기 후반 마르크스와 엥겔스Engels가 사망했을 당시보다 훨씬 심각하다고 한다), 오늘날 마르크스주의 정치철학의 명맥은 여전히 다양한 모습으로 유지되고 있다고 이야기한다. 비데의 주장에 따르면, 마르크스주의가 위기 상황을 맞닥뜨리면서 마르크스주의를 제창하는 정당은 사라졌고, "문명사회와 집단기억, 개인의 머릿속에서 마르크스주의는 삭제됐다(Bidet, 2009)"고 한다. 마르크스주의의 쇠퇴를 밑거름으로 삼아 다른 형태를 취하는 대안이 우후죽순 생겨날지도 모르는 상황에서 마르크스주의의 몰락을 축하하는 행위는 다소 성급해 보였다. '시장의 마법'이 주도권을 잡고, 사회를 구성하는 모든 요소의 사유화가 새로운 상식으로 떠오른 이 시대에는 마르크스주의의 가장 완화된 형태인 사회민주주의(마르크스주의자들이 한때 경멸했던)조차 실현 불가능해 보였다.

하지만 새로운 세기의 막이 펼쳐지고 채 10년이 지나지 않아 마르크스주의의 기본적인 사상 몇 가지가 다시 통용되기 시작했다. 2016년 세계은행의 수석 경제학자 밀라노비치Milanović는 신자유주의적 세계화 주장(예를 들어, 세계적 불균형의 감소로 이어질 것이라는)이 틀렸음을 입증했다(Milanović, 2016). 자본주의는 결코 영원히 지속되는 합리적인 체제가 아니라는 사실이 분명히 드러났다. 이처럼 세상을 움직이는 새로운 질서가 가지는 모순을 이해하기 위해서는 먼저 마르크스가 제시한 자본주의 이론을 살펴봐야 한다. 마르크스는 현대 자본주의의 구조를 역사적인 관점에서 포괄적으로 이해했다(우리도 같은 시각을 가질 필요가 있다). 우리가 살아가는 세상의 역사는 갈등 없는 미래로 향하는 진보와는 거리가 멀다. 오히려 불평등한 성장과 국가 간의 전쟁, 사회 계층 간의 갈등으로 특징지어지며 오늘날에도 이러한 분쟁은 이어지고 있다. 마르크스는 혁명이라는 급진적 방법을 통해 경제적, 정치적 자유주의의 발전에 맞서지는 않지만, 심화되는 갈등과 새롭게 등장하는 이론을 비판적으로 분석하는 도구를 제공한다.

이 책은 카를 마르크스의 사상과, 그 사상이 현실 세계에서 어떻게 발전했는지, 또 어떻게 쇠락했는지를 다룬다. 기본적인 틀을 제외하고는 마르크스주의의 복잡한 역사를 자세히 언급하지는 않을 예정이다. 그렇다고 오늘날까지 이어져 내려온 '수많은 마르크스주의'를 짚어 보지 않고 넘어가는 태만을 저지를 생각은 없다. 앙드레 토젤André Tosel은 오늘날의 마르크스주의는 "아름다운 유토피아를 꿈꾸는 이들부터 마르크스의 주요 개념을 다시 한 번 살펴보며 분석하는 이들까지, 수천 가지 색깔을 띠는 넓은 스펙트럼으로 구성(Tosel, 2009)"되어 있다고 말했다. 하지만 마르크스주의 이론과 현실 세계의 결합으로 탄생한 제2인터내셔널, 제3인터내셔널과 비교하면 아주 쉽게 끊어 버릴 수 있는 얇은 끈에 불과하다. 그럼에도 이와 같이 다양한 모습을 지닌 마르크스주의는 자신의 입맛에 맞춰 현실을 변화시키고자 신성한 사명을 반복하는 급진적 마르크스주의의 한계를 극복했다는 증거가 된다. 토젤은 자신이 관찰한 현상에 관해 "자유주의로 인해 발생 가능한 위기는 수천 가지 종류의 마르크스주의를 탄생시키는 기반이다(Tosel, 2009)"라는 꽤나 그럴듯한 글을 남겼다. 새롭게 탄생한 마르크스주의가 성공을 거둘지, 아니 그전에 사라지지나 않을지 결과를 확신할 수는 없지만, 마르크스주의의 맥박이 아직까지 세차게 뛰고 있다는 사실을 보여 주는 신호임은 확실하다.

사상의 해체와 재구성을 통해 넓은 스펙트럼을 형성한 마르크스주의의 역사는 어떤 의미에서 '청년 마르크스'와 《자본론Das Kapital》을 간행한 원숙한 마르크스의 대립으로까지 거슬러 올라간다고 할 수 있다. 헤겔Hegel 철학의 영향을 받은 마르크스는 루카치Lukács를 비롯한 사상가들과 평의회 공산주의자들, 심지어 68혁명 당시의 학생·노동자 같은 정치 운동가들이 채택했던 소외와 물화物化에 중점을 두었다. 이러한 인도주의적 마르크스주의는 여전히 유토피아를 꿈꾼다. 동전을 뒤집으면 온건한 사회주의 사상가들을 경멸하면서 자본주의의 운동 법칙을 밝히려는 '과학적인' 마르크스가 등장한다. 엥겔스의 지지를 받고 훗날 루이 알튀세르Louis Althusser에 의해 부활한 '사적 유물론'에 이 내용이 드러나 있는데, 소비에트 연방의 매뉴얼이라고도 할 수 있다. 여러 가지 이유로 나는 서로 대립하는 두 마르크스 중 어느 한쪽을 편들 생각이 없으며, 많은 양상을 보여 주는 다양한 마르크스주의를 변호할 예정이다. 그중에는 더 나은 세상을 만들기 위해 우리가 던진 질문에 해답을 제시하는 사상도 있을 것이다.

오늘날 마르크스주의가 가진 다양성에도 불구하고 분명한 한계가 존재한다. 개인적인 생각이지만, 나는 마르크스의 수많은 추종자들과 대조적으로 마르크스는 미래 예언에 관심이 없었다는 의견을 내놓겠다. 같은 맥락으로 그는 엥겔스와 달리 자신의 사상을 이용해 앞으로 일어날 일들을 예측하려고 하지 않았다. 그러니 마르크스의 접근 방식을 적용하면 마르크스주의는 오늘날 우리가 살아가는 세상을 설명하는 데 한계를 가진다. 이러한 이유로 낸시 프레이저**Nancy Fraser**는 "우리는 우리가 살아가는 세계를 이끌어 가는 자본주의와 그로 인해 발생한 위기를 충분히 이해하지 못하고 있다(Fraser, 2014)"며, 마르크스식 접근을 바탕으로 자본주의 개념을 보다 확장시킬 필요가 있다고 주장했다. 카를 마르크스의 사상을 통해 우리는 마르크스주의를 현시점에 적용할 수 있다(동시에 사회에 현존하는 다양한 갈등 역시 받아들여야 한다). 또한 사회적 재생산의 개념을 보다 깊게 이해할 필요가 있는데, 단순히 재화와 관련된 분야뿐 아니라 시장을 벗어나 보다 넓은 시야에서 문제를 바라보아야 할 것이다. 우리는 현재 개별적으로 인식되는 마르크스주의와 생태론 사이를 이어 줄 다리를 놓아야만 한다. 학문적 측면에서 이 둘을 분리하는 행위는 양쪽 모두에게 도움이 안 되기 때문이다. 이외에도 프레이저는 우리가 "자본주의 사회에 자리 잡은 정치와 경제 사이의 중대한 구조적 분리(Fraser, 2014)"를 인식해야 한다고 이야기했다.

페미니즘과 생태학, 탈식민주의를 마르크스주의 사상과 밀접한 관계에서 살펴보는 방법을 통해 우리는 오늘날 발생한 문제에 적절한 방향으로 마르크스주의를 부활시킬 수 있을 것이다. 위에 언급한 세 가지 분야 모두에서 고전적 마르크스주의는 취약한 모습을 보였다. 마르크스주의는 다른 사상과의 상호 작용을 통해 생산적 결과물을 낳을 기회를 갖지 못했고, 책의 본문에서는 이를 중심 주제 중 하나로 다루고 있다. 알다시피 1968년 이후 새로운 사회 운동이 수도 없이 생겨났다. 하지만 마르크스주의는 과거에 그랬듯 오늘날에도 여전히 노동자 운동의 논리를 뒷받침하는 중심 사상으로 작용하며, 사회 운동의 세계에서는 중책을 맡고 있다. 사회, 정치, 문화적인 시각에서 '한물간' 사회 운동과 새로운 사회 운동 사이에는 깊은 골이 파여 있다. 점거 운동부터 아랍의 봄까지 근래에 발생한 사건들은 노동자와 여타 계층을 이어 주는 다리의 필요성을 분명히 보여 준다. 물론 남쪽 세계에는 여전히 땅 한 조각 없이 밭을 일구며 생활하는 소작농과 이슬람 지하디스트jihadist와 같이 투쟁을 이어 나가는 사람들이 존재한다. 세상을 진정 변화시키기 위해서는(카를 마르크스는 전 생애에 걸쳐 변치 않는 윤리의 기준으로 받아들였다) 지리적, 사회 계층적으로 지금보다 훨씬 일관성 있는 접근이 필요하다.

개인적으로 마르크스주의에서 가장 '시정'이 필요한 부분은 유럽 중심적인 사고라고 생각한다. 이제는 과거의 제한을 버리고 한계를 뛰어넘어야 한다. 수많은 사상을 탄생시킨 마르크스는 말년에 들어 자본주의 사회의 종속 관계에 대한 인식이 모두 영국과 같지는 않다는 사실을 깨달았다. 마르크스와 마르크스의 절친한 친구인 엥겔스는 영국과 아일랜드와의 관계와 관련해 아일랜드에서 대두된 페니언Fenian의 혁명적 민족주의로부터 큰 영향을 받았다. 이를 관찰한 마르크스는 '다른 국가를 종속하고 있는 국가는 절대 자유로울 수 없다'는 경구를 남겼다. 러시아에 혁명이 터지기 전에 현지 운동가들과 서신을 주고받던 마르크스는 역사 발전의 한 단계인 자본주의에 관해 다시 생각해 보기 시작했다. 어쩌면 러시아가 역사 발전의 중간 단계인 자본주의를 건너뛰고 절대주의 체제에서 바로 사회주의를 달성할 수 있지 않을지가 주된 내용이었다. 그러나 이러한 생각은 마르크스의 사상에서 중요한 자리를 차지하지 못했다. 오히려 마르크스가 생을 마감한 이후 엥겔스가 독일 사회민주당과 결탁하며 자신의 사상을 체계화했고, 훗날 마르크스-레닌주의의 매뉴얼을 작성하던 인물들이 이어받았다.

우리는 국제 질서로서의 자본주의를 이해하기 위해 마르크스의 사상을 참고할 수 있다. 마르크스가 말년에 펼친 사상은 자본주의의 진화와 변모가 어떤 양상을 보이는지를 비기계적으로 파악할 힌트를 제공한다. 정통 마르크스주의의 유럽 중심적 사고는 여전히 극복해야 할 문제로 남아 있으며, 제3세계주의와 혁명적 민족주의, 조금 더 현시점에 가깝게는 탈식민주의와의 결합을 통해서만 해결 가능하다. 중국, 브라질, 인도는 2008년 발생한 자본주의 위기가 초래한 심각한 부작용에서 벗어났다. 우리는 세계가 이전과 달라졌다는 사실을 깨달았다. 1917년 레닌이 마르크스주의의 부활을 알렸고 전 세계는 러시아에 이목을 집중했다. 이제는 남쪽 세계로 눈을 돌릴 때가 되었다. 정도 차이는 있지만 전 세계적으로 자본주의는 일관성 있게 발전해 왔다. 진보적 변혁을 통해 드러난 모순과 새롭게 등장한 사회 운동을 보는 관점, 세계를 아우르는 복잡한 규칙을 이해하기 위해서는 자본주의의 발전을 가지고 온 배경을 먼저 이해해야 한다. 이제 나는 이 책의 주요한 주제를 간단히 설명하면서 독자들에게 본문의 대략적인 개요를 소개하고자 한다.

1장은 마르크스주의와 역사를 다루고 있다. 1장에서 나는 마르크스와 마르크스주의를 돌아볼 것이다. 본문은 사망 후에도 길이 영향력을 미치는 정치철학가로서의 마르크스가 아니라 당대의 사상가이자 운동가로서의 면모에 집중하고 있다. 자본주의와 자본주의의 모순, 계층 간의 갈등에 관한 분석이야말로 마르크스가 남긴 가장 중요한 유산이다. 그러고 나서 마르크스의 사상을 계승해 등장한 유럽의 사회민주주의와 소비에트 공산주의가 거론된다. 이 부분에서 마르크스의 일생에 걸쳐 조력자로 곁에 머물던 프리드리히 엥겔스가 어떤 역할을 했는지 논란이 분분한데, 이에 관해서도 언급할 예정이다. 레닌은 '동쪽'으로 눈을 돌렸고, 이러한 현상은 정통 마르크스주의가 실제로 국가 발전을 위한 하나의 이데올로기가 됐다는 사실을 가리킨다. 1980년대부터 사회민주주의가 우파 성향을 띠기 시작했고, 1980년대 후반에 들어서자 소비에트 공산주의는 세상에서 모습을 감췄다. 이제 마르크스주의는 그럴듯한 국가도, 사상을 지지하는 정당도 없이 우두커니 서 있다. 1장의 마지막에서 나는 21세기 들어 하나의 사상으로, 비판적인 분석 기법으로, 사라진 과거의 지혜로 부활한 마르크스주의에 관해 이야기할 생각이다. 새로운 모습으로 나타난 마르크스주의는 아직 우리 사회에서 완전히 자리 잡지는 못했지만, 전 세계에 만연한 신자유주의에 대한 비판부터 국제화에 반대하는 운동까지 곳곳에서 정치적 영향력을 발휘하고 있다.

2장에서는 마르크스주의와 자연을 연결 짓는다. 환경 문제는 오늘날 매우 중요하게 받아들여지지만, 정통 마르크스주의와 관련해서는 상당히 취약한 부분 중 하나이다. 이후에 다뤄질 주제들과 마찬가지로 먼저 마르크스가 가졌던 인식을 확인하면서 글을 시작할 것이다. 마르크스의 사상을 계승한 사회주의자들과 사회주의를 제창한 국가들이 오늘날 우리가 지속 가능성이라고 부르는 환경 문제에 어떤 반응을 보였는지도 살펴볼 예정이다. 그리고는 현재 우리가 살아가는 시대로 넘어와서 페미니즘과 환경 운동이 융합되며 탄생한 에코페미니즘ecofeminism에 관련된 내용이 이어진다. 누군가는 본질주의(여성이 자연과 더 가깝다는 관점에서의 주장)로 향하는 자연스러운 움직임이라고 주장하지만, 쉽게 예상할 수 있듯 여러 논란을 낳았다. 마지막으로 세계화가 진행되면서 대두된 지속 가능한 개발에 관한 비판적인 논의를 다룰 것이다. 이 논의는 지금도 중요한 안건으로 손꼽힌다. 이미 산업화된 북쪽 세계와 여전히 산업화가 진행 중인 남쪽 세계의 이해관계가 합의를 볼 수 있을까? 우리는 새롭게 떠오른 마르크스주의가 사회주의를 상징하는 붉은색과 자연을 상징하는 녹색을 어떻게 아우를지를 짚어 보며 현시대가 직면한 지속 가능성의 위기에 답을 내놓을 수 있다. 21세기에 들어선 세상에는 불확실성과 대립이 난무하고 있고, 환경 문제는 인류가 맞이할 미래에 매우 중요한 부분이다.

3장에서는 마르크스주의와 발전에 관해 이야기한다. 세계적인 발전과 마르크스주의의 부활을 바라보는 남쪽 세계의 시선이 핵심 주제이다. 마르크스는 발전 이론을 정립하며 경제학적 시야와 기계론적 시야 사이에서 갈피를 잡지 못했다. 말년에 들어서야 인도의 경우를 들며 돌파구를 찾는 듯했다. 물론 후에 마르크스의 사상을 해설하면서 이와 같이 애매모호한 부분들은 삭제된 경우가 많다. 레닌은 마르크스주의에 남아 있던 유럽 중심주의를 완전히 없애 버리고 '소비에트 연방+전화電化=사회주의'라는 슬로건을 내세우며 새로운 발전주의 이데올로기를 만들었다. 이후 제국주의 이론과 종속 이론이 등장하며 저개발에 관련한 마르크스의 이해를 찾아보려 했지만, 정통 마르크스주의에는 그와 관련된 내용이 포함되어 있지 않았다. 최근 들어서는 자본주의가 실제로 발전을 가져올 수 있는지에 관한 의문이 제기됐으며, 발전이 이루어진 이후 사회를 주제로 한 논의가 진행 중이다. 비판적인 시선으로 본문에서 자세히 살펴보겠다. 마르크스는 자본주의가 발전을 통해 자연스럽게 사회주의로 향한다고 이야기했다. 하지만 20세기에 일어난 혁명은 비교적 개발이 진행되지 않은 국가에서 대부분 민족주의와 반제국주의 운동의 일부로 발생했다. 이러한 모순에는 그럴듯한 설명이 필요하다.

4장에서는 한때 자본주의 체제의 묘지기라는 별명이 붙었던 노동자와 마르크스주의의 관계를 다룬다. 마르크스는 자본주의가 점차 전파되며 노동자들이 자주적인 단체를 결성하고, 이를 바탕으로 사회주의 체제로의 변화가 일어날 것이라고 예상했다. 그는 노동자 계급이 자주성과 창조성을 가지고 있음을 확신했고, 그 어떤 정당도 노동자 계급의 역할을 대신할 수는 없을 것이라고 생각했다. 실제로는 볼셰비키Bol'sheviki 정당이 노동자 계급을 대신해 러시아 혁명을 일으켜 역사에 한 획을 그었다. 개발이 이루어지지 않은 상태에서 산업 프롤레타리아 계급이 선봉을 잡고 사회를 변화시키기란 현실적으로 불가능하다고 받아들여졌다. 최근 몇 십 년 동안 노동자 계급과 사회주의를 둘러싼 논쟁은 (서구 세계) 노동자 계급의 쇠퇴를 주로 다뤄 왔다. 새로운 사회 운동이 여럿 생겨나면 노동자들의 결집력을 다소 약화시키는 결과를 가지고 올 수 있지만, 노동의 세계화라는 새로운 현상을 신중히 분석해 본 결과 이와는 다른 모습이 드러났다. 오늘날 남쪽 세계에 해당하는 국가에서 우리는 공식 부문과 비공식 부문 모두에 산업 노동자 계급의 비중이 증가하고 있음을 확인할 수 있으며, 성장하는 노동자 계급은 사회 변혁에 점차 큰 역할을 하고 있다.

5장의 주제는 마르크스주의와 여성이다. 마르크스주의를 부활시키는 핵심으로, 특히 페미니즘과 깊은 관련성을 가지지만 종종 논란을 낳기도 한다. 성gender과 정통 마르크스주의의 결합에는 마르크스보다 엥겔스가 더 큰 기여를 했다. 마르크스주의가 부르주아 가문과 여성 억압에 관해 이야기하긴 했지만, 그마저도 상당히 제한적인 수준이다. 후에 발생한 사회주의 운동은 그 범위에 차이가 존재하지만 하나같이 '여성의 역할'에 의문을 제기했고, 어느 정도 성공을 거뒀다. 1970년대 말에 들어서야 제대로 된 사회주의 페미니즘의 이론이 정립되어 활발한 운동이 시작됐다. 나는 본문에서 사회주의 페미니즘의 업적과 한계를 살펴볼 것이다. 마지막으로는 제3세대 페미니즘과 퀴어 이론, 혹은 우리가 포스트페미니즘이라 부르는 개념이 등장한다. 마르크스주의가 과연 이러한 조류에 편승할 수 있을까? 아니, 반대로 이러한 개념들이 마르크스주의로부터 무언가 이득을 얻을 수 있을까? 마르크스주의는 남성 본위를 내세우는 유일한 이론이 아니다. 하지만 마르크스주의의 남성 중심적인 성적 편향은 전 인류를 아우르는 사회 변혁의 길잡이가 되는 데 걸림돌로 작용하고 있음은 분명하다.

6장에서는 마르크스와 문화를 다루고 있다. 과거 마르크스주의는 문화를 단순히 물질적 토대에 기반을 두어 결정되는 수동적 '상부 구조'로 취급했으나, 오늘날 문화유물론의 관점에서 문화는 상당히 중요한 요소로 받아들여진다. 프롤레타리아 문화인 '프롤렛쿨트Proletkult'를 탄생시키려던 소비에트 프로젝트와 같은 마르크스 이데올로기의 특징이 여기에서 드러난다. 하지만 나는 안토니오 그람시Antonio Gramsci가 결정론을 바라보는 비판적인 시각과, 현대 자본주의 사회에서 문화가 얼마나 큰 역할을 하고 있는지에 대한 인식에 큰 비중을 두고 주제를 논의하기로 했다. 그람시는 1980년대 '문화적 전환'이 일어날 때 정통 마르크스주의와 신마르크스주의 사이를 연결하는 이음새 역할을 했다. 이 전환은 문화적 표현의 분석적 접근이라는 측면에서 후기 자본주의의 문화적 표현이라고 할 수 있는 포스트모더니즘의 부상과 관련이 있다. 과거 문화는 사회의 다른 요소와는 연관성을 갖지 않는다고 저평가받아 왔는데, 오늘날에는 모든 요소가 문화와 연관성을 지닌다는 시각이 넓게 자리 잡았다. 이와 같은 인식의 변화는 마침내 물질적 토대라는 개념을 몰아내 버렸다.

7장에서는 마르크스와 국가를 논하고 있다. 민족주의는 흔히 마르크스주의의 가장 큰 역사적 실패라고 여겨진다. 나는 마르크스와 엥겔스가 '민족 문제'라고 명명한 문제를 다룰 예정이다. 초기 민족주의에 관해 이들은 수많은 갈등과 논의를 거쳤다. 레닌은 애매모호한 개념으로 남은 민족주의를 도입해 '국가의 권리와 민족 자결권'이라는 마르크스주의적 이론과 정책을 탄생시켰다. 이 개념은 기존의 민족주의보다 훨씬 큰 영향력을 가지고 있지만, 동시에 훨씬 모순되기도 하다. 과거 소비에트 연방에 해당했던 국가들과 유고슬라비아에서 유지되던 긴장 상태가 폭발하면서 이러한 방식의 접근이 가진 한계가 뚜렷이 드러났다. 1930년대 오스트리아의 마르크스주의자 오토 바우어Otto Bauer의 노력으로 마르크스주의는 민족의 이해에 관한 기여를 한 가지 남길 수 있었다. 마지막으로 탈민족주의의 시대로 넘어간다. 세계화가 진행되며 민족주의에 종말이 선포되는 듯했다. 국가와 민족주의는 여전히 세계적 행사를 유치하고 사회 변혁의 틀을 세우는 것에 결정적이라고 해도 좋을 만큼 중요한 역할을 하고 있다. 비록 예전과는 전제가 다르지만, 국가와 민족의 구별이 다시 한 번 전면에 나오는 이 시대에 마르크스주의적 이해를 무시해서는 안 될 것이다.

8장은 마르크스주의와 종교를 이야기한다. 종교는 종종 '민중의 아편'이라는 표현으로 간단히 설명되곤 하지만, 오늘날은 어떤 형태를 따르는 마르크스주의도 종교 문제를 가볍게 다룰 수 없는 실정이다. 마르크스는 무신론자였지만 다양한 경로로 종교를 접했다. 마르크스주의를 공부하던 이들은 종교가 '민중의 아편'이라는 그의 경구에 깊은 인상을 받으면서도, 바로 뒤에 이어지는 종교가 '냉혹한 세상에게 억압받은 민중의 한숨'이라는 구절은 무시해 버렸다. 이렇듯 초기 마르크스주의와 종교의 관계로부터 우리는 러시아와 같이 사회주의를 제창하는 국가들이 전투적 무신론을 바탕으로 한 정책을 들고 나섰다는 사실을 떠올릴 수 있다. 또한 1960년대부터는 마르크스주의와 기독교가 결합해서 탄생한 개념인 '해방신학'이 라틴아메리카에 영향력을 미치고 있다는 사실이 관찰되었다. 마지막으로 마르크스주의를 포함해 보다 확장된 개념에서 종교와 정치를 둘러싼 논쟁을 다룰 예정이다. 21세기에 탄생한 사회 변혁 프로젝트 중 어느 것도 현대 사회에서 종교가 차지하는 중요성을 피해 갈 수는 없다.

9장은 마르크스주의와 미래를 다루고 있다. 먼저 마르크스주의가 제시한 경제학과 2007년 발생한 금융 위기 사이에 어떤 연관성이 있는지를 짚고 넘어갈 것이다. 금융 위기가 발생하면서 자본주의가 지속 가능하고 무한히 확장 가능한 체제라는 믿음은 신자유주의 이론과 함께 짚으로 만든 집처럼 바람에 날려 사라지고 말았다. 카를 마르크스는 이러한 위기와 그에 따른 결과를 어떻게 분석했을까? 나는 1929년과 1930년으로 돌아가 당시 발생했던 대공황과, 부와 권력을 거머쥔 인물부터 체제에 반하는 하위 계층까지 모두가 맞닥뜨린 딜레마 사이에서 발견 가능한 공통점을 이야기할 예정이다. 현재 2007년 발생한 금융 위기를 극복하기 위해 내놓은 정책이 안정적이지 못하다는 방향으로 의견이 모아지고 있다. 이러한 정책이 경제적, 정치적으로 지속될지에 대해서는 의견이 분분하다. 과연 '자본주의 후'에는 무엇이 뒤따를까? 이제 막 시작 단계에 들어선 반자본주의 대항 운동은 시장 경제의 허점을 파고들며 새로운 논리를 펼치고 있다. 우리는 마르크스주의를 먼 의식의 저편에 묵혀 두지 않고 새로운 모습으로 부활시켜 더 나은 미래를 만드는 데 도움이 되도록 노력해야 할 것이다.

2017년은 카를 마르크스가 1867년 《자본론》 1권을 출간한 지 150년이 되는 해다. 물론 여기에 관심을 갖는 이라고는 마르크스주의를 전문적으로 연구하는 사람이나, 경제학적 사상에 심취한 역사학자 정도일 것이다. 2007년 신자유주의 모델에 균열이 가고 10년이 지났지만, 아직까지는 보다 생산적이고 안정적인 단계로 접어든 자본주의가 마르크스의 《자본론》을 부정할 것이라는 낌새조차 보이지 않는다. 마르크스는 오늘날까지도 현대 자본주의와 자본주의 체제 아래에서 발생하는 문제들을 비판적으로 분석하는 것에 많은 도움을 주고 있다. 2017년은 1917년 러시아 혁명이 일어난 지 100년째 되는 해이기도 했다. 이것은 마르크스주의가 재부상해 국가에 힘을 행사하고 국제 정치 운동을 이끄는 원동력이 되는 현실의 상징으로 작용한다. 1989년부터 1991년까지 3년에 걸쳐 체제의 종말을 맞이했다는 사실이 마르크스주의가 가진 야심은 환상에 불구하며 더 나아가 범죄와 같다는 의미로 받아들여져도 괜찮을까? 개인적으로는 보다 인도적이고 지속 가능한 국제 질서를 확립할 방법을 강구하는 일이 가장 시급하다고 생각한다. 만약 마르크스주의의 부활이 이 목적의 달성에 도움이 될 수 있다면, 그리고 사상의 부활이 온전히 더 나은 미래를 위한다면 마르크스주의를 받아들여도 나쁘지 않을 것이다.

제1장

—

미궁 너머 :
마르크스주의와 역사

—

마르크스의 시대 이후 포스트모던을 대표하는 철학자 자크 데리다Jacques Derrida는 이렇게 못 박았다. "마르크스의 부재는 미래의 부재이다. 마르크스 없이는 미래도 없을 것이다. 마르크스의 정신과 유산이 없으면 미래도 존재하지 않는다(1994)." 하지만 사회주의 국가 체제가 무너진 지 이미 30년이 훌쩍 지난 오늘날, 마르크스가 남긴 사상은 과거보다 냉철하게 재평가되고 있다. 1장에서 나는 마르크스주의의 탄생부터 시작해서 오늘날까지 이어져 온 복잡한 궤도를 따라 마르크스의 사상이 지금껏 거쳐 온 굴곡들을 짚어 볼 예정이다. 사회민주주의와 정통 공산주의를 거쳐 포스트모던에 접어들면서 마르크스주의가 사회적으로 어떠한 역할을 하는지 살펴보겠다. 그 과정에서 나는 마치 하나의 복잡한 미궁과도 같은 마르크스주의 사상과 다양한 사회주의, 공산주의 운동을 불가피하게 단순화시킬 수밖에 없었다. 그럼에도 독자들은 어렵지 않게 이 미궁(수많은 벽과 막다른 길, 부르주아 논리로 구성돼 있다)이 마르크스주의자와 사회주의자, 공산주의자들과 그 사상들을 추종하는 사람들이 스스로 만들어 낸 창조물이라는 느낌을 받을 것이다.

당대의 마르크스

1995년 에티엔 발리바르Étienne Balibar는 "21세기에 접어들어서도 많은 사람들이 마르크스의 저서를 읽을 것이다. 단지 과거의 사회 변동을 돌아보는 의미에서가 아니라, 마르크스의 사상이 21세기에도 유효하게 적용되기 때문이다(1995)"라는 예언을 내놓았다. 그는 확신에 차 있었다. 얼핏 보기에 독자들은 발리바르의 발언이 직관에 어긋난다고 생각할 수도 있다. 하지만 한때 '무용지물' 취급을 받던 마르크스의 사상(마르크스 이전에는 헤겔 사상이 같은 취급을 받았다)은 새로운 생명력을 얻은 듯 보인다. 마르크스주의는 어느 여름날 카를 마르크스의 머릿속에서 갑자기 뿅 하고 완전한 모습으로 탄생한 사상이 아니다. 마르크스주의의 계보는 복잡하고 때로는 모순된 모습을 보여 주는데, 이러한 발전 과정을 거쳐 오늘날 우리가 마르크스주의라 표현하는 사상이 탄생했다. 우리는 이 사상을 '청년 마르크스'와 '성숙한 마르크스'의 대립 구도로 단순화시킬 수도 없고, 경제학자로서의 마르크스와 철학자로서의 마르크스, 정치가로서의 마르크스를 칼처럼 구분할 수도 없다. 심지어 카우츠키Kautsky와 레닌이 그러했듯, 마르크스주의는 독일 철학과 프랑스 사회주의, 영국 정치경제학으로부터 영향을 받은 세계관이라는 해석도 지나친 단순화이다. 마르크스주의를 유럽의 경계 내에서 사상 전체를 해석해서는 오늘날 '생명'을 되찾은 마르크스주의를 설명할 수 없다. 대신 우리는 현실 세계에서 마르크스주의가 어떤 모습을 하고 있는지, '공상적 사회주의'와 대조적으로 과학적 근거에 입각하여 혁명적 이론을 정립한 마르크스의 사상이 어떻게 변화하고, 쇠락하고, 발전했는지를 면밀히 살펴봐야 한다.

1847년 엥겔스와 공동 집필한 《공산당 선언Manifest der Kommunistischen Partei》을 통해 마르크스는 자신이 가진 정치적 시각을 명확히 드러냈다. 부르주아의 이미지를 과장되게 그려 내는《공산당 선언》은 위기를 맞닥뜨린 자본주의가 머지않아 무너질 것이라는 강한 신념을 군데군데 기록해 뒀다. 이는 프롤레타리아 계급이 모든 계급을 이끌고 급진적 민주주의로 향하는 조건을 형성하며, 마침내는 계급이 존재하지 않는 공산주의 사회로 나아가는 바탕이 될 것이었다. 영원한 혁명의 시대였다. 프롤레타리아는 역사에서 가장 보편적인 계급으로 대표됐다. 발리바르는 "당대의 현실을 파악한 마르크스가 목전에 닥친 공산주의 혁명을 읽어 냈다(1995)"고 이야기했다. 모더니즘(근대주의)과 로맨티시즘(낭만주의)이 하나로 합쳐진 듯했다. 마르크스의 변증법은 모든 사회 구성원을 구원할 정치 형태를 탄생시켰다. 그러나 역사가 끊임없이 발전할 것이라는 인식은 지나치게 낙관적이다. 포스트모던의 시각으로 보면 어두운 측면도 존재한다는 사실을 쉽게 알아챌 수 있다. 마르크스주의 모더니스트인 마샬 버만 Marshal Berman은《공산당 선언》에 관해 다음과 같은 글을 썼다.

우리는 공산주의가 결속력을 유지하기 위해 한때 공산주의의 탄생을 이끌었던 사회를 발전시킬 요소들을 억압하거나, 투쟁을 통해 쟁취할 만한 가치가 있는 수많은 희망을 등지며, 새로운 이름 아래 부르주아 사회에 만연했던 불공평과 갈등을 낳을 가능성이 존재한다는 사실을 알고 있다.(1983)

이미 역사가 항상 좋은 방향으로 발전할 수는 없다는 사실이 드러났다. 1848년에서 1849년에 걸쳐 전 유럽에서 일어난 혁명은《공산당 선언》이 현실에 적용된 사례라고 볼 수 있지만, 1850년에 접어들자 혁명의 열기는 곧 사그라졌다. 자본주의의 몰락과 프롤레타리아 계급으로의 통일은 신기루와 같은 희망일 뿐이었다는 사실이 곧 밝혀졌다. 영원한 혁명이라는 개념은 구겨진 채 쓰레기통에 처박혔고, 마르크스는 민족주의와 종교의 힘을 빌려 이를 해결하고자 애를 썼다. 계급의 차등이 존재하지 않는 사회로 향하는 자연스러운 흐름은 없었다.《루이 보나파르트의 브뤼메르 18일The Eighteenth Brumaire of Louis Napoleon》에서 마르크스는 반혁명을 상대하면서 자신이 '계급 내의 계급'과 '계급을 위한 계급'이라고 부르던 두 개념 사이의 간극을 채울 방법을 찾으려고 했다. 자본주의에 맞서기 위해 어느 날 갑자기 노동자 계급이 마법처럼 연합하고 정치적인 움직임을 보일 리는 없다. 마르크스는 자본주의와 정치경제학 연구에 (다시) 몰두했는데, 1867년《자본론》1권이 출간되며 그의 노력은 결실을 맺었다. 자본주의가 단순한 붕괴와 일반적인 위기를 극복하지 못하자 마르크스는 자본주의 생산 양식에 숨겨진 비밀과 발전 과정의 원천, 모순의 본질을 밝혀냈다.

3권에 걸친 자본론과 '네 번째' 시리즈라 할《잉여 가치론Theories of Surplus Value》의 복잡한 구성은 마르크스의 인내가 고스란히 담긴 역작이라고 할 수 있다. 하지만 여기에서 그쳤다면 경제학자로서 마르크스의 평판은 단지 '비주류 후기 리카도Ricardo 학파'에 그쳤을 것이다. 정치학적 시각을 가지고《자본론》을 접하면 이야기는 달라진다. 해리 클리버Harry Cleaver는 "오직 본문에 드러나는 구체적인 내용을 통해 작가가 전달하고자 하는 개념을 받아들일 수 있도록 불필요한 해석과 애매모호한 이론화를 피하는 연출(1979)"이라고 설명했다. (거의) 전 세계 전역에 걸쳐 자본주의 체제가 확산되는 시점에 《자본론》으로의 회귀는 꽤나 시기적절해 보인다. 물론 당대 마르크스의 경제학에서 발견되는 여러 문제는 오늘날 우리의 입장에서 다소 황당하게 느껴진다. 대표적인 예로 재화의 '가치'가 시장 가치에 의해 매겨진 노동의 '가격'에 따라 결정된다는 규칙을 도출해 내는 과정에서 발생한 소위 '변형 문제'가 있다. 그러나 비판적인 자세를 가지고 《자본론》을 읽어 내려간다면 우리는 마르크스의 이론이 오늘날의 자본주의를 보다 깊게 이해하는 꽤나 유용한 도구가 된다는 사실을 깨닫게 된다. 지그문트 바우만Zygmunt Bauman이 말했듯, 자본주의가 여전히 승기를 잡은 현시점까지도 마르크스는 "자본주의의 가치가 지닌 역사적 상대성과 한계를 낱낱이 드러냄으로써 영원히 지속될 상식으로 받아들여지지 않도록 철저하게 비판적인 이상론(1976)"을 제시한다. 비판적 사고를 가지고 접근한다면 마르크스의 사상은 새로운 시대의 새로운 상식을 정립하는 데 도움이 될 것이다.

1848년에서 1849년에 걸쳐 일어났던 사건과 마찬가지로, 1870년에서 1871년에 걸쳐 일어난 사건 역시 마르크스 체제의 형성에 복합적인 영향을 끼쳤다. 1870년 발발한 프로이센·프랑스 전쟁과, 뒤이어 탄생한 위대하지만 비극적이었던 파리 코뮌은 낙관적인 역사관을 더욱 멀어지게 만들었다. 마르크스는 역사상 최초의 '노동자 계급 정부’인 코뮌의 탄생에 만세를 불렀지만, 영국을 비롯한 대부분의 자본주의 선진국에서 혁명이 일어나지 않았다는 사실에 충격을 받았다. 게다가 파리의 지배 계급은 군사력을 투입해 파리의 노동자 계급을 무자비하게 진압했다. 공산주의로 향하는 단순하고 자연스러운 행보는 존재하지 않았다. 현실 정치는 발전을 위한 격돌의 연속이었다. 마르크스주의의 전형적인 패턴이었다. 1872년 제1인터내셔널의 해체로 역사가 ‘좋은 방향’으로 발전하지 않는다는 사실이 다시 한 번 증명되었다. 발리바르가 말했듯 1871년 이후 마르크스는 “연구를 그만두지 않았으나 그 순간부터 더 이상 연구를 끝내지 못할 것이라고 확신했고, 결국 ‘결론’에 이르지 못했다. 마르크스의 연구에 결론이란 애초에 존재하지 않았다(1995)”. 마르크스의 사상은 이전보다 덜 필연적이고, 더 개방적이고, 더 ‘정치적’으로 받아들여졌다. 마르크스는 프롤레타리아가 국가 기구를 해체해야 할 때를 공산주의 이전 단계로 보는 ‘이행transition’이란 개념을 이끌었다. 마르크스의 이 ‘시정rectification’은 훗날 사회주의 역사에 엄청난 영향력을 미쳤다.

1871년 사건 이후 마르크스는 다시 연구에 착수했다. 그는 특히 러시아의 경우에 비춰 자신이 정립한 사회 진화 이론을 바로 세우고자 했다. 자본주의 사회를 거쳐 공산주의 사회에 도달한다는 마르크스의 진화론은 완전히 어긋나 버렸다. 사회 진화에 관한 물음은 단순했지만 마르크스는 대답을 내놓기가 무척이나 어려웠고, 이에 인식론의 단절이 생겨났다. 1888년 소위 ‘대중 영합주의자populist’로 알려진 초기 러시아 사회주의자들은 농촌 공동체가 공산주의를 형상화한 비자본주의 발전의 시초가 될 수 있을지를 마르크스의 사상에서 알아내고자 했다. 마르크스는 1867년 출간된 《자본론》의 서문에 다음과 같은 유명한 주장을 남겼다. "산업적으로 발달된 국가는 비교적 덜 발달된 국가에 다가올 미래를 보여 줄 뿐이다(Marx, 1976)." 마르크스는 1881년 베라 자술리치Vera Zasulich에게 보내는 편지에서 《자본론》에 언급한 부의 축적 이론이 마치 법처럼 통용되고 있지만 역사적 상황과 관계없이 현실에 적용되지 않았다는 사실을 분명히 드러냈다. 자본주의의 발전에는 일관된 경로가 없으며, 전 세계 각국에서 자본주의는 복잡하고 다양한 경로를 따라 각자 발전해 나가고 있었다. 러시아에 마르크스의 글을 전파하는 일에 앞장선 테오도르 샤닌Teodor Shanin은 이렇게 이야기했다. "마르크스는 인생의 마지막 10년 동안 사상적으로 엄청난 도약을 이루어 냈지만, 죽음을 맞이하며 그의 사상 역시 단절되고 말았다. 마르크스는 지적인 인물이었으며, 사회 정의를 위해 열정을 바친 혁명적인 인물로, 자신의 사상을 따르는 교조적 혁명가들에게 호감을 가졌다(Shanin, 1983)."

1883년 마르크스가 사망하자 엥겔스는 마르크스가 남기고 간 작품들의 관리자로 나섰다. 엥겔스는 마르크스주의 발전에 엄청난 기여를 했다. 독일 사회민주당의 대표 당원들과 함께 엥겔스는 다양한 해석의 여지를 가지고 있던 마르크스의 사상을 체계적으로 정리했다. 엥겔스의 영향력은 마르크스 사후 출간된 《자본론》과 《반뒤링론Anti-Dühring》과 같이 자신의 사상을 담은 저서, 자신의 세계관을 드러내는 '사적 유물론'의 탄생에서 드러난다. 마르크스가 사망하고 엥겔스의 분석이 점차 구체화되자 폴 토머스Paul Thomas는 "엥겔스의 사상은 그가 스승이라고 칭했던 마르크스로부터 어떠한 영향도 받지 않았거나, 받았더라도 아주 조금에 불과하다(1991)"고 말하기도 했다. 어쩌면 토머스의 주장만큼은 아니더라도, 소비에트 연방이 마르크스의 사상을 참고해 국가 이데올로기를 수립하면서 세운 연구소에 마르크스·엥겔스연구소라는 이름을 붙인 것에는 이유가 있는 법이다. 엥겔스를 비롯한 수많은 인물들이 마르크스의 저서를 해석했지만, 우리는 마르크스가 생전에 단 한 번도 '사적 유물론'은 물론 소비에트 연방이 앞세운 '변증법적 유물론'도 언급한 적이 없다는 사실을 잊지 말아야 한다. 1938년 스탈린은 소논문 〈변증법적 유물론과 사적 유물론Dialectical and Historical Materialism〉을 통해 '마르크스주의'를 정설로 굳히고 국가 이데올로기와 통치 방법에 적용했다. 물론 이 모든 과정이 필연적이었던 것은 아니다.

코와코프스키Kolakowski는 마르크스주의의 역사를 주제로 한 3권짜리 책에서 자식이 지은 죄의 책임을 아비에게 물었다. 우리는 코와코프스키의 노력을 부정하기 위해 장밋빛 필터를 통해 현상을 바라보아서는 안 된다. 그러나 마르크스가 당대의 상황에서 저술한 글을 실제로 읽어 보고 역사적 맥락에서 이해한다면, 종교처럼 받아들여지는 마르크스-레닌주의가 탄생한 모든 책임을 단순히 마르크스에게 돌릴 수는 없다. 물론 마르크스가, 특히 모더니스트 사상가로서의 마르크스가 비판을 면제받는다는 의미는 아니다. 이와 같은 맥락에서 우리는 "당대의 현실에 적용된 체제를 벗어나 새로운 사회 계획, 새로운 사상, 새로운 문화, 새로운 세계관을 탄생시키기 위한 노력은 가장 위험한 전통으로의 귀환을 초래할 뿐(1984)"이라는 푸코Foucault의 경고를 숙고해 볼 필요가 있다. 이 점에서 마르크스가 저지른 가장 큰 죄는 아마 오만일 것이다. 하지만 1980년대 마르크스주의를 버린 의뭉스러운 '신新철학자들'이 말하려 한 것처럼, 소비에트 연방의 강제 수용소인 굴라크Gulag에 끌려 들어간 사람들은 《자본론》에 책임을 물을 수 없다(e.g. Glucksmann, 1980). 푸코 이전에 막스 베버Max Weber가 그러했듯, 심지어 '변증법적 유물론'과 조금이라도 관계가 있다고 생각되면 피하기 급급했던 푸코조차 '마르크스의 망령'으로부터 벗어나지 못했던 것으로 보인다.

우리는 어째서 마르크스의 사상이 오늘날까지도 유효하게 적용된다고 생각할까? 스탈린주의 전성기에 루카치는 "마르크스주의가 따르는 정설은 (중략) 마르크스의 연구로 도출된 결과를 무비판적으로 수용하지 않는다. (중략) 오히려 단지 마르크스의 방법론만을 참고할 뿐이다(1971)"라는 자신의 글을 부정했다. 그러나 여전히 '광신자'의 면모를 지닌 루카치의 글은 민감한 사안으로 여겨진다. 자기반성의 성격을 가지고 포용력이 내재된 마르크스의 방법론은 철저하게 비판적이다. '변증법적 유물론'이 스탈린 전체주의의 일부라면, 마르크스의 사상은 끊임없는 혁신과 변화, 자기반성을 추구한다고 할 수 있다. 마르크스의 사상은 사상이 탄생한 사회만큼이나 역동적이었고, 오늘날까지 역동적인 모습을 유지하고 있다. 또한 정의 사회 구현을 추구하는 마르크스의 사상은 과거에나 현재에나 동일하게 적용된다. 새로운 세상을 꿈꿨다기보다 자본주의 체제의 비판이라는 현실적인 바탕에서 마르크스의 사상이 탄생했다는 해석에는 얼추 의견 일치가 이루어진 듯 보인다. 이 점과 관련해서 우리는 "개인적인 의견으로 (마르크스가) 오늘날 우리에게 주는 위대한 선물은 (중략) 현대 사회에 존재하는 모순으로부터의 탈출이 아니라 모순을 파고드는 보다 확실하고 깊은 방법이라고 생각한다(1983)"는 마샬 버만의 의견에 동의할 수밖에 없다.

마르크스는 과학적 논리를 좇았다. 그렇다면 공산주의 체제를 기반으로 한 유토피아는 어떠한가? 마르크스의 글에서 우리는 강한 반유토피아적 성향을 느낄 수 있으나, 어찌 됐든 여전히 공산주의라는 용어 자체는 유토피아라고 받아들여진다. 그러나 마르크스의 사상과 관련해 유토피아라는 개념을 재고해 봐야 한다는 의견도 적지 않다. 마르크스주의 옹호자라고는 할 수 없는 존 그레이John Gray는 "정당한 비판과 사상을 받아들이는 객관적 지식을 신화적으로 해석하며 억압하는 행동"은 "쉽게 이해하기 어려워 오직 소수만이 받아들이는 문화(1995)"로 축약하기 위한 목적을 가진다고 이야기했다. 자크 데리다는 마르크스의 사상을 받아들이는 과정에서 마르크스주의가 "유토피아를 포함하고 있고, 필수적으로 유토피아를 포함해야만 하며, 포스트모던에 접어들어 수많은 반대에 맞닥뜨렸지만 메시아적 종말론의 성격을 지닌다(1994)"며, 존 그레이와 비슷하지만 보다 긍정적인 의견을 내놓았다. 마르크스주의를 모든 인류적 시도와 분리한다면 굉장히 환원주의적이고 '차가운' 과학적 시야를 가지게 된다. 우리는 마르크스주의가 추구하는 유토피아를 전체주의가 초래하는 악몽으로 보기보다 현실적인 정책의 하나로 받아들일 수도 있다. 어쩌면 마르크스는 새롭게 탄생한 사회 운동들이 자본주의 체제의 묘지기라 불리는 프롤레타리아 계급과 같이 변화를 가져올 주체라고 이야기할지도 모른다.

마르크스주의 추종자들

마르크스 추종자들은 마르크스가 감아 놓은 사회주의 시계(아니면 폭탄?)의 태엽을 천천히, 그렇지만 확실하게 풀어 놓았다. 마르크스의 사상은 대략적인 개요만을 남겨 두고 새로운 모습으로 재탄생했다(심지어는 전혀 다른 모습을 가지는 경우도 있었다). 사회주의 인터내셔널이라고도 불리는 제2인터내셔널은 엥겔스가 사망한 1895년에서 불과 몇 해 전인 1889년에 창립됐다. 새롭게 탄생한 국제기구가 제1인터내셔널을 이어받아 발전된 모습으로 대체될 수 있을 것이라고 희망에 부풀었던 시기였다. 코와코프스키는 1889년에서 1914년까지를 "마르크스주의 황금기(1981)"라고 불렀는데, 과장이 아니었다. 하지만 1914년 제1차 세계 대전이 발발했고, 프랑스와 독일 사회주의 정당에 속해 있던 프롤레타리아 계급은 국가를 위해 거대하게 일렁이는 불구덩이로 뛰어들었다. 사회주의 인터내셔널이 품었던 원대한 희망은 프롤레타리아 계급이 맹목적 애국심에 굴복하고 각자 모국의 승리를 위해 돌아서면서 무너지고 말았다. 역사의 분수령을 맞이한 마르크스주의는 한층 더 강화되어 볼셰비키, 혹은 공산주의로 다시 태어났다. 이와 관련된 내용은 다시 언급할 예정이다. 우리는 그에 앞서 마르크스주의 창시자인 카를 마르크스가 세상을 떠난 후에 마르크스주의를 관통하는 인식론적, 정치적 '정설'을 보다 자세하게 살펴보아야 한다.

마르크스주의에 프리드리히 엥겔스가 어떤 역할을 했는지에 대해서는 항상 의견이 분분했다. 어떤 이는 우리가 접하는 마르크스주의는 마르크스와 엥겔스 사이에서 탄생한 잡종이라고 말하는 반면, 어떤 이는 엥겔스가 카를 마르크스의 사상을 단순화하고, 때로는 왜곡해서 해석했다는 이유로 마르크스-레닌주의의 정설을 따르는 사람들이 엥겔스를 떠받들고 있다고 이야기했다. 나의 개인적인 입장을 간단하게 밝히자면, 엥겔스는 마르크스 생전에 마르크스를 도와 중요한 역할을 수행했지만 마르크스와는 분리된 별개의 사상가로 인식되어야 한다고 생각한다. 카를 마르크스가 죽고 난 후의 삶(1883년부터 1895년까지) 동안 프리드리히 엥겔스는 카를 마르크스가 생전에 남긴 작품을 관리하는 역할을 맡아 1권 이후로 이어지는 《자본론》을 편집해서 출간했으며, 가끔은 마르크스가 '진정으로 의미'했던 내용이 무엇인지 결정을 내리기도 했다. 엥겔스가 이러한 역할을 맡게 된 배경에는 사회민주주의 지도자들의 압박도 어느 정도 있었다. 마르크스의 사상을 이어받은 엥겔스는 불가피하게 마르크스의 '대체 자아'라는 애매한 지위를 남겼고, 당시 어떤 이들은 엥겔스를 '진실의 출처'라고 부르기도 했다. 특히 소비에트 연방의 이데올로기는 엥겔스를 성인으로 떠받들다시피 했다. 마르크스와 엥겔스는 레닌, 스탈린, 마오쩌둥毛澤東의 본보기가 되었다. 그들은 각자 자신이 카를 마르크스의 철학, 정치, 윤리 기준, 지적 능력을 이어받은 계승자라고 주장했다. 물론 모두 사실이 아니다.

'청년 엥겔스'는 1850년에《독일 농민 전쟁The Peasant War in Germany》을, 1845년에《영국 노동 계급의 상황The Conditions of the Working Class in England》을, 1878년에는 그 유명한《반뒤링론》을 출간해 이미 정평이 자자한 평론가였다. 엥겔스는 훗날 다시 철학적 연구를 이어 나갔고, 1927년 그의 유작인《자연변증법Dialectics of Nature》이 출간됐다. 그 사이 엥겔스는 마르크스의 조력자이자 홍보 담당으로 활동했고, 좋은 친구로 지내 왔다. 마르크스가 사망하자 엥겔스는 1883년 마르크스를 다윈Darwin에 대조되는 '과학적 유물론자'라고 칭한 장례식장에서의 연설을 시작으로 자신만의 마르크스주의를 만들어 나가기 시작했다. 1892년 다양한 언어로 번역되어 전 세계 각지에 배급된 엥겔스의 저서《공상에서 과학으로Socialism:Utopian and Scientific》에서 엥겔스는 '과학적 사회주의'라는 용어를 사용해 마르크스의 사상을 한층 체계화했다. 엥겔스는 '과학적'으로 마르크스를 해석하고 자연과학에 기반을 둔 낯선 글을 집필했고, 그렇게 탄생한 '변증법적 유물론'(마르크스 사상의 어디에서도 찾아볼 수 없다)은 1917년 이후 스스로를 정당화하려는 새로운 소비에트 정부의 필요에 꼭 맞아떨어졌다. 간단히 말하자면, 마르크스는 엥겔스가 《공상에서 과학으로》에서 주장한 '인류 역사 발전의 단계 법칙'을 주장한 적이 단 한 번도 없다.

마르크스주의의 '교황'이라 일컬어졌던 카를 카우츠키는 마르크스의 사상을 유기적으로 체계화해서 하나의 원칙으로 만들고자 시도하여 성공했다. 심지어 그를 '뻔뻔한 변절자'라 비난하던 레닌까지도 마르크스가 남긴 이론을 발전시킨 카우츠키의 업적을 치하했다. 레닌은 특히 농지 문제와 관련된 부분에 반색을 표했다. 코와코프스키에 따르면, "카우츠키는 자연주의적 성격과 다원주의적 사회진화론 측면에서 엥겔스에 버금가는 마르크스주의 주창자(1981)"이다. 카우츠키는 20세기에 부상하기 시작한 복잡한 자본주의 사회와 노동자 운동 사이의 관계를 훨씬 섬세하게 풀어냈다. 카우츠키는 사회주의 발전에 있어 민주주의가 큰 중요성을 가진다는 사실을 무척 잘 알고 있었다. 그는 국가와 정당 사이에 정립된 새로운 관계에 관한 분석을 내놓았는데, 훗날 그람시가 카우츠키의 분석을 이어받아 발전시켰다. 카우츠키는 1917년 일어난 볼셰비키 혁명이 가진 비민주적 성격을 비난했는데, 오늘날까지도 많은 관심을 받고 있다. 결국 카우츠키는 마르크스주의의 전면 개정과 근대화를 통해 안정적인 성장세를 보이는 민주자본주의에 마르크스의 사상을 억지로 끼워 맞추려는 에두아르트 베른슈타인Eduard Bernstein을 비롯한 수정주의자들로부터 마르크스주의의 '정설'을 지켜 내기도 했다.

혁명적 공산주의를 따르는 이들은 카우츠키를 곱지 않은 시선으로 바라봤다. 한술 더 떠 그들에게 베른슈타인은 혐오의 대상이나 마찬가지였다. 베른슈타인은 비폭력적인 방법을 통해 점진적으로 사회주의를 향해 나아가야 한다고 주장했지만, 그의 주장에 코웃음을 치는 이들이 적지 않았다. 최종 목적(사회주의)은 중요하지 않으며, 그 과정(사회민주주의)이 '전부'라는 그의 발언은 종종 조롱거리로 인용됐다. 엥겔스가 사망하고 나서 베른슈타인은 1899년 출간된 《사회주의의 전제와 사민당의 과제Die Voraussetzungen des sozialismus und die aufgaben der sozialdemokr》를 통해 자본주의의 끔찍한 몰락을 바라는 마음으로 마르크스주의를 정립한 이들을 비난했다. 1890년대 중반까지 독일에서 자본주의 사회의 위기는 그다지 두드러지지 않았다. 산업화가 발전한 국가에는 으레 민주주의의 발전이 뒤따랐고, 사회주의로의 이동은 의회를 통해서만 가능할 것 같아 보였다. 어쩌면 입법과 제도 개혁, 점진적인 사회 변화를 통해 자연스럽게 사회주의를 도입할 수 있을지도 몰랐다. 베른슈타인은 날카로운 통찰력으로 말년의 엥겔스의 논리에 존재하는 모순을 꼬집었다. 엥겔스는 한편으로 합법적인 과정으로 사회주의를 이뤄 내야 한다고 주장했지만, 다른 한편으로는 여전히 사회주의 혁명을 포기하지 못했다. 카우츠키가 마르크스주의의 발전에 관해 '정설'을 고집했다면, 베른슈타인은 보다 개방된 태도로 개혁적인 사회주의 이데올로기를 추구했다.

카우츠키와 베른슈타인은 마르크스로부터 시작된 정통 마르크스주의와 새롭게 등장한 사회민주주의 사이를 이어 주는 역할을 한다는 공통점을 가진다. 두 사상가를 통해 정면으로 근대를 마주한 마르크스주의는 그나마 남아 있던 낭만주의적 성격을 모두 떨쳐 버렸다. 바일하르츠Beilharz의 글에서 알 수 있듯, "카우츠키와 베른슈타인이 《독일 이데올로기》에서 추구하는 이상이 실현되기까지 기다리지 못한 것(1992)"은 우연이 아니다. 사회주의 담론에 어느 날 갑자기 리얼리즘이 끼어들었고, 공상적 요소는 사라져 버렸다. 현대 사회에서 목가적이고 평화로운 노동자 계급의 유토피아는 더 이상 유효한 개념이 아니었다. 막스 베버의 시대로 접어들면서 헤겔은 구닥다리 취급을 받았다. 부의 축적과 사회 계급 사이에 존재하는 차별로 인해 사회는 점점 더 복잡해져 갔고, 복잡한 사회에 변증법적 이론은 더 이상 적용하기 힘들었다. 바일하르츠는 조금 더 나아가 "사회민주주의는 이러한 해체 과정을 촉진시키고 마침내는 모던, 혹은 포스트모던 시대의 노동자 계급 유토피아를 좌절시킨다(1992)"는 흥미로운 아이디어를 내놨다. 지나치게 단순화된 마르크스주의의 목적론에 가지고 있던 환상은 깨졌고, 마르크스주의야말로 해답을 제시해 줄 사상이라는 신념도 무자비하게 흔들렸다. 그러나 근대기에 새롭게 등장한 사회민주주의 역시 마찬가지로 목적론적이었으며, 전통 마르크스주의의 실패에 대답을 내놓을 수 없었다.

1914년의 트라우마와, 1918년 이후 독일에서 사회민주주의가 '부르주아 정부'에 합류한 사건을 비롯한 여러 사건은 사회민주주의의 모습을 완전히 변화시켰다. 한 가지 확실한 사실은 사회민주주의가 가진 전략을 실행할 수 있는 주체는 국가라는 점이었다. 이런 이유로 정책을 수립하고 권력을 행사하기 위해서는 의회에서 더 많은 자리를 차지해야만 했다. 마르셀 리브만Marcel Leibman은 이렇게 주장했다. "결과적으로 개혁주의는 재정의되었다. 점진적이고 평화롭고 합법적이며, 너무나 뻔히 드러나서 굳이 입 밖으로 낼 필요조차 없을 정도이다(1986)." 러시아 혁명이 일어나면서 마르크스주의의 서사에는 새로운 영웅적인 장이 열렸고, 서유럽의 사회민주주의는 굴곡 없는 삶의 미덕을 강조하며 아주 조금이라도 개혁의 여지가 보이면 냉담한 반응을 보이기 일쑤였다. 가장 온건한 형태의 사회민주주의까지도 우위를 점하기 위한 집단적, 혁명적 활동을 지지했던 과거와 대조적으로, 이제 수많은 사회민주주의 지도자들은 대중의 움직임에 두려움을 느꼈다. 점차 권력을 손에 넣은 사회민주주의 정당은 국가 내부의 움직임에 '책임'을 져야 했고, 국가에 반하는 움직임이 조금이라도 보이면 무력을 행사해서라도 진압해야만 했다. 심지어 카우츠키와 베른슈타인까지도 급진적 성향을 가진 위험인물로 간주될 지경이었다.

제2차 세계 대전이 종결될 즈음에 이르자 사회민주주의는 도저히 과거 마르크스 사상의 흔적을 찾기 힘들 정도로 변형되어 있었다. 카우츠키의 자리를 꿰찬 케인스**Keynes**의 이론이 온 세상을 점령했다. 계급 고하를 막론하고 케인스의 이론에 마음을 빼앗긴 사람들은 노동과 무역 조합에 큰 관심이 없었다. 1950년대에 들어서서는 국가 통제주의자들이 외치던 생산 수단 국유화의 필요성에 의문을 품기 시작했다. 이러한 변화는 1959년 독일 사민당의 '바트고데스베르크**Bad Godesberg** 프로그램'을 통해 드러난다. 케인스 학파는 복지 국가와 정치적 자유주의의 개념을 탄생시켰다. 이처럼 자유주의와 사회민주주의 결합으로 새롭게 등장한 개념들은 이데올로기 형성에 안정적인 역할을 하지 못했다. 파지트Padgett와 패터슨Patterson은 "사회민주주의를 새롭게 정의하려는 시도는 절반의 성공만을 거뒀고, 정당들은 두 이념이 혼재된 혼란스러운 상황에 놓이게 됐다. 그 배경 아래 (사회민주주의의) 원초적인 성질이었던 분열성은 더욱 심화되었다(1991)"는 발언을 했다. 비록 상징적, 이론적인 사상으로 의미가 축소되긴 했지만, 마르크스주의가 영향력을 미치는 범위는 새롭게 탄생한 정치적 담론까지 확대되었다.

1980년대가 되자 이제 100년의 긴 역사를 가진 사회민주주의는 더 이상 사회 변혁을 꿈꾸거나 마르크스주의의 발전을 꾀하는 개념으로 해석되지 않았다. 사회민주주의의 본질은 자유주의와 완전히 통합되어 전 세계적으로 우위를 점한 신자유주의의 일부가 되고 말았다. 공산주의가 변질되고 종국에는 와해될 때에도 사회민주주의는 급진주의나 '인간의 얼굴을 한' 사회주의에 맞서 방어막 역할을 할 엄두조차 내지 못했다. 1980년대 프랑스에서 일어난 '미테랑Mitterrand 실험'은 자유주의와 세계화 앞에서 사회민주주의가 얼마나 빠르게 무력화되는지 보여 줄 뿐이었다. 근대화와 자유화가 개혁주의와 사회화의 자리를 차지했다. 더욱 눈에 띄는 점은 급진주의라는 꼬리표가 우파에 붙어 있는 모습이 자주 보인다는 것이다. 급진주의와 개혁을 앞세우며 전후 지적, 정치적 지배권을 쥐고 있던 사회민주주의는 이제 그마저도 잃어버리고 말았다. 민주주의 사회에서는 사회민주주의가 카를 마르크스와 어떠한 관계를 가졌든 더 이상 관심을 주지 않았다.

전통적 사회민주주의의 맹점은 언제나 식민지 혹은 '제3세계'에 있었다. 특히 식민지 문제와 관련해서 유럽 중심주의는 알게 모르게 유럽 제국주의의 수용으로 이어졌다. 유럽 중심주의는 그만큼 치명적이었다. 게오르게 리히트하임George Leichteim은 사회주의의 역사를 다루면서 짧게나마 제3세계와 관련된 내용을 따로 언급했다. 그는 "레닌의 사상을 마오쩌둥주의라고 일컫는 유치한 모방"이라든가, 마오쩌둥주의 모델의 "어린아이 같은 단순함"이라고 표현했다(1970). 말할 필요도 없이 리히트하임의 경멸적인 표현은 유럽 사상가들의 반발을 불러일으켰다. 물론 마르크스주의의 시초라고 할 마르크스부터가 식민주의에 문제를 제기했을 것이다. 마르크스는 러시아의 개발주의 정치나 아일랜드의 민족주의에 미간을 찌푸렸을 수도 있지만, 여전히 영국의 인도 지배가 썩 나쁘지 않았으며, '활기찬' 미국인이 '게으른' 멕시코인보다 우위를 점하는 현상은 당연하다고 생각했을 것이다(3장 참고). 하지만 최근 수십 년 동안 정치적 조류에 휩쓸려 마르크스의 사상을 놓쳐 버린 사회민주주의는 제3세계에서 점차 영향력을 키워 나가기 시작했다. 어쩌면 사회민주주의는 이미 개발이 진행된 자본주의 국가가 자연의 섭리에 따라 내리막길을 걸으리라는 생각에 이참에 새로운 기회를 얻으려는 시도를 하고 있는 것이 아닐까?

1970년대와 1980년대 초반에 걸쳐 라틴아메리카에서는 사회민주주의가 갑작스러운 인기를 얻었다. 마치 유럽 역사의 흐름이 고스란히 성공적으로 아메리카 대륙으로 옮겨 온 듯 보였다. 그중에서도 스페인이 프랑코 독재 정권에서 의회민주주의로의 개혁을 성공시킨 일례는 라틴아메리카에 큰 영향력을 미쳤다. 라틴아메리카를 움직인 또 다른 핵심 요소는 독일의 사회민주주의였다. 독일의 도움으로 사회민주주의를 도입한 라틴아메리카는 미국의 제국주의 패권에 대응하고자 하는 움직임을 보였다. 결국 사회민주주의는 내전을 통한 개혁으로부터 라틴아메리카를 지켜 내기 위한 하나의 안전장치라고 할 수 있다. 그러나 국제 경제 측면과 정치 관계 측면에서 남과 북 사이에 조화를 꾀하던 빌리 브란트Willy Brandt의 행동은 온전히 독일의 잇속을 차리기 위함이 아니었다. 여기에는 사회민주주의가 가진, 아니 한때 가졌던 신념(노동조합의 결성과 침해 불가한 권리인 자유를 보장하고, 민주적인 선거 절차를 따르고, 국가는 공공의 선을 추구하는 책임을 다해야 한다)이 내재하고 있다. 이 신념 덕분에 라틴아메리카는 기나긴 군사 독재의 암흑기에서 벗어나 변화를 이룰 수 있었다.

개발도상국에서 사회민주주의는 수많은 과제에 맞닥뜨렸다. 유럽 중심주의에서는 어느 정도 벗어난 사회민주주의는 수많은 나라에서 막강한 분파들을 탄생시켰다. 개발도상국의 사회민주주의 지도자였던 페르난두 엔히키 카르도주Fernando Henrique Cardoso가 제시한 문제들은 무척이나 흥미롭다. 카르도주는 브라질을 비롯한 제3세계 국가에서 사회민주주의는 다음과 같은 세 가지 문제를 해결해야 할 것이라고 주장했다.

1. 한때 구원을 가져다주리라 여겨졌던 사회민주주의는 오늘날 자유주의 아래 사유화를 촉진하는 역할을 하고 있다.
2. 세계화가 진행되면서 사회민주주의와 민족주의의 애매모호한 관계를 정리할 필요성이 대두되고 있다.
3. 사회민주주의와 민주주의의 관계, 그리고 근대화를 이룩하기 위한 강력한 집행자의 필요성과 의원 내각제 사이의 어긋난 관계를 바로잡아야 한다.(Cardoso, 1993)

사회민주주의가 이 문제들을 해결할 수 있을지는 알 수 없다. 사회민주주의의 경제적, 정치적 개혁이 개발도상국이 직면한 사회 문제에 해결책을 제시할 수 있을지는 더욱이 알 수 없는 일이다.

동쪽 세계의 마르크스주의

1917년 공산주의가 러시아를 장악하면서 1914년 독일과 프랑스의 사회민주주의가 겪은 치욕이 씻겨 나가는 듯 보였다. 실제로 마르크스-레닌주의의 새로운 움직임은 전 세계로 퍼져 나갔다. 그러나 70년의 세월이 흐르면서 이러한 변화는 역사 속에서 완전히 와해되고 말았다. 여기서 나는 공산주의 사상과 공산주의 국가의 부흥 및 쇠락을 다룰 예정이다. 우리는 먼저 1917년이 세계 정치 역사에서 어떤 지표로 작용하는지를 살펴봐야 한다. 아리기Arrighi와 홉킨스Hopkins, 월러스틴Wallerstein은 다음과 같은 글을 남겼다. "1917년은 국가 권력을 옹호하는 자들이 처음으로 이루어 낸 극적인 승리라는 점에서 엄청난 상징성을 갖는다. (중략) 1917년에 이들의 전략이 유효하다는 사실이 증명됐다(1989)." 마르크스와 엥겔스는 프롤레타리아가 어떻게 정치적 권력을 손에 쥐게 될지에 관해 명확한 방법을 제시하지 않았고, 카우츠키와 베른슈타인은 의회를 통한 개혁으로 마침내 사회주의에 다다를 것이라며 앞선 이론을 발전시켰다. 레닌과 볼셰비키는 최초로 (비록 마지못한 면이 없지 않아 있었으나) 국가 권력을 장악하는 혁명적인 길을 열었다. 자코뱅Jacobin을 되살린 볼셰비키는 더 넓은 세계로 진출해 중국과 멕시코에 혁명의 물결을 일으켰다. 앞선 예시와는 다소 차이가 있지만, 독일 역시 볼셰비키의 물결에 영향을 받았다. 볼셰비키를 탄생시킨 설립자가 누구냐 묻는다면 대부분 지체 없이 레닌이라 대답할 것이다. 마르크스-레닌주의라는 새로운 지침을 탄생시킨 레닌은 역사적인 인물로 우뚝 섰다.

레닌은 마르크스가 남긴 사상과 정치 전략 사이의 틈새를 메우기 위해 부단히 노력했다. 레닌이 정치와 국가 조직을 바라보는 시각에 의해 마르크스주의를 관통하는 본질과 사적 유물론은 완전히 새로운 모습으로 다시 태어났다. 레닌은 1903년 열린 제2차 전 러시아 사회민주노동당 대회에서 인식론의 돌파구를 제시했다. 당과 당원을 어떻게 조직해야 할지를 놓고 벌어진 사소한 논쟁은 이전과 뚜렷이 구분되는 두 가지 개념을 탄생시켰다. 그렇게 볼셰비키의 행동 양식과 태도를 다룬 정치 용어들이 새로 모습을 드러냈다. 정치적 카테고리의 하나로 '직업 혁명가'라는 단어도 제2차 대회의 유산이다. 볼셰비키는 이론을 중요시하고 '원칙'에 입각한 독단주의를 주장하는 한편 유연한 전략을 채택하는 이중성을 보였다. 레닌에게 무기가 되어 준 당파가 출범했고, 펠릭스 가타리Félix Guattari는 이를 "상징성을 가지고 구심점이 되어 줄 정당이 역사에 등장했다(1984)"고 표현했다. 우리는 레닌의 결정이 가져오는 영향력을 제대로 이해하기 위해 루카치와 폴란A.J.Polan의 의견에도 귀를 기울여 보아야 한다. 루카치는 레닌의 '놀라운 현실주의'가 단순히 "사회주의가 가진 문제에 (중략) 마르크스주의를 적용했을 뿐(1971)"이라고 말했다. A. J. 폴란은 레닌이 정치적으로 발생 가능한 다른 가능성을 배재하고 인간의 자유를 억압하는 독재를 선택함으로써 "대재앙의 본질(1984)"을 끌어들였다는 부정적인 의견을 내놓았다.

단순히 마르크스주의를 현실에 적용하고자 한 레닌을 '현실 정치Realpolitik'의 주체로 보는 시각에는 문제가 있다. 레닌은 급진주의적 성격을 지닌 정통 사회주의를 열망하는 인물이었다. 실제로 레닌은 이론이 가진 힘을 믿는 교조적 사회주의의 본보기, 혹은 전형이라는 주장이 훨씬 그럴듯하다. 이쯤에서 우리는 레닌을 두 가지 측면으로 나누어 살펴볼 필요가 있다. 먼저 직접 민주주의를 채택하고, '이중 권력'을 세우고, '소비에트로 모든 권력을 이전'하기 위해 노력하던 레닌이 있다. 한편 말년 들어 쇠약해진 레닌은 프롤레타리아 계급을 탄압하고, 독재 정치를 펼치며, 국가 관료제를 실현하려 노력했다. 하지만 레닌주의를 이끈 레닌은 전위당을 탄생시켰으며, 테일러주의Taylorism 경영 방식 도입을 찬양했고, 경제적 정치적 규율을 중요시했다. 물론 20세기 초반 러시아의 경제, 사회, 정치가 퇴보하는 끔찍한 상황 속에서 레닌이 제시한 애매모호한 해결책은 '객관적인' 근거를 가진다. 결과적으로 말하자면 레닌주의는 마르크스주의의 퇴보, 혹은 더욱 직설적으로 표현하자면 후진적 자본주의 국가에 적용된 후진적 사회주의라고 할 수 있다.

초기 볼셰비키 혁명은 1918년 독일에서 일어난 혁명에 희망을 심어 주는 듯 보였다. 자본주의의 중심지라 할 독일에서 일어난 혁명으로 사면초가에 몰린 기업들은 잠시 숨을 돌릴 수 있었다. 하지만 마르크스주의자인 동시에 국제주의자였던 혁명의 주체는 오직 자본주의를 거쳐야만 사회주의를 이루어 낼 수 있다고 굳게 믿었다. 이러한 점에서 보면 그들은 마르크스가 베라 자술리치에게 보낸 편지 내용을 수용하지 않았음이 틀림없다. 마르크스는 반드시 발전 단계를 따르지 않아도 된다며 가능성을 열어 놓았기 때문이다. 유럽에서 사회주의 혁명의 희망이 사라지면서 결국 혁명 본부는 러시아에 남게 되었지만, 낙관적인 전망은 이어졌다. 1919년 레닌이 코민테른(공산주의 인터내셔널)을 창설할 당시 연단에 서서 이야기했던 것처럼 '프롤레타리아 혁명의 승리는 보장되어 있다'고 여겨졌다. 그러나 새로운 혁명의 물결이 지닌 색깔은 순수한 붉은색만은 아니었다. 레닌이 식민 지배와 관련해 가지고 있던 제국주의, 민족주의, 자유주의적 관념은 전 세계적으로 퍼져 나가던 자본주의에 대항하는 핵심이었다. 1920년에 열린 동방 인민 회의Congress of the Peoples of the East

에서 볼셰비키 혁명의 지도자들은 영국과 프랑스 제국주의에 맞서 '성전'을 치러야 한다고 주장했다. 공산주의는 민족주의가 창궐한 동쪽으로 눈을 돌렸다. 전통 마르크스주의가 강조하던 프롤레타리아 국제주의는 물론, 오직 발전된 자본주의 국가만이 사회주의로의 개혁을 꿈꿀 수 있다는 이론과도 거리가 먼 행동이었다.

제1차 세계 대전이 끝나고 거대한 반자본주의 국가가 모습을 드러냈다. 제2차 세계 대전이 끝나자 중국, 베트남, 북한, 쿠바가 여기에 가세했다. 비록 러시아의 강제에 의한 결정이긴 했지만, 대부분의 동유럽 국가들도 소비에트 연방과 같은 입장을 취하는 정책을 선택했다. 그러나 이러한 국가들에서 일어난 혁명은 민족주의적 성격을 강하게 띠고 있었고, 동유럽 일부 국가를 제외하고는 대부분 농업을 기반으로 경제 활동을 이어 나갔다. 상황이 이렇게 되자 정세를 관찰하던 인물 중 소수는 경제적으로나 정치적으로나 마르크스는 물론 레닌의 사상과도 공통점을 찾아볼 수 없다는 의견을 내놓기도 했다. 오늘날에는 부질없고 허울뿐인 이론이라고 여겨지는 '소련의 본질'에 관한 논의에서 과거의 마르크스주의는 완전히 형체를 잃고 무너지고 말았다. 자본주의 체제에 따르기를 반대하지만 분명히 사회주의자도 아닌 인물들이 정상 참작 요인을 찾는 동안, 자본주의 체제의 이론적 지도자들은 공산주의라는 괴물에 분노를 쏟아 내고 있었다.

레닌이 사망한 뒤 정권을 잡은 스탈린은 독재 정치를 펼치며 근대화를 서둘렀다. 그의 전체주의 정치는 전 세계를 통틀어 유사한 사례를 찾기 힘들다. 마오쩌둥 이후 중국의 지도자 자리에 앉은 인물들은 공산주의 쇠퇴에 그런대로 적응해 나갔지만, 스탈린의 뒤를 이은 인물들은 어찌할 바를 몰라 허둥댔다. 소비에트의 거대한 단일 정당의 조직력은 생각보다 견고하지 못했다. 정부의 중앙 집권으로 결정된 경제 모델은 효율성이 떨어졌으며, 기술 혁신은 일어나지 않았다. 정치 참여자들의 수가 적어지자 곧 정책을 결정하는 과정에서 기존에 존재하는 허점을 보완할 가능성이 크게 떨어졌다. 소비에트 정권에서는 단지 정책 결정만이 아니라, 보다 사소한 부분까지 적용되는 문제였다. 의견 조율을 통해 결론을 도출하는 과정이 자취를 감추면서 부패로 이어졌다. 1917년 밝게 빛나던 희망은 40년 만에 빛을 잃고 말았다. 제2차 세계 대전을 겪으며 강화된 러시아의 민족주의적 요소는 여전히 남았지만, 무력한 과거의 잔상일 뿐이었다. 불안정한 현실과 이에 품은 불만으로 인한 개혁, 뒤따르는 부패는 악순환으로 자리 잡았고, 마침내는 고르바초프Gorbachev에 의한 페레스트로이카로 이어졌다. 새로운 개혁의 바람을 가져온 페레스트로이카는 공산 통치에 마침표를 찍었다. 칼 보그스Carl Boggs는 이렇게 말했다. "다양한 경로(복잡한 경제, 기술 발전, 도시화, 교육 수준 향상)를 통해 모더니티는 마침내 스탈린이 세운 원칙을 파괴했고, 이제는 어떠한 형태를 취하는지와 관계없이 모든 공산주의 체제의 존립을 위협하고 있다(1995)." 이 결과가 필연적이었다고는 할 수 없다. 1960년대 근대화 이론과 수렴 이론이 주장했듯, 민중 반란으로 인한 정치적 혼란과 노동의 조직화, 인권 캠페인 또한 이러한 결과를 초래하는 큰 역할을 했다.

동유럽 국가들이 '국가 사회주의' 체제를 더 이상 참지 못하고 분노를 터뜨린 지는 그리 오래되지 않았다. 비록 실패로 끝났지만 1983년에는 동독이, 1956년에는 헝가리가 봉기를 일으켰다. 특히 헝가리 봉기는 국제 공산주의 운동을 대표하는 사건으로 남았다. 이어서 1968년 체코슬로바키아가 움직임을 보였고, 1979년부터 1981년까지는 폴란드의 시민들이 지배 세력에 저항하며 결정적인 역할을 해냈다. 위에 언급한 국가들의 관료주의적 중앙 집권주의 체제는 생각보다 약했다. 대안 사회를 구축하기 위한 움직임들을 목격한 서유럽 공산당은 '유로코뮤니즘'이라는 새로운 공산주의 노선을 채택했다. 1970년대 중반부터 후반까지 그들은 우월한 위치를 점하기 위해 필연적으로 사회민주주의로 전환을 꾀했다. 이쯤 되자 그람시-톨리아티Togliatti 사상을 택한 이들과 카우츠키-베른슈타인 사상을 택한 이들 사이에는 별 차이가 없어졌다. 의회는 정치적 개혁의 열쇠를 쥐고 있는 특권 집단이 되었고, 사회주의는 뒤편으로 밀려나고 말았다. 개혁주의 공산주의자들의 노력에도 불구하고 돌파구를 찾을 수는 없었고, 1990년이 되자 "유로코뮤니즘은 더 이상 지중해를 포함한 다른 지역에서 사회 변화를 가져오는 도구의 역할을 하지 못했으며, 1970년대 수많은 마르크스주의자들을 들뜨게 했던 거창한 예언을 조금도 충족시킬 수 없었다(Boggs, 1995)".

좁은 세상에서 고통받았던 '서유럽 마르크스주의의 위기'와 대조적으로, 더욱 넓은 세상에 자리 잡은 사회주의는 엄청나게 중요한 역할을 했다. 중국의 사회주의 혁명은 1917년 일어난 러시아 혁명에 이어 두 번째로 중요한 위치를 차지했다. 만약 발전한 자본주의 국가에서 프롤레타리아가 들고 일어나지 않는다면, '국가의 세계(농업 중심 국가 혹은 제3세계)'는 '도시의 세계(자본주의 선진국)'에 둘러싸여 흡수되고 말 것이었다. 1956년 헝가리에서 뒤따라 혁명이 일어나자 수많은 급진주의자들은 소위 말하는 제3세계에 주목하기 시작했다. 알제리와 쿠바에서 발발한 혁명은 승리를 거뒀고, 제국주의에 대항하며 인민이 일으킨 전쟁이 가진 전설적인 면모는 더욱 부각되었다. 장 폴 사르트르Jean Paul Sartre는 프란츠 파농Frantz Fanon을 앞세워 본국 마르크스주의의 무력함을 비난했다. 체 게바라Ché Guevara가 사망하자 카스트로Castro는 1967년 소비에트의 체코슬로바키아 침공을 지지하고 나섰다. 현실 정치가 다시 한 번 유토피아를 집어삼키고 있었다. 1975년 오랜 시간 기다려 왔던 베트남 혁명의 승리조차 씁쓰름한 맛으로 남게 되었다. 인도차이나 반도 전쟁으로 대살육전이 펼쳐지고 '보트피플'이 등장하자 급진적 사상이었던 제3세계주의는 마침내 자취를 감추고 말았다. 자본주의가 다시 주도권을 잡자 전통 마르크스의 사상이 제시했듯 경제 개혁의 새바람이 불었다.

1989년에 동독과 서독을 갈라놓은 베를린 장벽이 무너지면서 공산주의 시대의 막이 내려갔다. 현실적으로나 사상적으로나 1989년에 일어난 이 사건은 역사의 분수령이라고 할 수 있다. 베를린 장벽의 붕괴는 구사상의 몰락을 상징한다는 점에서 프랑스 혁명이나 1917년의 러시아 혁명과 같은 의미를 가진다. 수많은 역사적 사건들이 마르크스주의의 몰락을 가리키고 있었고, 마르크스주의가 한계에 이르렀다는 결론을 부정할 길은 없었다. 사회주의가 개혁으로 향하는 길을 열어 줄 것이라는 기대는 흔적도 없이 사라져 버렸다. 그래도 프레드 할리데이**Fred Halliday**는 베를린 장벽 붕괴에 관해 "정치적 측면에서 가장 도외시된 부분을 극적인 모습으로 재조명했다. (중략) 이 사건으로 민중이 예고 없이 급작스럽게 집단을 이루어 정치적 행동을 취할 수 있다는 사실이 드러났다(1991)"며 새로운 해석을 내놓았다. 마르크스주의 운동과 마르크스주의 정부가 몰락하는 순간, 동유럽 시민들은 가장 '마르크스주의'에 부합하는 혁명적 행동을 보여 줬다는 것이다.

'1968년'과 마찬가지로 '1989년'은 단순한 공산주의 정치 체제의 몰락 이상을 상징한다. 데이비드 헬드**David Held**가 남긴 글처럼 "1989년 베를린 장벽 붕괴를 비롯한 모든 사건들"은 "모더니티의 유형과 특징 자체를 의미한다. 현대 세계가 구성되는 과정과 그 구조가 바로 그것이다(1992)". 프랜시스 후쿠야마**Francis Fukuyama**는 1992년 "역사의 종말(1992)"을 고했다. 논쟁의 여지가 다분한 주장이었으나, 당시 사회 분위기와 미묘하게 맞아떨어지는 부분이 있었다. 극단적으로 보수적인 낙관주의와 급진적 비관주의는 얼마 못 가 틀렸다는 사실이 증명되었지만, 생각지도 못한 새로운 사상이 계속해서 생겨났다. 물론 역사는 종말을 맞이하지 않았다. 하지만 이제 세상에 남은 사상이라고는 자본주의와 자유주의가 전부인 듯했다. 인류가 '나은 삶'으로 나아가는 경로를 차단해 버린 파시즘처럼 소비에트 사회주의는 악몽으로 남는 것만 같았다. 서구는 냉전에서 승리를 거뒀지만, 그들의 승리주의는 걸프전의 사례처럼 끔찍하고 무서운 사상이었다. 항상 그랬듯 머지않아 새로운 세상의 질서를 지지하는 세력과 반대하는 세력이 생겨날 것이다. 지금 쥐고 있는 승리의 성배가 독이 될지는 누구도 모르는 일이다. 언젠가는 시대에 안주한 자본주의를 흔들어 놓는 갈등이 고개를 내밀 것이다.

1989년 베를린 장벽이 무너진 사건을 두고 다양한 반응이 나왔다. 소비에트 마르크스주의에 밀려 한 걸음 물러나 있던 정치 단체들에게는 기회였다. 가짜 신을 흉내 내던 소비에트가 몰락했으니, 이제 진짜 신앙을 바로 세울 차례가 돌아왔다. 안타깝게도 평범한 삶을 살아가는 사람들은 소비에트가 추종하던 마르크스주의와 이외의 마르크스주의 사이에서 236가지 차이점을 구분해 내지 못했다. 또 다른 정치적 입장에서는 마르크스주의를 역사 속에 묻고 까맣게 잊어버리기로 했다. 자유주의적 성격을 띠는 마르크스주의를 제창하던 이들은 새 시대를 포용했다. 그들에게 ‘1989년’은 자유 시장을 주장하는 자본주의와 잘못된 만남을 가져도 좋다는 허가와도 같았다. 서로 다른 입장을 취하는 두 정치 행태에 관해서는 그다지 언급할 필요가 없는 듯하다. “역사는 오랜 시간 동안 고통스러운 길을 우회해 왔다. 이제 고통은 끝났고 공산주의는 근원으로 돌아가 자본주의 체제의 정치와 경제를 비판하는 역할을 수행해야 한다(1991)”는 프레드 할리데이의 의견에 개인적으로 동의하는 바다. 우리는 자본주의가 막 떠오르기 시작한 세상을 둘러보던 마르크스가

서 있던 바로 그 자리에 다시 서 있다.

오늘날의 마르크스주의

1977년 〈일 마니페스토Il Manifesto〉 신문의 주최하에 베네치아에서 열린 회의에서 당시 마르크스주의 이론의 '교황'이라고 불리던 루이 알튀세르가 '마르크스주의의 위기'가 닥쳤음을 공식 선언했다. 알튀세르는 원인을 각자의 길을 걷겠다며 정당을 해체한 공산주의자들에게서 찾았다. 여기에 로산나 로산다Rossana Rossanda는 실제로 현존하는 사회주의가 "모호한 염원이 아닌 하나의 사회 이론이자 인류가 단체를 이루는 한 방법으로써 어떠한 역할을 하는지(Il Manifesto, 1979)" 의문이 들게 한다며 구체적인 내용을 덧붙였다. 그러나 1977년은 이미 10년 전에 시작된 공산주의 체제의 변화를 깨닫기엔 너무 뒤늦은 시기였다. '1968년(1967년~1969년)'은 오래된 공산주의의 종말과 포스트마르크스주의의 부상을 상징하는 해였다. 1968년 전후로 일어난 사건들은 "두서없는 보편성, 단일 계급과 단일 정당이라는 특징, (경제적) 이유에 관한 단순한 전제, 다양한 통치 형태를 두루 살피지 못하는 맹목성, 한정적 자원을 염두에 두지 않은 끝없는 생산주의(Boggs, 1995)" 등 마르크스주의와 사회주의가 가정하는 수많은 전제 조건들에 의문을 품게 만들었다.

1968년 5월 프랑스에서 발발한 혁명과 같은 해에 체코슬로바키아에서 일어난 '프라하의 봄', 1969년 아르헨티나의 '코르도바 사태'는 모두 같은 맥락으로 이해된다. 이 사건들은 관료주의적이고 독재적인 국가 통제주의에 반발심을 나타냈다는 공통점을 가진다. 실제로 세상과 세상을 바라보는 시야를 바꿔 놓은 혁명이라고 할 수 있다. 군사적으로는 비록 '실패'일지 모르나, 독단적인 마르크스-레닌주의를 타파할 새로운 사회 운동을 야기했다는 점에서 어느 정도의 성공을 거두었다고 봐도 좋다. 페리 앤더슨Perry Anderson은 "관료주의가 장악한 정당에 대항해 민중은 집단을 이루어 혁명적 행동을 실천에 옮겼다. 이것은 마르크스주의 이론에 따라 노동자 계급이 다시 한 번 합심할 수 있다는 사실을 암시한다(1976)"며 낙관적인 해석을 내놓았다. 부패하지 않은 마르크스주의가 스탈린주의의 언저리에 머물며 기존 체제가 몰락하기를 기다린다는 전제 아래 이러한 결론이 성립되는데, 안타깝게도 트로츠키Trotsky의 후계자들은 너무 늦어버렸다. 1968년도에 일어난 사건들은 문화적으로 중대한 역할을 했으며, 오랜 시간 동안 마르크스주의자들에게 등한시되어 왔던 '상부 구조'는 중요한 경제적 기반으로 작용하고 있었다(6장 참고). 이와 같은 상황 아래에서 그람시의 사상은 구마르크스주의와 신마르크스주의를 연결하는 이음새로 작용했다.

안토니오 그람시는 사회주의 사상에 있어 문화적 중요성을 강조했다. 그람시가 새로운 헤게모니 개념을 제시하면서 정통 마르크스주의에는 지속적인 비판이 뒤따랐다. 선진 자본주의 국가의 지배권에 깔린 복잡한 본질을 파헤치던 그람시는 자본주의 체제를 유지하기 위해서는 지배 계급의 강제만큼이나 노동자 계급의 동의가 중요하다고 주장했다. 이처럼 획기적인 의견을 낸 그람시는 유혹적인 요소들이 감소하고 있다는 사실을 부정했고, 현실 사회의 다양성을 존중해야 한다고 이야기했다. 서유럽을 넘어 전 세계적으로 적용되는 그람시의 사상은 1970년대에 엄청난 관심을 끌었다. 일례로 그람시의 사상을 이어받은 에르네스토 라클라우Ernesto Laclau와 샹탈 무페Chantal Mouffe는 각자, 또는 같이 연구하여 포스트마르크스주의를 발전시켜 나갔다. 푸코와 데리다 같은 후기 구조주의자들도 그람시의 영향을 받았다. 그들은 하나같이 전체주의를 동경하는 전통 사회주의는 사라져야 한다고 끈질기게 주장했고, 본질주의자들이 내세우는 선천설을 거부하며 다음처럼 이야기했다.

모든 전체주의가 가지는 불완전한 성질을 고려했을 때 '사회'가 하나로 봉합된 전체라는 전제를 버려야 한다는 결론이 연구를 통해 도출됐다. '사회'는 타당한 논쟁의 대상이 아니다. 수많은 다양성과 차이점을 관통하는 원칙은 존재하지 않고, 따라서 공통된 구성 원리도 찾을 수 없기 때문이다.(Laclau and Mouffe, 1985)

1968년 사건이 방아쇠가 되어 그람시에게서 영감을 받은 '개방적' 마르크스주의가 탄생했다. 하지만 1968년 이후 환멸감을 느끼는 사람들도 많았고, 비합리주의로 돌아서는 사람들도 종종 생겨났다. 혁명은 일어나지 않았다. 노동자들은 집으로 돌아갔고, 학생들은 직장을 구해 일을 했으며, 공산당은 과거와 같이 집권을 계속했다. 영원할 것만 같았던 마르크스주의에 등을 돌린 사람들은 보수적인 신철학의 단순함에 마음을 빼앗겼다. 특히 마오쩌둥 이전 '1968년 세대'는 마르크스주의가 러시아의 굴라크나 노동 수용소와 다를 바가 없다며 맹비난을 쏟아 낸 것으로 악명이 높다. 이 학파의 주요 인사였던 베르나르 앙리 레비Bernard-Henri Lévy는 1977년 출간된《인간의 얼굴을 한 야만La barbarie à visage humain》에서 권력이란 '어디에나 있지만 그 무엇도 아니다'라는 개념을 내세우며 마르크스주의 이론을 부정했다. 레비가 말하고자 하는 바는 명확했다. 해방은 불가능하며, 좋은 사회는 꿈에 불과하다는 것이다. 그에 따르면 결국 정치적 갈등이란 우세와 열세라든가, 자유의 추구 등을 따지는 뜬구름 잡는 이야기에서 시작된다. 억압하는 이와 억압당하는 이 사이의 경계는 흐릴수록 이상적이다. 한때 알튀세르 학파를 추종하던 앙드레 글뤽스만André Glucksmann은 1980년《사상의 거장들The Master Thinkers》에서 마르크스를 특히나 매섭게 비판했다. 글뤽스만의 책에서 마르크스는 "전체주의와 혁명을 광신적으로 추종"하고 "집단의 안녕을 위해 공포 분위기를 조성"하는 철학자의 전형으로 묘사되고 있으며, 모든 사회주의 체제의 기저에는 마르크스의 억압이 내재되어 있다고 주장한다.

'1968년'이 가지는 애매모호함은 장 프랑수아 리오타르Jean-François Lyotard의 지적 탐구 활동에서 잘 드러난다. 리오타르는 본인의 사상보다는 우상과 같은 존재였던 것으로 유명하다. 먼저 우리는 리오타르가 수년간 '사회주의인가 야만인가Socialisme ou Barbarie' 단체의 일원이었다는 점을 떠올릴 수 있다. 정치적 탐구라는 목적을 가지고 있던 이 단체는 코넬리우스 카스토리아디스Cornelius Castoriadis와 클로드 르포르Claude Lefort 같은 핵심 좌익 사상가가 참여하여 마르크스주의 사상 '자체'를 비판하는 것에 목적을 두고 있었다. 리오타르는 알제리에서의 경험과(공산당이 현실과 타협하는 현장을 직접 목격했다) 자신이 활발한 활동을 펼쳤던 1968년 5월 혁명으로 인해 마르크스주의에 환멸을 느끼게 됐다. 리오타르는 정치로부터 한 발 물러난 도시의 사색가와는 거리가 먼 인물이었다. 1974년에 출간된 리오타르의 책《리비도 경제Libidinal Economy》는 마르크스주의에 가진 거부감을 가장 잘 보여 줬는데, 훗날 스스로 '악랄한 책'이라고 부를 정도였다. 이 책에서 리오타르는 마르크스의 정치적 경제 개념에 대적하기 위해 리비도 경제라는 개념을 발전시켰다. 마르크스주의는 리오타르를 설득하지 못했고, 그는 '거대 담론에의 불신'을 자신의 사상에 적용했다. 1984년 발표된 리오타르의《포스트모던적 조건The Postmodern Condition》은 포스트모던 사상의 성서로 여겨졌으나, 문제는 그의 사상이 포스트마르크스주의의 범위 안에 고스란히 포함된다는 점이었다. 리오타르는 마르크스를 강하게 비난하고, 더 나아가 마르크스주의의 단절을 외치면서도 마르크스의 그림자에서 벗어나지 못하는 유일한 정치 사상가는 아니었다.

리오타르가 1950년대 중반 알제리를 주제로 잡지 〈사회주의인가 야만인가Socialisme ou Barbarie〉에 기고한 글은 포스트모더니즘에 새로운 한 줄기 빛이 되었다. 그가 주요 시사점으로 제시한 부분은 마르크스주의가 알제리가 처한 상황의 특수성을 전혀 고려하지 못하고 단순히 러시아 혁명의 반복으로 받아들였다는 사실이다. 리오타드에게 알제리 사태는 당시의 융통성 없고 독단적인 마르크스주의로 분석할 수 있는 '순수한 상황'이 아니었다. 알제리의 상황은 점점 악화되었고, 현실 감각이 떨어지는 마르크스주의는 이미 썩어 버린 사상이라는 사실이 증명됐다. 최근의 탈식민주의 관점에서 리오타르가 마르크스주의에 내놓은 반박은 큰 의의를 가진다. 1960년대 초반 리오타르는 마르크스주의 비판을 넘어 오늘날 포스트모더니즘이라 불리는 개념을 탐구하기 시작했다. 스튜어트 심Stuart Sim이 말했듯, "리오타르는 역사적 사실을 근거로 마르크스주의가 어떠한 정치적 실패를 겪었는지를 오랜 시간 동안 연구했고, 마침내 포스트모더니즘은 포괄적인 개념으로 탄생할 수 있었다(1996)". 우리가 주목해야 할 점은 데리다, 푸코와 마찬가지로 리오타르가 긴 시간을 들여 마르크스주의(와 마르크스)를 연구했으며, 새로운 사상적 이론과 정치 형태는 어느 날 갑자기 하늘에서 뚝 떨어지지 않는다는 것이다.

전통 마르크스주의에 대항하는 포스트모더니즘을 이해하기 위해서는 먼저 1984년에 출간된 리오타르의 《포스트모던적 조건》을 살펴봐야 한다. 리오타르는 기술적, 사회적 변화 측면에서 포스트모더니즘의 시대를 묘사한다. 이 변화는 마르크스주의에서도 자주 다룬 주제인데, 리오타르는 모더니티의 한계성을 인식론적으로 분석하며 한층 깊은 연구를 보여 줬다. 리오타르는 계몽주의적 시각에서 과학, 전체론, 진보, 보편, 합리성, 객관성에 관한 지식에 의문을 표했다. 리오타르는 포스트모더니즘을 "통합 서사를 보는 회의론(1984)"이라고 한마디로 요약했다. 이를 통해 우리는 리오타르가 부의 창출(애덤 스미스Adam Smith), 생물의 진화(다윈), 그리고 무엇보다도 노동자 계급의 해방으로 이루어지는 인류의 해방(카를 마르크스)과 같이 절대적 혹은 보편적이라고 받아들여지던 진리를 부정했다는 사실을 알 수 있다. 리오타르는 기존에 진리로 받아들여지던 주장과 '더 깊은' 진리를 찾기 위해 이루어지는 지속적인 연구를 거부하고 세분화, 세속화된 지식을 강조했다. 리오타르의 주장에 따르면 어떠한 관점도 특별하게 다루어져서는 안 되고, 모든 지식은 일시적이며, 권력은 허상에 불구한 데다 미래는 불확실하다. 세상 만물이 변화하는 시대에 운명은 부질없다. 1980년대 전체에 걸쳐 포스트모더니즘은 예술과 인문학 분야에 큰 영향을 미쳤다.

아마도 지난 20년 동안 지식의 진보에 가장 큰 영향력을 미친 철학자는 미셸 푸코가 아닐까 짐작한다. 미셸 푸코가 마르크스주의에 어떠한 생각을 가졌는지는 명확하지 않다. 푸코는 "1968년에 일어난 사건과 1968년의 사건이 일어나기까지 발단이 된 사건들은 분명히 반마르크스주의적이다(1980)"라며 자신의 입장을 표명했다. 푸코의 사상은 논쟁의 여지 없이 마르크스주의에 대립하는 입장에서 발전해 왔다. 그렇다고 '1968년'(혹은 푸코)이 반마르크스주의적 성격을 띠는지는 또 다른 이야기이다. 우리는 피에르 마슈레Pierre Macherey를 통해 젊은 시절 푸코가 마르크스주의를 꽤나 가까이했고, 자신의 과거를 부정하려 애썼다는 사실을 접할 수 있다. 푸코가 "변증법적 유물론과 관련된 일체를 전염병이라도 되는 냥 피해 다닌(cited in Balibar, 1992)" 이유이다. 반면 한때 알튀세르와 공동 연구를 진행했던 에티엔 발리바르의 해석에 따르면, "푸코의 모든 연구는 마르크스의 사상에 반대하면서 탄생했다고 생각해도 좋다. 푸코의 연구에 박차를 가하는 진정한 원동력이었다(1992)". 이러한 점에서 푸코는 마르크스주의를 비판하고 포스트마르크스주의를 발전시키는 것에서 유리한 위치를 선점하고 있었다고 받아들여지기도 한다. 마르크스는 푸코에게 없어서는 안 될 자극제였다.

푸코는 한때 스스로를 '니체Nietzche 공산주의자'라고 불렀는데, 이단적 성격을 띠는 푸코와 잘 어울리는 듯하다. 과학적 분석을 추구하고 권력 구조를 수용했다는 점에서 마르크스주의는 푸코에게 지배권의 행사와 떼려야 뗄 수 없는 관계로 받아들여졌다. 잘 알려져 있듯 푸코는 규율을 강조하는 '미시' 권력에 집중해 권력 관계를 '모세 혈관'에 비유한 이론을 발전시켰다. 비록 국가 통제주의를 주장하는 전통 마르크스주의와는 어긋나지만, 푸코가 말년에 제시한 이론은 니코스 풀랑저스Nicos Poulantzas와 같은 창조적 마르크스주의자들의 사상과 놀랍도록 맞아떨어진다(1980). 압둘 잔모하메드Abdul Janmohamed는 이런 글을 남겼다. "푸코는 자신이 마르크스와 마르크스주의를 융합하는 것에 관한 문제와, 정치적 경제의 범위 내에서 권력이 어떤 기능을 하는지에 관한 마르크스의 이론에 성급히 반박하는 과정에서 논쟁의 여지를 제공했다는 사실을 알고 있다(1995)."

개인적으로는 마르크스가 푸코의 사상에 긍정적인 영향을 끼쳤다는 입장이다. 아울러 권력은 다양한 측면에서 분석되어야 하며 국가, 계급, 정당의 합일이라는 정통 마르크스주의에 따라 범위가 축소되어서는 안 된다는 의견에도 동의하는 바이다. 독단주의와 지배구조를 깨부수고자 하는 마르크스주의자들이 세계화가 진행된 오늘날의 복잡한 권력 관계를 연구함에 있어 푸코의 사상은 아마도 결코 무시할 수 없는 역할을 할 것이다.

이제 자크 데리다의 사상을 살펴보자. 후기 구조주의 운동의 전문가이자 마르크스주의의 골칫거리였던 자크 데리다는 자신이 마르크스에게 큰 빚을 졌다는 사실을 얼마 전에 인정했다. 데리다는 꽤나 직설적으로 털어놓았다. "마르크스주의의 정신으로부터 계속해서 긍정적 영향을 받기 위해서는 마르크스주의를 구성하는 원칙을 충실히 따라야만 한다. 무엇보다도 항상 마르크스주의의 바탕을 구성해 온 급진적 비판을 잊어서는 안 된다. 다시 말해, 스스로를 비판할 자세가 준비되어 있어야만 한다(1994)." 마르크스주의의 핵심이라고 할 비판적 성질을 중요시하던 데리다는 변증법적 유물론을 따르는 낡은 소비에트 체제를 맹렬히 비판하고 나섰다. 잘 알려져 있듯, 자크 데리다는 해체주의라고 알려진 접근법을 도입했다. 니체 철학의 입장에서 데리다의 해체주의는 "혹독하리만치 회의적인 논의를 발전시키고, 자의식에 관한 의문을 불러일으켰다(Norris, 1991)". 그러나 데리다가 최근 이와 같은 해체주의를 마르크스주의와 관련지으려 했다는 사실은 잘 알려지지 않은 듯하다. 데리다는 "다른 사람들은 어떻게 생각하는지 모르겠지만, 나는 해체주의를 잘 알지 못한다. 하지만 마르크스주의가 가지는 특정 사상, 마르크스주의가 가지는 정신이라고 할 수 있는 급진화만큼은 예외이다. 마르크스주의는 해체주의라는 개념을 도입해 지속적으로 급진화를 추구해 왔다(1994)"고 이야기했다. 논쟁의 여지가 있지만, 데리다의 발언으로 우리는 마르크스주의가 급진을 논하는 지식인들을 끌어당기는 사상임을 짐작하게 된다.

서구 교과서에서 쉽게 다루지 않는 포스트모더니즘의 측면이 존재한다. 바로 탈식민주의와의 관계이다. 탈식민주의 연구 교재의 편집자들이 이야기하듯, "포스트모더니즘의 주요 목표(그럴듯한 이야기를 장황하게 늘어놓는 일원화된 유럽 문화의 해체)는 중심과 주변부를 구분 짓는 제국주의의 이분법적 사고를 해체하겠다는 탈식민주의의 목표와 유사점을 가진다(Ashcroft 외, 1995)". 포스트모더니즘이 정치를 심미화한 것처럼 같은 맥락에서 탈식민주의는 심미적 연구를 정치화했다. 조금 더 구체적으로 얘기하자면, 포스트모더니즘은 실제로 북대서양 지식 계급이 누리는 특권이 되어 버렸다. 심지어 탈식민주의조차 서구에서 연구를 하는 제3세계 지식층들만이 접근할 수 있는 좁은 개념으로 받아들여지는 경우가 많다. 그럼에도 포스트모더니즘과 탈식민주의 정치가 결합하면 서구 세계의 존재론적 안위를 불안정하게 흔들어 놓는 강력한 움직임이 발생한다. 포스트모더니즘 안에서도 유럽 중심주의는 여전히 건재하다. 제3세계 급진주의자들은 이에 적대감을 드러내고 있다. 하지만 넓은 역사적 시각으로 바라봤을 때, 포스트모더니즘은 탈식민주의가 제 목소리를 내도록 약간의 자리를 내주고 있는 것처럼 보인다.

포스트모더니즘 정치는 결코 단순하게 정의할 수 없다. 포스트모더니즘을 하나로 정의하기 어렵기 때문이다. 그러니 포스트모더니즘 '운동'만큼이나 다양한 형태를 지닌 포스트모더니즘 정치도 덩달아 유동성 있고 모순적인 모습을 보인다. 우리는 어렴풋하게 포스트모더니즘을 '지지'하는 세력과 '반대'하는 세력을 구분할 수 있다. (반드시 포스트모더니스트라고 표현하기는 힘들지만) 푸코는 거창하고 전체주의적이며 경쟁적인 정치 행태를 벗어나 오늘날의 자본주의에 더욱 적합한 미시 정치로 향해야 한다며 포스트모더니즘을 강하게 지지하는 모습을 보였다. 펠릭스 가타리는 한술 더 떠 미시 정치가 "표현과 실험의 모든 주체(어린아이들, 조현병 환자, 동성애자, 수감자를 포함한 온갖 종류의 사회 부적응자)를 관통해 지배 질서의 기호학에 진입(1984)"하도록 유도함으로써 그들을 해방시킬 것이라고 주장했다. 포스트모더니즘을 반대하는 세력은 앞서 언급한 인물과 비교하면 비교적 무난한 수준의 다양화와 정치 다원화를 장려했다. 그들은 나름대로 급진적 정치 운동을 펼치며 풀뿌리 민주주의를 도입하고자 노력했다. 포스트모더니즘 정치는 자치권과 독자성을 강조하며 '해방'을 실현하기 위한 마스터플랜을 거부했다. (역시 반드시 포스트모더니스트라고 표현하기는 힘들지만) 에르네스토 라클라우는 다음과 같은 글을 남겼다.

오늘날 우리는 유한성과 그것이 가져오는 정치적 가능성을 마주했다. 해방을 가져올 잠재적 담론으로써 우리의 포스트모던 시대는 이곳에서부터 출발해야 한다. 어쩌면 현재 우리는 해방의 끝이자 자유의 시작에 서 있는지도 모른다.(1996)

오늘날의 지적 세계에서 카를 마르크스가 차지하고 있는 지위는 전반적으로 꽤나 복합적이다. 일례로 "1970년대부터 작업을 시작해 2004년 마침내 마르크스와 엥겔스의 영어 번역본 전집의 마지막인 50권이 나오자 침묵이 맞이했다(Hobsbawm, 2011)". 에릭 홉스봄**Eric Hobsbawm**의 글을 통해 현대 사회에서 마르크스가 어떤 의미를 지니는지 짐작할 수 있다. 아직까지 마르크스의 사상에 관심을 갖는 이들은 골동품에 관심이 많거나, 널리 알려지지 않은 박사 학위 논문의 주제를 찾는 학생들뿐인 듯 보였다. 그로부터 10년이 지나 금융 위기나 세계화를 논하고 실패한 경제 체제를 대체할 무언가를 찾는 경제학자들은 하나도 빠짐없이 마르크스를 거론했다. 어떤 의미에서 마르크스는 지금껏 단 한 번도 이 세계에서 영향력을 거두어들인 적이 없다. 마르크스의 사상은 전 세계 3분의 1에 달하는 인구에 적용되는 정치 체제에 영향을 미쳤으며, 수많은 사회 운동의 동력으로 작용했고, 초기부터 지금까지 사회과학 분야의 발전에 결정적인 역할을 했다. 월린**Wolin**을 인용하자면, 마르크스는 "혁명적 의도, 프롤레타리아적 관심, 국제적 범위와 조직 등 정치에 대한 새로운 개념을 세웠다(cited in Thomas, 1991)". 사실 마르크스는 이보다 많은 의미를 지닌다. 마르크스에 대해 숙고하는 학구적인 지식인이 거의 없어 잘 모를 뿐이다. 무엇보다도 마르크스는 혁명가였다.

마르크스와 1848년 일어난 혁명, 마르크스와 1871년 파리 코뮌, 마르크스와 그의 생이 다할 무렵 한창 싹트기 시작하던 러시아의 혁명적 움직임 등은 모두 본인의 이름으로 창안된 정치 체계가 거의 없는 혁명가를 증명해 준다. 심지어 보편적으로 받아들여지는 역사관(사적 유물론)조차 그의 작품이 아니다. 폴 토머스의 말대로 "마르크스는 자신이 불안에 떠는 후세에 불변의 진리를 남겨 주는 매개 역할을 했다고 생각하지 않았을 것이다(Thomas, 1991)". 오히려 마르크스는 스스로를 과학자나 예언가가 아니라, '경제학을 비판'하고 자본주의 사회 질서에 내재된 모순점을 찾아, 잔인하고 비인간적인 경제 체제를 약화시키고자 노력하는 인물이라 여겼을 것이다. 그의 목표는 단순했다. 직접 작성한 제1인터내셔널의 규약에도 나와 있듯이 마르크스의 목표는 '노동 계급의 완전한 해방'이었다. 과거 마르크스가 살던 시대와 마찬가지로 오늘날에도 여전히 하루빨리 해결해야 할 중요한 과제로 남아 있는 목표이다.

붉은색과 녹색 :
마르크스주의와 자연

—

마르크스주의와 자연 사이에 얽힌 관계는 기묘하다. 엥겔스의 '자연변증법'이라든가, 리센코Lysenko의 생물학적 '프롤레타리아 과학'을 비롯한 수많은 안타까운 사례들이 이를 보여 준다. 하지만 21세기의 마르크스주의에서 붉은색과 녹색의 정치적 결합은 매우 중요하다. 마르크스가 자연에 관해 제시한 의문들이 남긴 흐릿한 흔적을 따라가다 보면 오늘날 중요한 논쟁거리가 되는 문제들에 도움을 주는 답을 찾을 수 있다. 먼저 주제의 배경을 간단하게 설명한 후, 수많은 이론가들이 사회주의와 생태 정치 사이의 관계를 개선하기 위해 보인 노력을 이야기하겠다. 모든 내용의 바탕에는 인간 중심 개발과 생태 중심 개발이 빚은 갈등이 자리하고 있다. 그다음으로는 페미니즘과 생태학의 만남에 관한 이야기가 등장한다. 상당히 흥미를 자극하는 이 부분에서는 빠르게 발전한 에코페미니즘의 개념과 논쟁을 다룬다. 마지막으로는 오늘날 대두되고 있는 세계화와 지속 가능한 개발에 관한 논의를 살펴볼 예정이다. 2장에서 나는 '전통' 마르크스주의를 살펴보고, 이를 현재 우리가 살아가는 시대를 대표하는 문제점들과 연결 지으며 논의를 이어 나갈 것이다.

마르크스와 자연

마르크스는 '전원생활의 어리석음'에 적대감을 드러냈으며, 도구를 사용할 줄 아는 인류가 자연을 지배해야 한다는 굳은 신념을 가지고 있었다. 마르크스가 자연에 관해 서술한 글 곳곳에는 프로메테우스적 정신을 이어받은 사상이 기록되어 있는데, 다소 애매한 표현을 사용하여 자신의 입장을 드러냈다. 생태학자로서는 그럴듯한 업적을 남기지 못했기에 '녹색 마르크스'를 찾기란 쉽지 않다. 그렇다고 자연을 바라보는 마르크스의 시야와 애매모호한 표현을 무시해서는 안 된다. 알프레드 슈미트**Alfred Schmidt**가 이야기했듯, "마르크스가 오직 자연을 정복하는 방법에만 집중했다는 잘못된 학문적 해석은 사회 전반에 걸쳐 통념으로 받아들여지고 있다(1971)". 마르크스는 꾸준히 '자연 지배'를 언급했지만, 사실 그는 사회의 한 구성원으로서 사회에 지배력을 행사할 필요를 논하면서 이러한 용어를 사용하곤 했다. 마르크스는 '필요의 영역'과 '자유의 영역'을 구분하며 보다 광범위하게 문제를 제기했다. 마르크스에게 자연이란 인류의 관습에 포함되는 개념이었다. 마르크스의 《경제학-철학 수고 **Economic and Philosophic Manuscripts**》에서 분명히 확인 가능하다. 그는 "자연 그 자체는 명확함을 가지지 않으며, 인간으로부터 분리되면 발전하지 않으니 자연 자체에는 어떠한 의미도 없다(1975)"는 자신의 입장을 드러냈다.

마르크스는 "자연은 기계와 기관차, 철도, 전보, 자동 방적기 등을 만들어 내지 않는다. 이것들은 모두 인류가 세운 산업의 산물이다. 인간의 의지를 통해 자연은 기계로 다시 태어난다(Marx, 1973)"고 이야기했다. 마르크스의 이러한 사상은 훗날 마르크스주의적 발전론(3장 참고)에 영향을 미쳤다. 인류가 자연을 지배해야 한다는 마르크스의 시각은 자신감이 지나쳐 오만하다고 느껴지기까지 한다. 그러나 마르크스는 공동체와 국가의 철저한 구분이 "인간과 지구 사이에 일어나는 유기적 대사 작용(Marx, 1973)"을 방해한다는 글을 쓰기도 했다. "인간은 토양에서 난 요소들을 음식과 의복이라는 형태로 소비하고, 이로 인해 마침내 비옥한 토양이라는 자연환경은 훼손된다(Marx, 1973)"는 것이 그의 주장이다. 마르크스의 생각은 전형적인 자본주의적 생산 양식을 반영하고 있다. 아마도 마르크스는 동시대의 농업에 적용된 자본주의적 산업화의 개념을 완전히 이해하고 있었을 것이다. 마르크스는 실제로 자연환경은 인류의 존재를 위해 주어졌다고 생각했다. 마르크스의 사상에 비추어 보면 우리는 변형을 가져오는 노동과 그렇지 않은 노동을 구분할 수도 있다. 변형을 가져오지 않는 노동으로는 농업을 꼽을 수 있다. 농업에서 인간의 노동력은 자연의 성장 과정을 촉진하는 역할을 하기 때문이다.

마르크스는 "어느 일요일 작은 시골 마을에서 산책을 즐기며 뻐꾸기가 다른 새의 둥지에 알을 낳는 습성이나, 안구를 촉촉하게 유지하기 위해 신체가 눈물을 생성하는 문제에 유치한 의문을 품는 인물들에게서 자연을 숭배하는 모습을 찾아볼 수 있다(cited in Grundmann, 1991)"며 당대를 살아가던 자연주의자들을 깔보는 발언도 서슴지 않았다. 마르크스는 '인류가 자연을 위해 희생하는 모습'을 보고 싶다는 낭만적 소망을 나타낸 다우머**Daumer**에게 현대 과학이 자연에 일으킨 대변혁을 설명하고자 했다. 마르크스에게 자연은 정복의 대상이었지만, 그는 한계를 느끼고 있었다. 자연적 한계는 자연환경과 인류의 상호 작용을 통해 발생한다는 점에서 순수하게 '자연적'이지만은 않았다. 마르크스와 엥겔스가《독일 이데올로기Die Deutsche Ideologie》에서 주장했듯, 끊임없이 대립과 화합을 반복하는 인간과 자연의 관계는 항상 변증법적이기 때문이다.

유명한 '인간과 자연의 화합'은 언제나 산업 속에 존재해 왔고, 그 형태는 산업의 발전 정도에 따라 모든 시대에 다양한 모습으로 나타난다. 마치 인간의 생산력이 발전함에 따라 인간과 자연의 '대립'이 계속되어 온 것과 마찬가지다. (cited in Parsons, 1977)

오늘날까지도 큰 영향력을 가지는 마르크스의 자연관을 두고 흥미로운 논쟁이 이어져 왔다. 라이너 그룬트만Rainer Grundmann은 "마르크스주의가 가지는 잠재력은 (중략) 사그라지지 않았다(1991)"며 마르크스를 지지하고 나섰다. 일반적으로 자연을 바라보는 마르크스의 현대적인 시각은 헤겔과 니체, 더 거슬러 올라가 베이컨Bacon으로부터 이어진다고 여겨진다. 자연에 관한 환경 중심적인 접근 방식은 일관성이 떨어진다는 의견이 많은데, 생태학적 문제의 정의 자체에 의문이 제기되기 때문이다. 오염이라는 생태학적 개념에는 논란의 여지가 없다는 주장에 반박하기 위해 그룬트만은 "불결함이란 장소에 달린 문제(Douglas, 1966)"라는 메리 더글러스Mary Douglas의 말을 인용했다. 오염이 문화적 현상임을 뜻한다. 무엇보다 그룬트만은 인류가 자연을 지배해야 한다는 마르크스의 가치관을 옹호했다. 그룬트만에게는 자신의 바이올린을 '지배'하는 문제와 별반 다를 바가 없었다. 그는 프로메테우스적 태도를 비판하며 '자연과 조화로운 관계'를 새로이 정립하기를 간청하는 자연주의자들의 호소를 "세상에 주술을 걸기 위한(Grundmann, 1991)" 비과학적인 행동의 일부로 치부했다.

그룬트만의 맹렬한 비판에 반박하며 테드 벤튼Ted Benton은 마르크스의 자연관에 강경하게 자신의 입장을 표명했다. 벤튼은 "(자연의) 완전한 지배를 이루어 냄으로써 자연적, 사회적 현상 일체를 통제하겠다는 계획은 터무니없고 비논리적(1992)"이라고 이야기했다. 마르크스는 19세기 과학의 발전을 통해 산업적 측면에서 자연을 통제한다는 사회 분위기에 완전히 빠져 있었다. 자연을 '정복'하겠다는 생각을 버린다고 곧 무조건적인 자연 숭배나 감상주의로 이어지지는 않는다. 벤튼은 인류의 발전과 자연적 한계에 관한 마르크스와 엥겔스의 관점에 정치적 관심을 유도했다. 그들은 특히 인구 증가와 한정된 자원이 발전을 저해하고, 따라서 사회 개혁을 제한한다는 맬서스Malthus의 주장에 강하게 반발했다. 즉, 마르크스와 엥겔스가 "한정적 자원이라는 개념에 의심을 품고 이러한 논쟁을 전개해 나갔다(Benton, 1992)"는 사실을 보여 준다. 벤튼은 마르크스가 인간의 삶과 자연 환경을 결부하는 시각이 양면적이고 모순적이라고 지적했다.

마르크스가 자신의 자연관을 애매모호하게 표현한 반면, 엥겔스는 자연변증법을 상세하게 다룬 글을 남겨 후대 마르크스주의자들을 당혹시켰다. 엥겔스는 다음과 같은 글을 통해 자연이 변증법을 증명한다고 주장했다. "보편적 변증법, 즉 객관적 변증법은 자연 전체에 걸쳐 적용되며, 변증법적 사고라고 할 수 있는 주관적 변증법은 자연 어디에나 스며 있는 보편적 변증법을 비추는 상에 불과하다(Marx and Engels, 1987)." 당대의 자연과학으로부터 엥겔스는 다음과 같은 변증법의 기본 법칙 세 가지를 내세웠다. 첫째, 양적 변화에서 질적 변화, 또는 그 역으로의 변화 법칙. 둘째, 대립물 상호 침투의 법칙. 셋째, 부정의 부정 법칙. 엥겔스는 보편적인 인과 관계를 증명할 근거를 찾고자 했다. 그는 생물학, 화학, 물리학, 역학, 수학을 두루 섭렵하며 근본적인 과학적 방법을 끌어내고자 애썼다. 엥겔스는 유물론적 관점의 출발점이라고 생각되는 헤겔의 변증법을 발전시켜 나갔다. 하지만 엥겔스의 이상한 연구를 담은 책에 조롱을 보내지는 않도록 하자. 대신 그의 자연주의적 진화론이 마르크스의 사상과 어긋난다는 표현이 적당해 보인다. 조금 더 상세하게 말하자면, 마르크스는 단 한 번도 자연이 '변증법적'이라는 관념을 드러낸 적이 없다. 마르크스의 사상을 최대한 엥겔스의 주장과 가깝게 해석해 보자면, 인류와 자연이 변증법적 관계를 맺고 있다는 정도가 될 것이다. 여기서부터 다윈주의와 마르크스주의(혹은 마르크스/엥겔스)와의 결합이 시작된 듯하다.

《자본론》을 집필한 성숙한 마르크스와 크게 견해를 달리하지 않는 마르크스의 초기 작품들에서 '녹색 마르크스'의 존재를 찾아볼 수 있다. 마르크스는 '인간'이 섬세하고 예민한 자연으로부터 멀어지고 있다는 사실을 초기 작품에서 종종 언급했다. 그는 '생산성'에 관한 자신의 주장을 펼치며 산업 혁명이 일어난 영국 도시들의 환경 오염 문제를 맹렬히 비난했다. 마르크스는 자연이 인류 생존의 전제 조건이라는 사실을 잘 알고 있었으며, 자원 고갈 문제를 이해하고 있었다. 후에《자본론》에서 마르크스는 인간과 자연 사이를 연결하는 노동 과정에 '대사(물질적 교환)' 개념을 도입했다. 마르크스에게 이것은 "인류가 중재와 규제, 통제를 통해 스스로의 행동을 조절하며 자연과 교류하는 과정(Marx, 1976)"이었다. 자본주의 사회에서 산업이 발전하고, 공동체와 국가를 구별하며, 대사에 회복 불가능한 균열이 가기 시작했다. 마르크스는 '공동 생산자'들의 사회(사회주의를 의미한다)가 '인간과 자연의 대사를 합리적인 방법으로 통치'해야 한다며 생태학적 사회주의의 필요성을 강조했다.

마르크스주의 사상에서 엥겔스의 시각이 어떠한 입지를 차지하는지 평가하기란 쉬운 일이 아니다. 마르크스-엥겔스 전집을 담당한 편집자의 말에 따르면 두 인물은 역할을 분담해 연구를 진행했다고 한다. "마르크스는 그의 주요 연구라고 할 수 있는《자본론》에 완전히 몰입했고, 엥겔스는 자연과학이 발전하며 제기된 이론적 문제의 해답을 찾고자 노력했다(Marx and Engels, 1987)"는 것이 그의 주장이다. 반면 다른 인물들은 자연변증법을 마르크스와 엥겔스의 합작이라 보는 관점을 거부했다. 마르크스주의에서 자연의 개념을 체계적으로 분석한 알프레드 슈미트는 "《독일 이데올로기》에서 포이어바흐Feuerbach를 철저히 비판하던 엥겔스는 현실을 제대로 직시하지 못한 채 퇴보하고 말았다(1971)"는 결론을 내렸다. 이러한 엥겔스의 연구로 말미암아 소비에트의 '변증법적 유물론'은 기이한 변증법 '법칙'을 낳았다. 리센코는 '부르주아 학문'에 대항하는 '프롤레타리아 학문'이라는 괴이한 분야를 탄생시켰고, 이 학설이 국가적 차원에서 장려되면서 소비에트의 유전학계와 농업과학계는 한차례 격동을 겪었다. 리센코 학설에 따라 자연을 변형시키겠다는 원대한 계획은 농업이 직면한 문제들에 기술적 해결을 보장했고, 스탈린의 정책을 뒷받침하는 '과학적' 이데올로기로 자리 잡았다(see Lecourt, 1976).

전통 마르크스주의를 계승한 사상가들은 빼놓지 않고 사회와 자연의 관계를 언급했다. 마르크스주의에 다원적 관점을 곁들인 카를 카우츠키는 인류의 역사는 자연사로부터 파생됐으며, 인류 역사를 지배하는 운동 법칙은 생물학적 법칙을 반영하고 있다고 주장했다. 반면에 루카치는 "자연은 사회의 범주 안에 포함되는데, (중략) 자연의 형태와 구성 물질, 범위, 목표는 사회적으로 결정된다(1971)"며 완전히 반대되는 의견을 내놓았다. 헤겔의 색채가 더해진 루카치의 마르크스주의는 자연을 형이상학적 '정신'에 포함시킨다. 물론 우리는 자연을 사회에 포함시킬 수 없으며, 사회를 자연에 포함시킬 수도 없다. 전통 마르크스주의자로서 자연과 인간사의 복잡한 변증법을 이해한 카를 코르쉬Karl Korsch는 다음과 같이 주장했다.

마르크스와 엥겔스의 사상에서 토론의 토대를 형성한 요소는 자연, 혹은 유기적 자연의 보편적 발전 역사나 인간 사회의 보편적 발전 역사가 아니라 현대 '부르주아 사회'이다. 그 이전에 존재한 모든 역사에서 사회의 형성은 유물론적

으로 파악된다.(cited in Schmidt, 1971)

　　자연에 관한 수많은 마르크스주의적 접근에 차이가 존재하고 일관성이 떨어지기는 하지만, 인간 중심주의를 내세운다는 확실한 공통점으로 통합된다. 말하자면 자연에 관한 논쟁은 언제나 '인류' 해방의 관점에서 이루어진다는 것이다. 반대로 자연 중심주의도 인류라는 목표를 옹호하지만, 비인류적 측면의 도덕적 잣대를 포함해 보다 넓은 개념에서 이루어질 것이다. 따라서 자연 중심적 접근을 적용한다면 권리의 개념은 동물을 비롯한 수많은 자연적 요소로 확장된다. 그룬트만은 "마르크스가 이처럼 권리에 기초한 이론을 접했다면 분명 경멸감을 표했을 것(1991)"이라고 이야기했다. 다음 부분에서 언급하듯 인간 중심주의가 됐든, 자연 중심주의가 됐든 마르크스주의자들은 다양한 생태학적 문제를 포용하고자 했다. 이제 우리는 로빈 에커슬리Robyn Eckersley가 내린 인간 중심관의 정의를 받아들일 수 있다. 에커슬리는 마르크스를 포함한 인간 중심적인 자연관을 거론하며 "인류를 제외한 세상은 자원을 쌓아 둔 저장고로 몰락했고, 오직 인간을 위한 도구로만 인식됐다. 즉, 자연은 인간의 목적을 달성하기 위한 도구나 수단으로써의 역할을 수행할 때만 가치가 있다는 의미이다(1992)"라고 했다. 이러한 전제 조건이 깔려 있는 상황에서 사회주의 생태학이 발전하기란 쉽지 않아 보인다.

사회주의와 생태학

오늘날 사회주의와 생태학이 어떠한 관계를 맺고 있는지 알아보기 전에 먼저 소비에트 연방의 전례를 살펴봐야 한다. 혁명에 성공하자 소비에트 전체는 성취감에 도취되었고, 온갖 분야에 걸쳐 급진적인 움직임이 나타나기 시작했다. 생태학도 예외는 아니었다. 소비에트 정권의 패기 넘치는 교육 인민위원이었던 아나톨리 루나차르스키Anatoly Lunacharsky는 열과 성을 다해 환경 운동의 틀을 형성했고, 생태계를 하나의 규율로 발전시키고자 노력했다. 더글러스 와이너 Douglas Weiner의 1950년대 연구에 따르면, "놀랍게도 소비에트 연방은 1930년대 초반부터 누구보다 일찍 환경 보존에 관한 이론을 수립하고 행동에 옮겼다(1988)". 소비에트 연방은 전 세계에서 가장 먼저 생태학 연구를 위해 보호 구역을 지정한 국가로 일찍이 생태학 분야에서 앞서 나갔다. 훼손된 자연 경관을 복구시키기도 했는데, 오늘날까지도 이 장소에서 연구가 이루어지고 있다. 비록 소비에트 연방의 보존 개념이 오늘날의 자연주의와는 다소 차이가 있지만, 건립 초기 소비에트 연방이 인간과 자연 사이에 균형을 잡을 필요성을 느꼈다는 사실을 보여 준다.

실제로 1920년대 소비에트 연방의 생태학은 전 세계를 통틀어 가장 발전해 있었다. 당시 자본주의를 제창하던 서구 국가들은 생태학적 개념이 거의 없다고 봐도 좋을 수준이었다. 마르크스주의와 생태학의 결합을 대표하는 인물로는 니콜라이 부하린Nicolai Bukharin을 꼽을 수 있다. 볼셰비키 이론가였던 부하린은 이미 1920년대에 자신이 '사회와 자연의 평형'이라고 부르던 이론에 통달했다고 말한다. 부하린은 1936년 훗날 가장 유명해진 연구를 진행했고, 이를 계기로 소위 '반역죄'로 사형을 선고받고 스탈린 수용소에 수감됐다(see Cohen, 1980). 부하린이 사망하고 난 후 출간된 《철학적 아라베스크Philosophical Arabesques》는 지구의 생물권과 물리학, 자연의 화학적 순환을 비롯한 생태학적 측면에서 사적 유물론의 바탕을 탄탄히 다져 놓았다(Foster, 2000). 자연 속에 살아가는 인간은 자연의 리듬과 순환을 공유하고 있다. 부하린이 자연과 사회의 대사라는 마르크스의 입장을 확장시켰다는 사실에는 반박의 여지가 없다. 부하린을 포함한 수많은 러시아 생태학자들이 사망하면서 마르크스주의와 생태학의 결합은 끝을 맞이했다. 존 벨라미 포스터John Bellamy Foster가 이야기했듯, "부하린의 운명은 마르크스 이후 이어진 마르크스주의의 생태학적 사고가 마주한 비극적 운명을 상징한다(Foster, 2000)".

새롭게 태어난 소비에트 연방은 산업화에 박차를 가했지만, 그에 따른 환경 문제에는 크게 관심을 가지지 않았다. 환경 보존 운동은 물론 어떤 형태로든 자연 경관 보존을 추구하며 산업화의 성장을 방해하는 움직임은 더 이상 찾아볼 수 없었다. 아랄해는 성장을 추구하는 소비에트 연방이 남긴 끔찍한 예이다. 아랄해의 면적은 한때 아일랜드 국토와 엇비슷했는데, 1970년대에 들어서며 아랄해로 흘러 들어오는 지류의 방향이 변하면서 말라가기 시작했다. 데이비드 다이커David Dyker는 "지금의 추세라면 아랄해는 21세기에 들어서고

10년이 채 지나지 않아 완전히 말라 버리고 말 것이다. 해수의 양은 둘째 치고, 바다가 마르면서 독성을 가진 소금이 대기에 흡수되어 아랄 지방에 거주하는 사람들의 건강을 위협하고 있다. 핵 방사능과 비등한 수준의 유해성이다(1992)”라고 했다. 물론 소비에트 발전 전략이 가져온 수많은 환경 훼손의 한 예일 뿐이다. 발전을 추구하던 소비에트는 동유럽과 제3세계 국가들에 엄청난 영향을 미쳤다. 수많은 사람들은 사회주의를 지저분한 발전과 직결시켜 받아들였다. 1980년대 소비에트가 마침내 개방을 시작할 무렵에는 수많은 환경 운동이 실시되면서 민주화 추세에 힘을 실어 주었다.

소비에트 연방의 개발로 인한 수많은 환경 오염 사례를 상징하는 단 한 가지를 꼽아야 한다면, 1985년 발생한 체르노빌 원자력 발전소의 ‘사고’라는 의견에 이의가 없을 것이다. 방사능 가스가 서유럽의 일부를 완전히 휩쓸어 버리자 자연과 생태학 문제가 다시 한 번 전 세계적 화두에 올랐다. 카밀레리Camilleri와 포크Falk가 주장했듯, “체르노빌 원자력 발전소의 사고는 오늘날 물리적 환경이 인간의 기술에 의해 좌지우지되며, 피해 범위가 행성 전체에 미친다는 사실을 똑똑히 보여 준다(1992)”. 나는 뒤에서 세계화와 지속 가능한 개발을 다루며 이 문제를 보다 상세하게 언급할 예정이다. 체르노빌 원전 사고의 원인은 소비에트의 발전론자들이 생태학에 가진 관심 부족이라고 할 수 있다. 체르노빌 원자로 붕괴를 수습하는 과정에서 발생한 부작용 또한 만만찮게 끔찍했다. 전환기에 들어섰던 소비에트 정권은 사고 소식을 쉬쉬하려 했고, 그들이 보여 준 뒤처리는 끔찍이도 형편없었다. 세상은 별다른 보호 장비 없이 방사능 물질을 다루며 '정화 작업'을 하던 노동자들을 경외하는 동시에 안타까운 시선으로 바라봤다. 자연 '정복'을 꿈꾸던 프로젝트는 무산됐고, 뒤에 남은 끔찍하고 경악스러운 결과물은 도저히 두 눈으로 똑똑히 보기 힘들 정도로 처참했다.

어네스트 만델Ernest Mandel 같은 비정통 마르크스주의 사상가들은 1960년대 들어 생태학의 주요 논지를 마지못해 받아들였다(see Mandel, 1985). 그들은 맬서스의 예를 들며 '자연의 한계' 개념을 부정했다. 만델이 사회주의적으로 수용 가능하다고 인정한 생태학자로는 베리 코모너Barry Commoner가 있다. 코모너에 따르면, "우리는 자연으로부터 아주 기본적인 교훈을 얻을 수 있다. 대자연의 일부로 공생하지 않으면 지구상 그 어떤 생물체도 살아남을 수 없다는 것이다(1973)". 앞만 보고 달려가 결국 자멸을 가져오는 발전 대신, 코모너는 재활용처럼 거대한 생태학적 순환을 가져오는 방법을 도입하면서 '원상으로의 회복'을 강조한다. 코모너의 사상이 단순한 생태학을 넘어 사회주의로 적용되는 이유는 빈곤과 인종 차별, 전쟁을 환경 오염 문제의 해결을 방해하는 장애물로 인식했기 때문이다. 환경 오염은 인류가 지구에 진 빚이라며, 로자 룩셈부르크Rosa Luxemburg의 유명한 '사회주의인가 야만인가'의 현대판 논쟁에서 코모너는 다음과 같은 양자택일의 보기를 제시했다. "사회 조직의 합리적인 자원 분배와 사용, 또는 새로운 야만의 문제이다(1973)."

한스 마그누스 엔첸스베르거Hans Magnus Enzensberger는 사회주의와 생태학을 결합시킨 또 다른 사상을 내놓았다. 1974년 〈신좌파 평론 **New Left Review**〉의 편집자는 엔첸스베르거의 〈정치생태학 비판**A Critique of Political Ecology**〉을 "단순한 훼손과 파괴 개념을 넘어 처음으로 마르크스주의적 사유를 환경주의에 적용(Enzensberger, 1974)"했다고 소개했다. 엔첸스베르거는 여전히 "일반적으로 노동자 계급은 환경 문제에 거의 신경을 쓰지 않는다"며 이념적으로 "생태학은 중산층의 학문"이라고 주장했다(1974). 프롤레타리아 학문과 부르주아 학문을 구분하던 리센코의 사상과 매우 흡사하다. 생태학적 문제는 자본주의 사회에서 제기됐다. 사회주의자들은 에너지의 개발에 초점을 뒀으며, 그로 인한 부작용에는 관심을 가지지 않았다. 그것은 자유주의 사회를 살아가는 중산층들의 관심사였다. 엔첸스베르거는 "생태학적 위기에 집중되는 관심은 온전히 상부 구조에 해당하는 현상으로 인식된다. 즉, 부르주아 사회의 타락을 보여 준다(1974)"고 말했다. 이러한 환원주의적 시각은 엔첸스베르거가 생태학자들을 비난한 '무지와 순진함'으로 인해 일부 사회주의자가 고통받고 있다는 사실을 보여 주는 듯하다.

　루돌프 바로**Rudolf Bahro**와 앙드레 고르**André Gorz**는 사회주의와 생태학을 결합하고 발전시켜 우리가 살아가는 세계에 엄청난 영향력을 행사했다. 바로는 1978년 동독에 대항하는 《동유럽의 양자택일 **The Alternative in Eastern Europe**》로 처음 두각을 드러냈다. 이후 서독으로 망명한 바로는 녹색당에 들어가 생태학적 관점을 키워 나갔다. 그는 "마르크스는 자연이 한정적인지에 관해 의문을 제기하지 않았다. 당

시에는 눈에 보이는 한계가 없었기 때문(Bahro, 1984)"이라는 전제를
바탕으로 연구를 시작했다. 이제 유토피아를 꿈꾸던 사회주의의 비
전은 더 이상 유토피아적일 수 없었다. 바로는 "우리는 한계에 부딪
혔다. 자연은 더 이상 공격을 용납하지 않고 반격을 가할 것(1984)"이
라고 주장했다. 시간이 지날수록 바로는 자연주의적 시각을 가지게
됐고, 반면 전통 사회주의자들의 주장에는 반감을 드러냈다. 그는
사회를 구성하는 단체들 중 노동조합을 가장 보수적인 집단으로 바
라봤다. 특히 평화와 생태 보호 운동과는 대조적인 입장을 취한다는
점이 이유였다. 모두 1968년 일어난 거대한 문화적 변화의 일부였
는데, 바로는 과거를 포용하는 방법을 택했다. 그는 사상 형성에 있
어 공상적 사회주의의 요소를 부정하지는 않았지만, 자신의 입장은
명확하게 드러냈다. "나는 붉은색이 아닌 녹색을 따른다. 이론적으
로나 실천적으로나 사회주의 개념은 산업화와 국가 통제주의에 큰
영향을 받았다(1984)."

원칙을 고수하는 '정통 회귀론자'와 이론을 실천하길 바라는 '현
실주의자' 사이에 충돌이 심화되자 바로는 마침내 독일 녹색당을
떠났다. 사회민주당을 '제도적 감옥'으로 생각하던 바로는 의회 정
치로 향하는 '현실주의적' 행보를 받아들일 수 없었다. 바로는 시민
의회처럼 국가의 울타리를 벗어난 유사 기관의 설립을 지지했다. 바
로는 산업 체제가 파멸할 것이라 생각했고, 과거 레닌이 부패한 당
대의 자본주의 문제를 해결하기 위해 내놓았던 방안과 유사한 일종
의 '이중 권력'을 수립해야 한다고 주장했다. 탈산업주의 유토피아

를 꿈꾸던 바로는 여전히 마르크스-레닌주의에서 벗어나지 못하고 있었다. 그는 전통적 유럽 중심주의에 해당하는 '서구 마르크스주의'에 묶여 있었으며, 전 세계적 자본주의 체제의 변화에서 억압받는 제3세계 사람들의 역할에는 중요성을 두지 않았다. 바로는 생태 사회주의를 일관성 있게 발전시키는 것에 있어 자신의 한계를 솔직하게 인정했다. "나는 과학적 사회주의에서 공상적 사회주의로 돌아왔고, 정치적으로는 포퓰리스트 성향으로 돌아섰다(1984)." 그의 행보는 정치적으로 허용 가능한 범주에 들어가지만, 붉은색과 녹색 정치의 공존 가능성에 관해서는 더 이상 우리에게 관찰 가능한 여지를 남겨 놓지 않는다.

마르크스주의 시각에서 생태학과의 결합을 추구했다는 공통점을 가지지만, 바로에 비교해 앙드레 고르는 훨씬 융통성 있는 사상가이자 정치적 행동가로 비춰진다. 고르의 사상은 다음과 같은 인식에서 시작한다. "성장 지향적 자본주의는 죽었다. 이와 상당한 유사점을 지닌 성장 지향적 사회주의는 과거의 왜곡된 이미지를 반영할 뿐 미래를 보여 주지는 않는다(1980)." 이것이 낡았다면 새로운 것은 생태학이라는 관점은 자본주의의와 권위주의적 사회주의가 가지는 합리성과는 서로 양립 불가능하다고 고르는 이야기했다. 하지만 그는 생태학이 자신이 지지하는 형태의 자유주의나 민주사회주의와 양립 가능하다고 주장했다. 생태 사회주의를 발전시키는 과정에서 고르는 이반 일리치Ivan Illich의 사상에 많이 의존했다. 특히 생태학적으로 타당하다고 받아들여지는 사회 필수 노동이라는 개념은 고르에게 엄청난 영향력을 미쳤다. 고르는 자동화, 컴퓨터화가 진행된 탈산업주의 유토피아에서 국가는 중립적 입장에 서서 전문 관리자 역할을 수행할 것이라는 다소 모순적인 예상을 내놓았다. 물론 급진적 생태주의자들은 "고르의 기술 관료적인 탈산업 유토피아는 정부 계획과 국민의 자립적 목표 달성, 노동자의 자주 관리를 결합한다는 역설적 측면에서 현실성을 잃었다(Eckersley, 1992)"고 반박했다.

고르는 사회주의 운동과 유토피아의 근원(관리자 역할을 하는 국가와 중앙 계획, 민주주의) 사이에 생겨난 딜레마에서 빠져나올 수 없었다. 그는 앞서 기술적 문제에서도 그러했듯, 생태학적 측면에서도 투박한 윤곽만을 내놓았다. 결국 고르 사상의 절충주의는 모순으로 귀결되는 듯했다. 기술 발전과 '작은 것이 아름답다', 중앙 계획과 지방 통제, 첨단 기술과 일리치의 '연희 도구들'이 과연 하나로 조화를 이룰 수 있을까? 프란켈Frankel은 고르의 사상이 "이해하기 힘들고 역설적(1987)"이라고 꼬집었다. 생태 지향주의자였던 머레이 북친Murray Bookchin은 고르의 생태학적 유토피아를 "유치한 '자유의지론자'들의 디즈니랜드(1980-81)"라고 일축했다. 그러나 보다 논리적인 생태 사회주의가 탄생할 가능성은 여전히 남아 있다. "정치적 다원주의와 공공 책임, 경제 계획 수립에 있어서의 폭넓은 대중 참여(Eckersley, 1992)"를 바탕으로 발전할 것이다. 생태학과 사회 정의 실현이 가지는 목표는 틀림없이 양립 가능하다. 다만 이를 뒷받침해 줄 정치 형태가 발전하기가 쉽지 않고, '생태 사회주의'는 시작부터 민주적 사회주의자를 괴롭혀 온 오래된 딜레마에 쉽게 대답을 내놓지 못한다.

우리는 제임스 오코너James O'Connor를 사회주의와 생태학의 관계에서 가장 실현 가능성이 있는 시각을 내놓은 인물로 꼽을 수 있다. 오코너는 논문 〈자본주의, 사회주의, 생태학Capitalism, Socialism and Ecology〉을 통해 자신의 생각을 표현했다. 끝없이 확장하는 생산력과 한정적 생산 사이의 모순에서 발생한 첫 번째 위기에 이어, 오코너에게 생태학적 위기는 '자본주의의 두 번째 위기'로 받아들여졌다. 그러나 생태학적 위기는 자본주의의 행태에 따라 좌지우지되는 외부 조건이라는 차이점을 가진다. 자본주의는 기본적으로 확장을 통해 이익을 극대화하려는 성질을 가진다. 성장을 추구하는 자본주의의 성질로 인해 자연은 쉽게 훼손된다. 생태학적 위기는 원자재, 맑은 공기와 깨끗한 물, 공간 자원의 부족이라는 자본주의 위기로 이어지고, 곧 생산 비용이 증가함을 의미한다. 제임스 오코너의 분석에서 한 가지 아쉬운 점을 꼽자면, 생태학적 위기를 자본주의 생산 양식에 의한 필연적 요소가 아니라 자본주의 체제에 따르는 외부 효과로 봤다는 것이다(뒤에 등장하는 '지속 가능한 개발' 부분에서 자세히 다루고 있다).

페미니즘과 생태학

앞서 살펴본 대로 사회주의와 생태학의 결합은 완전히 성공적이라고 말하기는 어렵다. 하지만 페미니즘, 혹은 페미니즘 성향을 띠는 운동들은 그럴듯한 공생 관계로 발전했다. 에코페미니즘은 철저히 일원화된 논점과 원칙을 탄생시켰다. 에코페미니즘 이론가이자 전파자인 반다나 시바Vandana Shiva는 "여성과 자연은 밀접하게 연관되어 있고, 둘의 지위 향상 역시 유사한 관계를 가진다. 따라서 여성 운동과 생태학 운동은 하나로 귀결되며, 가부장 제도의 발전에 반발하는 움직임이다(1988)"라고 주장했다. 여성 운동과 생태학 운동은 단순히 관심사를 공유할 뿐 아니라, 더 나아가 하나의 운동으로 인식된다. 둘은 공공의 적을 가지고 있기 때문이다. 에코페미니즘이 어떠한 미묘한 의미를 지녔는가와 무관하게, 그 시작은 자연과 문화가 이분법적 대비를 이루고 있다는 전제 조건으로 거슬러 올라간다. 자연의 문화적 형성이라는 시각은 에코페미니즘과 어긋난다. 여성은 자연과 동일시되며, 자연은 여성성으로 받아들여진다. 결국 여성과 자연으로 이루어진 그룹, 남성과 문화로 이루어진 그룹의 대비는 구닥다리 정치에서의 우파와 좌파의 대립을 대체할 것이다.

1988년 출간된 시바의 저서 《살아남기Staying Alive》는 에코페미니즘 분야에서 가장 큰 영향력을 가진 매체로 대표된다. 이 책에서 시바는 자신의 계몽주의적 연구를 폭넓게 소개하며, "지구상에 살아가는 수많은 생명들이 얼마나 빠르게 사라질지 전혀 고려하지 않고 생태계를 망가뜨리기 시작한(1988)" 진보와 발전에 관한 시각을 서술하고 있다. 그녀는 자연을 이용해 인류가 필요로 하는 원재료를 생산해 내는 과정을 다루는 과학으로 진보와 발전을 이해한다. 시바는 여성을 "인간의 필수 생존 조건인 자연을 보호(1988)"하기 위해 맞서 싸우는 특별한 전사로 묘사하고 있다. 자연에 가해진 폭력으로 생태학적 위기가 발생했고, 여성에게 가해진 폭력으로 남성에게 착취당하고 지배당했다. 폭력으로 인해 야기된 두 결과는 거울상을 띠고 있으며, 심지어는 동일하다고 여겨지기까지 한다. 시바는 "자연은 여성의 전형을 상징하며, 여성적 원칙에 의해 생명을 탄생시키고 살아가도록 한다(1988)"며 여성을 자연의 일부로 받아들였다. 여성과 자연이 가진 철학은 남성과 과학이 가진 철학과 상이하다. 여성과 자연의 철학은 양육과 협동을 바탕으로 발전한 반면, 남성과 과학의 철학은 오직 지배의 언어를 외칠 뿐이다.

에코페미니즘이 정치에 반영되자 해방의 물결이 거세졌다. 특히 제3세계 여성들은 환경 보존에 각별한 능력을 가진 듯 보였다. 시바는 다음과 같이 이야기했다. "생태학적 범주 내에서 그들이 보여 주는 사상과 움직임은 여성과 남성, 서구권과 비서구권을 막론하고 모두를 해방시킬 수 있으며, 더 나아가 지구에 살아가는 비인류적 요소의 해방까지 가져온다(1988)." 이처럼 에코페미니즘은 조화와 지속가능성, 다양성을 원칙으로 하는 자연 중심적 철학을 지지한다. 숲을 지키기 위해 칩코Chipko 운동을 펼치며 고군분투하던 인도 여성들은 시바가 앞서 언급한 에코페미니즘의 전형으로 받아들여진다. 인도 여성들은 벌목꾼들이 나무를 베지 못하도록 나무를 끌어안고 서 있었고, 이는 강력한 이미지를 형성했다.

우리의 나무를 꼭 끌어안아
넘어뜨리지 못하도록 막고 서 있자

우리 동산의 보배

약탈당하지 않도록 막고 서 있자.(quoted in Shiva, 1988)

자연으로의 성스러운 접근으로 인식되는 에코페미니즘은 종종 영적으로 받아들여지기도 한다. 에코페미니즘은 국제적 환경 운동에 지대한 영향을 미쳤다.

에코페미니즘에 가해지는 비판은 상당히 맹렬하다. 에코페미니즘은 자연과 문화의 불확실한 구분에서 시작된다. 19세기 낭만주의 담론에 따르면, 구분으로 인해 에코페미니즘은 자연이 가진 미덕을 숭배하다시피 하는 반면, 모더니티의 진보와 산업화, 개발을 사악한 요소로 인식한다. 몰리뉴Molyneux와 스타인버그Steinberg는 에코페미니즘이 "이원론과 자연과학의 환원론적 사상에 대한 (잘못된) 이해를 바탕으로 하고 있으며, 동시에 과학으로 인해 파괴된 요소들을 낭만화하고 있다(1995)"고 비판했다. 과학에 대한 지나치게 부정적인 견해는 마치 과학을 모든 진보의 주체로 바라보는 긍정적인 견해와 완전히 대조적인 관계를 이룬다. 게다가 이러한 과학적 시각은 페미니즘과 과학의 본성에 관한 인식론 사이에서 오랜 시간 진행되어 온 논쟁을 무시하는 듯하다. 시바와 마리아 미스Maria Mies 같은 작가들이 가진 에코페미니즘의 관점은 필연적으로 과학이 획일화된 단일체라는 시각에서 시작된다(cf. Mies and Shiva, 1993). 그들의 주장에 따르면, 에코페미니즘을 이해하기 위해서는 환원주의 과학에서 벗어나야 한다.

에코페미니즘의 가장 큰 약점은 자연과 여성의 관계를 정의하는 것에 있다. 니체는 "여성은 남성보다 자연과 밀접하게 연관되어 있으며, 여성의 본질은 결코 변화하지 않는다. 문화는 항상 여성의 외부에 존재한다(1964)"는 말을 남겼다. 페미니즘의 모든 요소는 이와 같이 여성과 자연을 동일시하는 사상에서 벗어나기 위해 싸워 왔다. 그러나 몇몇 에코페미니스트들은 여성과 자연의 특별한 관계를 강조하는 메리 데일리Mary Daly와 수잔 그리핀Susan Griffin의 사상을 이어 왔다. 엘리자베스 켈러쎄르Elizabeth Carlassare는 이런 본질주의가 "논의의 대상(예를 들어 '여성')은 전前사회적이고, 선천적이며, 변하지 않는 가치를 바탕에 두고 있다는 전제(1994)"를 의미한다고 이야기했다. 소위 자연주의 페미니스트들은 여성과 자연이 가지는 특별한 관계를 기꺼이 받아들였고, 세상에서 자신들이 차지한 위치에 기쁨을 나타내며 스스로의 의식을 자연에 맞추려고 노력했다. 가부장 제도로 얼룩진 사회에 대항하며 여성은 협력과 생태학적 감수성이라는 '타고난' 능력을 발달시켰다. 어떤 동기로든 남성과 문화에 대립해 여성과 자연을 관련지으려는 시도가 있었다. 니체에서 시작되어 이어져 온 이와 같은 시각은 틀림없이 여성을 억압하는 역할을 했다. 이로 인해 생태 정치에 어떠한 변화가 일어났는지에 관해서는 아직까지도 논의가 진행되고 있다.

에코페미니즘의 본질주의에 제기된 비판은 몹시 강력하지만 정치적 시각을 무력화하지는 않는다. 데일리와 그리핀 같은 페미니스트 작가들이 애초에 여성을 억압하기 위해 도입한 장치를 끌어들였을 리는 만무하다. 자연주의 페미니스트들은 자신들의 글이 담고 있는 사상은 물론, 시적이고 암시적인 문체에 관해서도 비판을 받았다. 특히 자연주의 페미니즘과 문화적 에코페미니스트를 비판하는 이들은 과학주의 사고라는 명목하에 '비합리성'을 근거로 들며 편협함을 보였다. 서구의 기준에서 정치적으로 허용 가능한 범위에 해당하지 않는다는 이유로 에코페미니즘은 '정치적 무관심' 속에 방치되어 왔다. 켈러쎄르는 다음과 같은 의견을 내놓았다. "그러나 이를 근거로 문화적 에코페미니즘을 묵살한다면 무언가를 배울 가능성은 아예 사라지고, 에코페미니즘의 보호 아래 연계하는 다양한 유형들과 입장들의 타당성을 흐려 놓게 된다(1994)." 에코페미니즘의 주장과 정책이 독창적인 에너지를 갖는다는 사실에는 반박의 여지가 없다. 에코페미니즘의 정책은 국제 자본주의 시대의 개혁 정치에 새로운 관점을 제시한다. 페미니즘과 생태학 문제를 하나로 결합하려는 에코페미니스트들의 시도는 틀림없이 우리 사회에 긍정적인 영향을 가져올 것이다.

　에코페미니즘의 비평은 전반적으로 '문화적' 변형이나 흐름에 따라 제기되어 왔다. 사회적 또는 사회주의 에코페미니스트들은 반드시 같은 비평에 기울어져 있지는 않다. 오늘날에는 '여성'을 본질적 관점에서 바라보기보다 현대 사회의 성 관념의 형성을 사회적, 유물론적 시각으로 바라본다. 그들은 '여성'을 남성보다 자연에 가까운 존재로 만드는 본질이란 없다고 주장한다. 이러한 관점에서 우리는 하나의 범주 아래 여성을 균일화하기보다 수많은 여성이 겪은 다양한 경험을 이해해야만 한다. 발전된 자본주의 국가의 여성과 제3세계 여성을 구분하는 뚜렷한 차이를 개인의 경험을 우선시하는 시각으로 인식할 수 있다. 여기에서 그쳐서는 안 된다. '제3세계 여성'이라는 범주 자체가 본질주의의 한 형태로 다양성을 저해하기 때문이다. 이를 바탕으로 우리는 본질주의를 벗어나 새로운 보편주의를 지지하는 에코메시아주의 형태의 에코페미니즘을 그려 볼 수 있다.

세실 잭슨Cecile Jackson이 이야기했듯, "테크노크라시technocracy 환경주의는 대체로 성 중립적인 성격을 가진다. 성별에 따른 차이를 인식하지 못해서도 아니고, 여성을 하나의 구분된 범주로 인식해서도 아니라, 사회에 성 고정 관념이 만연하고 가정이 하나의 구성단위로 인식되고 있기 때문이다(1994)". 만약 마르크스주의와 더불어 성 중립적 담화를 화두에 올린다면(5장 참고) 에코페미니즘은 긍정적 역할을 할 것이다. 새로운 사회 운동으로서 에코페미니즘은 여성 억압과 환경 오염에 대항하는 각각의 움직임을 하나로 통합할 수 있는 민주적 방안을 찾고자 노력해 왔다. 우리가 비인류적 세상과 오늘날 문제시되는 자연환경과 어떠한 관계를 맺고 있는지에 관한 날카로운 통찰을 보여 줬다. 에코페미니즘을 하나의 정치 운동으로 바라보면 본질주의적 측면을 보다 쉽게 이해할 수 있다. 페미니즘과 환경 보존주의 사이의 공통점을 찾아 둘의 결합으로 발생하는 시너지를 도출하는 것이 오늘날 에코페미니즘의 가장 중요한 목표이다. 이처럼 오늘날의 에코페미니즘 사상은 급진적 환경 보존주의에 지대한 영향을 미쳤다.

새롭게 태어난 에코페미니즘은 21세기의 목표에 부합하는 생태 사회학의 발전에 핵심 역할을 맡을 것이다. 둘의 사상에 다소 차이가 있었음에도 불구하고 과거 에코페미니즘의 비평은 반페미니즘으로부터 상당한 영향을 받았다. 그러나 격렬한 논쟁에서 한 걸음 물러나 객관적인 시선으로 바라보면 에코페미니즘이 사회 재생산을 경제적 생산 측면에 놓고 있다는 사실은 꽤나 명백하다. 물론 인간과 자연의 대사는 생산 활동과는 비교할 수 없이 넓고 깊다. 메리 멜러**Mary Mellor**는 "생산의 개념을 재생산과 자연으로부터 분리함으로써 가부장적 자본주의는 생물학적, 생태학적 척도를 무시하는 '거짓' 자유를 탄생시켰다(Mellor, 1992)"고 이야기했다. 개혁 이론과 그 실천을 강조한다는 점에서 마르크스주의는 사회적 재생산과 경제적 생산에 동일한 중요성을 부과해야 한다. 즉, 현재 우리 사회의 모든 영역에 걸쳐 넓게 자리 잡은 성 구분과 억압을 먼저 고려해야 함을 의미한다.

에코페미니즘의 사회주의적 혹은 유물론적 발전으로 여성이라는 한정된 범위에서 벗어나 성 자체에 초점이 맞춰질 가능성이 매우 높다. 실제로 최근 여성과 발전이라는 분야는 조금씩 성과 발전으로 초점을 옮기고 있다. 결국 문제나 해법으로서의 여성보다는 발전(또는 환경 문제)에 있어 성별 관계가 강조된다. 성에 따라 차별화된 사회적 역할과 정체성을 분석하기 위해서는 여성에 초점을 맞추고 사회 현상을 살펴보는 한계를 극복해야만 한다. 이러한 방향에서의 접근을 통해 우리는 가정을 문제시하지 않고 그대로 받아들이는 대신 비판적인 시각을 취할 수 있다. 실제로 오늘날 가정은 단일적으로 받아들여지지 않으며, 계급과 사회적 구분(특히 성 구분)에 따라 상이한 모습을 가진다고 여겨진다. 세실 잭슨의 말처럼 우리는 생태학적 측면에서 "가정을 구성하는 개인은 각자 다른 목표와 생계 전략을 가지고 있음(1994)"을 이해해야 한다. 남성과 여성이 지속 가능한 농업과 임야 보존 문제에 다른 입장을 취할 수 있다는 뜻이다. 이를 바탕으로 우리는 여성이 환경 문제에 특정한 시각을 가지고 행동하는 유물론적, 사회학적 원인을 추적할 수 있다.

정치학적으로 에코페미니즘은 지역과 경험적 차원에서 접근하는 새로운 '포스트모던'과 방향을 같이한다. 권력 투쟁에 있어 신체, 그 중에서도 특히 여성의 신체를 중요시한다. 사회 변혁에서 에코페미니즘의 중심 개념인 '신체의 파괴'는 자본주의 가부장제의 영향을 강조한다. 푸코의 사상에 영감을 받은 정치적 경제는 새로운 해방 정치를 가리키는데, 이런 형태의 새로운 정치는 페미니즘과 사회주의, 생태주의를 품고 있다. 현재의 그것보다 덜 억압적인 새로운 정치 형태는 권력 관계를 재정립했다. 에코페미니즘은 성과 환경의 관계가 보다 평등한 정권을 지향한다. 발 플럼우드Val Plumwood가 주장했듯, 현재의 인류 역사는 "양성 모두를 위한 인류의 이상을 세우고 남성성을 내세워 자연 정복을 추구하는 행태가 올바르지 않다는 사실을 받아들여야 한다(1988)". 남성성과 여성성, 정신과 육체, 자연과 문화, 이성과 감성, 공동체와 개인 등 모든 형태의 이원론에 제기되는 비판이다.

지속 가능한 개발

　1970년대 후반에 들어서고 어느 순간, 생태학에 관한 논쟁은 '좋은 삶'을 위한 해방의 개념에서 지구의 생존에 관한 문제로 옮겨 갔다. 지구의 자원은 한정적이고, 사람들은 '성장의 한계'가 존재한다는 사실을 깨달았으며, 인류의 생존 문제를 바라보는 냉철한 전망이 강조됐다. 논쟁의 첫 번째 단계에서는 인구 상승으로 인한 식량 문제를 비롯해 자원 부족에 관한 이야기가 주를 이뤘다. 1980년대 후반에 들어서자 성장의 한계에 맞춰져 있던 논점은 대기 오염과 수질 악화와 같은 문제들로 이동했다. 남쪽 세계와 '제3세계'가 여전히 발전을 논하고 있을 때, 이미 발전된 산업 사회의 구성원들은 환경 문제를 거론하기 시작했다. 두 세계 사이의 거대한 격차로 인류는 둘로 나뉘었다. 1991년 〈지구를 염려하며-지속 가능한 삶을 위한 전략〉을 통해 북쪽의 발전된 산업 사회에 살고 있는 전 세계 인구 4분의 1이 전체 상업 에너지 생산의 80퍼센트를 웃도는 양을 소비하는 반면, 남쪽에 거주하는 나머지 4분의 3은 미처 20퍼센트에도 못 미치는 에너지를 소비할 뿐이라는 통계가 발표됐다(Benton and Redclift, 1994). 환경에 관한 담론이 변화하는 추세는 1980년대부터 생태학적 문제가 전 세계적인 문제로 발전했음을 보여 준다.

　1986년에 일어난 체르노빌 원전 사고는 자연 생태학적 현상에는 국경이 어떤 방어막도 될 수 없다는 사실을 절실히 깨닫게 했다. 카밀레리와 포크는 "주권 국가라는 견고한 단위로 나뉜 전통적인 세계는 지구의 생물권이 치명적인 위험에 노출되면서 통합된 전체로 인식되고 있다(1992)"고 주장했다. 대기 중에 방출된 '온실 가스'는 '지구 온난화'의 위험성을 가져왔다. 인간의 경제적 활동으로 인해 지구를 둘러싼 오존층이 점차 파괴되면서 아슬아슬하게 제자리를 지키고 있던 균형이 무너져 내리기 시작했다. 1992년 리우 환경 회담에서는 이 문제를 해결하기 위한 정부 간 협약의 필요성이 제시되었으나, 실행에 옮겨지지는 않았다. 오히려 전 인류가 함께 타고 있는 '지구 우주선'의 운명을 걱정하는 이야기들이 많이 오갔다. 그러나 엔첸스베르거가 우리에게 상기시킨 대로 지구 우주선의 개념은 "교각과 기관실(1974)"의 차이를 고려하지 않고 있다. 환경 문제를 해결하기 위해 제시된 방안들은 가난한 나라 국민들의 사회경제적 이익 추구는 물론, 더 나아가 생존까지도 위협한다.

리우 회담으로 환경 문제를 둘러싼 상충된 이해관계가 드러났다. 어떤 방법으로도 침해 불가한 자본주의 시장의 원칙을 희생하는 것에 실패하며 회담은 환경과 발전을 이어 줄 연결 고리를 찾지 못한 채로 막을 내렸다. 니콜라스 힐드야드Nicholas Hildyard는 리우 회담이 "생물의 다양성에 관한 논의가 등장했으나, 자유 무역 측면에서는 성과가 없었다. 숲을 이야기했지만 임업에 관한 언급은 없었고, 기후를 이야기했지만 자동차에 관한 언급은 없었다(1993)"고 평가했다. 결국 부유한 국가들은 비교적 원하던 바를 얻은 반면, 가난한 국가들은 의제를 제기하기조차 힘들었던 것이다. 리우 회담에서 등장한 환경 '관리'는 환경 파괴만큼 급한 문제는 아니었다. 게다가 강력하고 부유한 국가들이 지금껏 세계 경제를 관리했듯 환경 역시 '관리'하겠다는 사실이 분명해지자 혼란은 금세 가라앉았다. 애초에 답이 정해진 질문이나 다름없었다. 여기서 우리는 '지속 가능한 개발' 전략이 정치적인 측면에서 과연 실행 가능성을 가지는가를 보다 면밀히 검토해 볼 필요가 있다.

'지속 가능한 개발'이라는 개념은 "개발 진리(Redclift, 1987)" 혹은 "편의치적便宜置籍(Adams, 1993)"이라고 불려 왔다. 맥락에 따라 의미를 달리 해석할 만한 유동적이고 의존적인 개념을 다루고 있다. 1987년 발표된 보고서 〈우리의 공동 미래Our Common Future〉(Brundtland, 1987)는 '지속 가능한 개발'의 개념을 공식화한 문서로, 막강한 영향력을 지닌 브룬틀란 보고서가 남긴 발자취를 따라 남과 북을 이어 주는 다국가 간 상호 자유 협약을 옹호했다. 일종의 케인즈주의를 전 세계적인 범위에 적용한 이 접근법은 개발된 선진국 정치인들에게 자신의 이해만 추구하는 태도에서 벗어나 저개발 국가에 어느 정도까지의 개발을 허용해야 한다고 설득했다. 〈우리의 공동 미래〉(당시 보고서 작성에 참가했던 노르웨이 수상의 이름을 따 브룬틀란Brundtland 보고서라고 불리기도 한다)는 지속 가능한 개발을 국제 개발 전략의 일부로 포함시키기 위한 방법을 찾으려 했다. 결국 환경과 빈곤 사이의 연결 고리가 발견됐고, 보고서에서는 빈곤을 "전 세계적 환경 문제를 일으키는 주요 원인이자 결과(Brundtland, 1987)"라고 설명했다. 보고서에서는 지속 가능한 개발이 '기본적인 필요'를 충족시킨다는 전제 위에 진행되어야 하며, '환경적 제한'이라는 개념은 기술과 사회 조직으로부터 탄생했다고 주장했다. 〈우리의 공동 미래〉는 통합된 사회경제학적 발전으로 "보다 공정한 영향(1987)"을 주는 새로운 형태의 지속 가능한 개발을 추구한다.

지속 가능한 개발의 주요 골자는 발전에 관한 현대적 접근을 바탕으로 하고 있다. 이 비전은 "산업화된 국가와 개발도상국 모두의 급속한 경제 성장과 (중략) 더 강력한 기술 이전, (중략) 규모가 더 큰 자본 흐름(Brundtland, 1987)"의 필요성을 명쾌하게 서술한다. 그런 점에서 〈우리의 공동 미래〉는 오늘날 세계를 제패한 신자유주의 정책과 상당한 유사성을 가진다. 여기에서 '지속 가능성'이라는 요소는 그저 간절한 소망으로밖에 보이지 않는다. 주장의 토대가 되는 증거는 거의 없지만, 보고서는 "환경적 한계를 넘어서지 않으면서 국제 경제의 성장을 가속화(1987)"할 방법이 존재할 수도 있다고 주장한다. 이것은 '지속 가능한 개발'이 북쪽 세계가 내세우는 환경 문제와 제3세계의 지배 계급이 원하는 발전을 함께 고려하고 있는 듯한 인상을 준다. 그러나 '지속 가능한 개발'을 실천할 상세한 방법은 전혀 찾아볼 수 없다. 환경을 보존하는 범위 내에서 경제적 활동을 계속해 나갈 방법이라든가, 재생 불가능한 자원과 그 사용이 가져오는 파급력에 관한 적절한 서술도 마찬가지다.

생태학적 관리라는 접근법이 새롭게 등장하며 지속 가능한 개발의 개념은 희미해졌고, 근대화 이론의 정설에 흡수되는 듯 보였다. 볼프강 작스Wolfgang Sachs의 말대로 지속 가능한 개발은 "환경 문제를 '개발'이라는 텅 빈 껍질 안에 흡수시킴으로써 그 중요성을 무력화시킨다(1993)". 현재 생태계의 균형을 위협하는 요소들을 무시하고, 실용성을 기준으로 자연에 접근하는 지극히 인간 중심적인 전략인데, 주로 빈곤층이 환경 파괴의 주범으로 지목된다. '지구를 구하려고' 하는 사람들에게 빈곤층은 한낱 용의자로 보일 뿐이다. 항상 그랬듯 국제적인 환경 관리라는 분야에서 역시 빈곤층은 소외당하고 있다. 전 세계의 자연을 통제하는 과정에서 장애로 작용할 수도 있는 지역 공동체와 국가적, 국제적 제한은 막대한 자본으로 해결한다. 사실 국제 환경 문제라는 개념은 상당히 애매모호하다. 반다나 시바는 이 개념이 "현지 공동체에까지 미치기 시작한 세계화의 영향이 지배 아래 있던 현지인들의 자연환경을 파괴한 진범이라는 사실을 은폐하기 위해 탄생했다(1993)"고 지적했다. 북쪽 세계에서 범세계적 영역에 걸쳐 '지구 우주선'의 지평을 여는 동안 남쪽 세계 사람들은 음울하고 가난하고 훼손된 환경 속에 살아가고 있다.

레슬리 스클레어Leslie Sklair는 '글로벌 사회학global sociology'적 접근을 진행하면서 "자본주의적 발전과 세계의 생존 사이에 모순이 존재한다는 가정은 (중략) 진실로 여겨지는 듯하다(1994)"고 주장했다. 스클레어의 각본은 마치 '지속 가능한 개발' 운동이 문화적 생존주의 사상에 대항해 발전 사상을 부활시키기 위해 계획적으로 도입됐다는 해석을 유도하는 느낌을 준다. 오늘날 지구는 더 이상 제3세계와 사회주의 국가에서 진행되는 산업화를 '감당'하지 못할 것이라는 생각을 가진 사람들도 적지 않다. '녹화greening'를 추구하는 초국가적 비즈니스 집단들(일례로 국제상업회의소의 세계친환경산업협의회가 있다)도 전 세계적으로 환경 인식을 고양시키기 위해 이와 유사한 압력을 가하고 있다. 실제로 실현 가능성이 있는지 여부와 관계없이 초국가적 자본주의자들은 마치 발전과 생존 사이의 모순을 해결할 수 있을 것처럼 행동해야만 한다. 이와 같은 상황 아래 다른 국가들이 '관광 지대'의 역할을 하는 동안 제3세계 국가들은 북쪽에서 생산된 유해한 폐기물을 수용하는 쓰레기장의 역할을 하며 '오염 지대'로 남을 가능성이 크다. 전 지구적 생태학 측면에서는 일종의 '재활용' 개념으로 받아들여지기도 한다.

오늘날 생태학은 미래 자본주의를 좌지우지하는 가장 주요한 논쟁으로 자리 잡았다. 알랭 리피에츠**Alain Lipietz**는 "과거 경제의 '변두리'를 구성하던 생태학은 오늘날 문제의 핵심으로 떠올랐다(1992)"고 표현했다. 1920년대부터 1970년대까지의 포드주의**Fordism**는 자본주의 발전을 이끄는 독보적인 생산 양식이었다. 이제 우리는 포스트 포드주의 시대를 살아가며, 과거의 영광은 더 이상 유효하지 않다. 포드주의는 소비 지상주의와 생산주의에 바탕을 두고 있다. 질보다는 양의 철학이다. 하지만 인류가 생태학적 위기를 인식하며 생산과 소비의 기능주의적 논리는 시험대에 올랐다. 생태학은 세계화된 전 세계 자본주의 시스템이 상호 연관성을 지닌다는 명확한 예시이다. 사라진 포드주의의 자리를 어떠한 발전 모델이 대신하든 새롭게 제시된 해법은 반드시 사회적이고 생태학적이어야만 할 것이다.

2008년부터 2009년까지 세계를 휩쓴 금융 위기가 지나간 현재, 우리가 속하는 시대에 적절한 지속 가능한 개발을 살펴보려면 먼저 자본의 생태학적 한계를 알아볼 필요가 있다. 학계에서 내놓은 의견의 대부분은 지구 온난화로 인해 발생 가능한 재앙이 바로 앞으로 다가왔다는 사실을 명확히 표명하고 있다. 이와 더불어 국제 자본주의 체제는 상위 '1퍼센트'에게 어마어마한 부를 안겨 준 반면, 남쪽 세계 전체와 북쪽 세계의 몇몇 도시를 나락으로 떨어뜨리며 사회적 위기를 야기했다. 사회적, 생태적 재앙은 국가 사회주의 질서가 무너지고 전 세계적으로 널리 퍼진 자본주의 발전 양식으로부터 기인했다. 생태학과 사회주의를 화해시키려는 움직임은 불필요한 듯 보인다. 자본주의 체제가 때때로 국가적, 국제적 차원에서 발생하는 사회 불평등을 살피지 못하는 것과 마찬가지로, 마르크스의 사상과 별개로 사회주의는 때때로 극단적인 생산주의를 표방하며, 자본주의 발전이 강조하는 '자연의 한계'를 아무렇지 않게 무시하곤 한다.

20세기 중반 집필 활동을 한 칼 폴라니Karl Polanyi는 19세기 마르크스의 사상과 21세기 포스트마르크스주의를 이어 주는 다리 역할을 한다. 그는 시장(자본)이 내재된 사회적 관계를 제거하려는 '이중 운동'과 규제되지 않은 시장의 약탈로부터 사회가 스스로를 지키려는 움직임을 뜻하는 사회적 대항 행동, 혹은 오늘날 우리가 신자유주의라 부르는 개념에 관한 참신한 분석을 내놓았다. 폴라니는 "시장 메커니즘이 인류의 운명과 자연환경을 결정하는 유일한 관리자 역할을 하도록 내버려 둔다면 (중략) 결국 사회는 몰락하고 말 것이고, (중략) 자연은 훼손되어 우리를 둘러싼 경관은 더럽혀지고 강은 오염되며, (중략) 식량과 원자재를 생산하는 에너지는 파괴되고 말 것(2001)"

이라고 했다. 사회주의 생태학을 이론화하기 위해서는 반드시 사회적 관계를 배제시키고자 하는 신자유주의와 그에 대항해 경제적 관계를 다시 사회의 지배 아래 포함시키고자 하는 움직임을 이해해야 한다. 이렇듯 다리 역할을 하는 폴라니 이론의 주요 논점은 무엇인가. 생태학적 위기와 사회적 위기가 공통된 원인을 가진다면, 이에 반격하는 대응책은 사회주의 운동과 생태학 운동 사이를 갈라놓는 역사의 장벽을 내세운다는 것이다.

나는 우리가 직면한 생태학적 위기와 사회적 위기가 지속 불가능한 개발을 거듭해 온 자본주의의 성질이라는 동일한 원인으로 인해 발생했다고 생각한다. 만약 '깨끗한 자본주의'가 이 모순을 극복할 수 없다면 대신할 새로운 국제 질서를 찾아야만 한다. 장 마리 아리베Jean-Marie Harribey가 이야기했듯, "결국 생태학적 마르크스주의는 사용 가치를 창출하기 위한 부차적인 사회 활동에 목표를 두고 있다(2009)". 따라서 마르크스의 가치 이론은 생태학적 목표와 점진적인 사회 개혁이 가지는 목표를 통합하려는 모든 이론의 핵심이 된다. 이를 위해 먼저 우리는 공동 소유라는 생산 양식이 실질적인 면에서 어떤 의미를 지니는지 생각해 볼 필요가 있다. 과거 우리는 소비에트 연방과 같은 집산주의 국가 체제를 버리고 자본주의를 택했으나 자연의 한계에 다다랐다. 이제 과거의 선택을 책임질 대안을 찾아야만 한다. 현대 자본주의를 위협하는 두 위기인 생태학적 위기와 사회적 위기의 합세로 새롭게 등장하는 사회 지도에는 공동 생산, 사회 소유, 문화적 자율성이 모두 그려져 있을 것이다.

산업화된 자본주의는 국제화, 정보화된 새로운 자본주의 양식에 밀려 대체되고, 마르크스주의 생태학은 마르크스주의의 인식 체계를 21세기의 시대 흐름에 맞게 완전히 새롭게 탄생시킬 것이다. 이제는 탄소 배출권처럼 오로지 시장 원리에 따라 결정되는 해결책이 아니라, 국가적 차원에서 자원의 사용을 조절할 대안을 찾아야만 한다. 알랭 리피에츠를 비롯한 생태학자 다수는 환경 오염의 정도를 결정하는 새로운 시장을 도입하는 해결책이 꽤나 그럴듯하다고 생각했지만, 시장이 가장 합리적인 방법으로 자원을 분배할 것이라는 '시장의 마법'을 받아들인 방안에 불과하다. 우리는 결코 자연을 순수한 시장 논리에 따르는 물질로 객체화시킬 수 없다. 이익 극대화는 인류의 합리적인 생태학적, 사회학적 미래를 결정하는 기준으로 작용할 수 없다(2008~2009년 금융 위기 이후 더욱 분명해졌다). 아리베의 주장처럼 생태학과 사회주의의 결합은 "윤리와 정치, (그리고) 생태학과 사회 정의 사이에 자리한 교차로에 서 있다(2009)".

—

소비에트 + 전화電化 : 마르크스주의와 발전

—

발전은 종종 인간이 추구해야 할 중요한 요소로 여겨진다. 수많은 사상 체계들과 마찬가지로 마르크스주의 역시 발전과 저개발 문제를 다루고 있다. 실제로 수많은 형태를 지니는 자본주의와 사회주의 체제 내에서 발전은 항상 마르크스주의의 핵심을 구성했다. 3장은 마르크스주의와 발전에 관한 주요 담론들을 비판적인 시선으로 다룬다. 초기 마르크스는 대체로 기계적, 단일적인 시각으로 발전을 바라보며 명료성이 떨어지는 모습을 보였는데, 후에 보다 섬세한 고찰이 담긴 글을 남겨 부족함을 상쇄했다. 특히 러시아를 주제로 쓴 글이 대표적이다. 레닌은 마르크스주의의 전통을 이어받아 수많은 제3세계 국가들의 발전주의 이데올로기가 되는 새로운 발전 이론을 펼쳤다. 계속해서 한때 사회주의와 저개발의 중요한 관심사로 떠올랐던 문제가 등장한다. 바로 극도로 자본화된 개발 국가에서 사회주의 혁명이 일어나지 않았다는 사실이다. 마지막으로 발전 문제를 둘러싼 포스트마르크스주의적 흐름에 관한 언급이 이어진다. 무조건적인 발전이 인류의 선으로 이어지지는 않는다는 주장은 오늘날 마르크스주의 담론에서 엄청난 중요성을 가진다.

마르크스와 발전

마르크스는 발전과 사회주의를 동의어로 받아들였다. 그는 완전히 현대적인 시각에서 발전을 바라봤다. 생산은 점차 국제화됐고,

자본은 집중됐다. 자본주의는 걷잡을 수 없는 속도로 성장했으며, 발전이 전 세계를 휩쓸었다. 우리가 '마르크스주의 선언'이라 부르는 비전은 상당히 명쾌하다. "부르주아는 생산 도구의 지속적인 혁신을 통해서 생존 가능하며, 이는 곧 생산과의 관계 그리고 사회 전체와의 관계에 있어서도 지속적인 혁신이 필요함을 의미한다(Marx and Engels, 1977)"는 구절을 통해 확인할 수 있다. 《공산당 선언》을 통해 마르크스는 "사라지지 않는 불확실성과 불안 요소는 부르주아 시대를 이전의 시대와 구분하는 잣대이다. 모든 고정적이고 냉소적인 관계 속에 과거의 기차는 오래된 편견과 의견을 싣고 떠나 버렸고, 새롭게 형성된 모든 것들은 미처 자리를 잡기 전에 구식으로 전락하고 만다(Marx and Engels, 1977)"고 이야기했다. 롤러코스터처럼 쉴 새 없이 요동치는 근대화의 물결이야말로 마르크스가 말하는 발전의 본질이었다. 전 세계에 부르주아 시대의 바람이 불자 과거의 질서는 사라지고 시대의 이미지에 맞는 새로운 질서가 일어섰다. 이미 개발된 국가들은 비교적 개발이 덜 된 국가의 미래를 비추는 거울이었다.

'마르크스주의 선언'은 부르주아 시대에 생산력이 전례 없이 성장했다고 보고 있다. "부르주아 계급이 지배권을 잡은 근 100년 사이에 나타난 생산력은 과거 모든 시대의 생산력을 모두 합친 총량보다도 더 크다(Marx and Engels, 1977)." 자연은 인류에 의해 착취당했고, 화학 지식이 산업과 농업에 적용됐으며, 철길과 전보의 탄생으로 통신은 혁신을 맞이했다. 만족을 모르는 부르주아 계급은 끊임없는 발전을 외치며 앞길을 막은 장애물을 모두 제거해 버렸다. 시장은 계속해서 확장해 나갔고, 자본주의적 사회관계는 다른 모든 관계를 좀먹었으며, 생산성은 끝을 모르고 높아져 갔다. 마샬 버만은 마르크스주의 선언이 지극히 모더니즘적인 담론이라고 강하게 주장했다.

끝을 모르고 욕심스럽게 성장과 발전을 위해 압력을 가하며 인류는 지역 사회와 국가, 심지어 윤리적 경계를 넘어 욕구를 확장해 나가고 있다. 이로 인해 인간은 주변인은 물론 자신까지 착취하는 지경에 이르렀다. 혼란스러운 세계 시장에서 가치란 끊임없이 변덕스럽게 변화하고 있으며, 쓸모가 없어진 모든 물질과 사람은 자비 없이 버려진다. (중략) 위기와 혼란 속에 얻은 원동력을 발판으로 삼아 더 큰 발전을 추구하고, 스스로를 좀먹어 스스로를 채운다.(Berman, 1983)

물론 마르크스는 부르주아와, 부르주아가 가져온 혁신적 발전이 사회에서 맡은 역할에 박수를 보내지 않는다. 자본주의 발전은 스스로 무덤을 파 줄 '묘지기'인 프롤레타리아, 즉 노동자 계급이 탄생시켰다. 부르주아 계급(자본)이 성장하는 만큼 항상 굶주린 듯한 새로운 생산 양식에서 노동을 재화로 제공하는 노동자 계급도 함께 성장한다. 사회에 혁신을 가져온 과정과 동일한 과정이 반복되며 새로운 질서를 탄생시킬 혁명 계급이 모습을 드러낸다. 자본주의는 스스로가 낳은 강렬한 에너지에 결국 잡혀 삼켜진다. 현대 자본주의 사회의 발전은 '변증법적' 과정을 통해 스스로를 능가할 새로운 체제를 탄생시키는 바탕으로 전락한다. 흩어져 있던 노동자들이 모여 노동조합을 결성하고, 더 나아가 노동자 정당을 결성하는 유기적 과정이 일어나는 것이다. 봉건 제도가 자본주의를 탄생시켰듯 자본주의는 사회주의를 탄생시킨다. 마르크스는 《공산당 선언》에서 "계급이 존재하고, 계급 사이의 적대감이 존재하는 부르주아 사회에서 우리는 단합할 것이다. 각각의 자유로운 진보가 모여 전체의 완전한 진보를 이루어 낼 것(Marx and Engels, 1977)"이라고 이야기했다. 마르크스의 선언이 무색하게 당시 현실에서 자본주의의 발전은 끝을 모르고 계속되었다.

마르크스가 발전을 바라보던 모호한 시각은 인도의 사례를 다룬 글에 잘 드러나 있다. 마르크스는 자본주의 국가의 식민지 건설이 진보를 가져왔다며 경의를 표했다. "영국은 인도에서 파괴와 재건이라는 두 가지 임무를 완수해 냈다. 오래된 아시아 사회를 소멸시키고, 아시아에 서구 사회를 세울 물리적 토대를 다져 놨다(Avineri, 1969)." 마르크스는 현대식 산업과 철도 시스템이 과거의 노동 분업을 해결하고, 인도 마을의 '관성'을 깨부수고, 인도를 국제 자본주의 발전의 흐름 속으로 끌고 올 것이라 생각했다. 물론 아래의 글처럼 될 것이다.

인도 사람들은 영국에 새롭게 등장한 지배 계급이 산업 프롤레타리아로 대체되거나 혹은 스스로 힘을 키워 영국을 인도에서 쫓아내기 전까지, 영국 부르주아 계층이 세운 새로운 사회 곳곳에 열린 달콤한 과실을 맛보지 못할 것이

다.(Avineri, 1969)

언뜻 서구 자본주의 국가의 식민 지배가 야만적인 동양을 문명화하는 긍정적인 효과를 가진다는 뜻으로 해석되나, 마르크스가 편파적인 입장에서 충분한 정보 없이 시대에 뒤처진 글을 썼다는 사실은 분명하다. 마르크스가 인도의 식민 지배에 관해 쓴 글은《공산당 선언》이 전달하고자 하는 견해와 같은 맥락을 가진다. 자본주의는 혁명적인 힘을 가지고 있지만, 결국 스스로 몰락을 가져오는 원인을 낳는다.

마르크스는 러시아의 사례를 통해 기존에 가지고 있던 기계론적, 모더니즘적 발전관에서 탈피하기 시작했다. 1881년 마르크스는 베라 자술리치에게 러시아 소작농 공동체에 관한 답신을 적어 보내기 위해 꽤나 긴 시간과 노력을 투자했다. 마르크스는 소위 '농노 해방'의 해라고 불리는 1861년부터 러시아를 연구하기 시작했다. 소작농 공동체가 러시아 사회의 오래된 골동품을 상징하는지, 아니면 진보적 '사회주의'의 미래를 나타내는 조짐인지가 가장 큰 연구 과제였다. 마르크스는 해당 문제에 꽤나 명료하게 자신의 입장을 표명했다. 먼저 그는 자본주의가 러시아에 침투해 이 공동체를 파괴할 것이라는 예측을 내놓았다. 하지만 마르크스는 러시아 소작농 공동체가 "러시아 사회의 대변혁에서 지렛대(Shanin, 1983)" 역할을 할 것이라는 가능성도 제시했다. 마르크스와 엥겔스는 '러시아 혁명'이 눈앞으로 다가왔다고 생각했고, 소작농 공동체가 새로운 공동체 양식의 도약을 돕는 발판이 될 것이라 주장했다. 1917년 혁명이 끝나고 모스크바 기록 보관소의 관리자들은 마르크스가 쓴 편지들을 발견하고 내용에 놀라움을 금치 못했다. 정통 '마르크스주의자'는 '인민주의적 탈선'을 담은 내용을 보고 위대한 스승의 노망을 의심했고 (편지를 썼을 당시 마르크스는 63세였다), 어떤 이들은 마르크스가 혁명의 사기가 꺾이지 않도록 요령껏 편지를 작성했을 것이라 해석했다.

혁명 이전의 러시아 사회를 깊게 연구한 마르크스의 행동이 저평가되어서는 안 된다. 러시아의 사례를 기초로 하여 마르크스는《자본론》에서 내놓은 자본주의 분석이 필연적인 역사 흐름으로 받아들여지는 상황에 반대하고자 했다. 이것은 어떠한 종류의 발전 이론에서나 중요한 자리를 차지하고 있다. 겉으로는 그가 일찍이 내놓은, 개발된 국가들이 개발 중인 국가의 미래를 비추는 거울이라는 주장을 부정하는 듯 보였다. 훗날 마르크스는 또 다른 러시아 추종자에게 쓴 편지에서 "서유럽 자본주의의 기원을 다룬 나의 개인적인 역사 인식을 역사적 상황과 무관하게 하나의 역사철학 이론으로 탈바꿈시켜 모든 사람이 필연적으로 거치는 길이라고 말한다면 (중략) 몹시 영광스럽지만 동시에 무척이나 낯부끄럽다(cited in Shanin, 1983)"며 자신의 입장을 드러냈다. 여기에는 역사 발전에 보편적으로 적용되는 결정론적인 '법칙'을 부정하는 마르크스의 견해가 담겨 있다. 사실 마르크스는 놀랍도록 '모던'한 시야로 포괄적인 동시에 개별적인 발전의 성질을 바라봤다. 마르크스와 엥겔스는 1882년《공산당 선언》서문에서 러시아 혁명이 서구 '프롤레타리아 혁명의 신호탄'이 되어 둘이 '상호 보완적'인 역할을 할 것이라고 내다봤다.

　마르크스가 제국주의와 관련된 이론을 내놓지 않았다는 사실은 잘 알려져 있다. 그러나 마르크스의 자본주의 이론과 그 발전 이론은 세계 자본주의 경제 체제의 탄생을 예견하고 있다. 이미 《공산당 선언》은 자본주의 계급이 가진 사명을 강하게 암시하고 있다. "자본주의는 모든 국가가 소멸의 고통을 딛고 부르주아의 생산 양식에 굴복하기를 강제한다. 또한 자본주의는 이들로 하여금 스스로 문명이라 부르는 요소를 받아들이기를 강제하고, 그들이 부르주아 계급으로 거듭나길 강제한다. 한마디로 말하자면, 자본주의는 세계를 자신의 이상에 맞도록 강제한다(Marx and Engels, 1977)." 마르크스는 사회 구조가 어떤 과정을 통해 대체되어 왔는지 살피며 새롭게 등장한 사회 구조가 과거의 생산 양식에 많은 영향을 받는다는 사실을 발견했다. 이러한 결론을 얻기 위해 마르크스는 자본주의 이전에 존재했던 수많은 생산 양식을 다루는 간단한 이론을 발전시켰다. 여기에는 계급이 존재하지 않는 원시 사회부터 노예제를 기반으로 한 고대 사회, 농노 제도를 도입한 봉건 사회, 심지어 '아시아적' 생산 양식까지 포함되어 있다(cf. Bailey and Llobera, 1981). 하지만 부르주아 계급이 주도권을 잡은 자본주의 사회 이전에 존재해 온 생산 양식들은 모두 마르크스에게 있어 자본주의 생산 양식의 과거에 불과했다. 이론적 측면은 물론 목적론적 측면에서도 마르크스주의는 구조주의적 한계에 맞닥뜨린 생산 양식에 관한 논쟁을 이어 나갈 필요가 없다고 이야기했다.

마르크스는 오늘날 우리가 제3세계라 부르는 국가들과 관련된 사상을 따로 제시하지 않았다. 그는 식민 지배국들이 산업 혁명의 바퀴에 기름칠을 하는 역할을 맡고 있다는 사실을 분명히 알고 있었다. 그러나 자본주의의 부상을 가져온 '원시적 축적'의 내·외부적인 요인의 분석을 진행하며 마르크스는 일차원적인 접근을 우선순위에 뒀다. 이후 제국주의와 의존성을 논하던 마르크스주의는 어떤 이유로 일부 지역에서는 자본주의 체제가 나타나고 나머지 지역에서는 자본주의 체제가 나타나지 않는지를 설명하기 위해 마르크스가 지정한 우선순위를 뒤집어 외부적 요인을 우선순위에 뒀다. 앤서니 브루어Anthony Brewer는 "외부적 요인의 강조는 중앙과 주변부의 분리라는 자본주의의 특징적 요소와 일관성을 지니지만, 마르크스의 사상에서는 이러한 자본주의의 특성에 관한 언급을 찾아볼 수 없다(1980)"는 사실을 꼬집었다. 마르크스가 아일랜드를 주제로 집필한 글을 통해 식민주의가 발전에 지대한 영향을 끼쳤다는 사실을 그가 분명히 이해하고 있었음을 알 수 있다. 하지만 이 이론적인 글의 핵심은 생산 양식으로서 자본주의의 내부적 발전에 있으며, 마르크스는 전 세계를 자본주의 생산 체제에 맞춰 변화시키려는 의지는 욕구의 표출일 뿐이라고 서술했다.

마르크스가 남긴 모호한 발전 이론은 오늘날까지도 수많은 논의를 낳고 있다. 마르크스는 아마도 제프리 케이Geoffrey Kay의 알쏭달쏭한 발언에 동의를 표했을 것이다. 케이는 "자본주의 체제는 저개발을 탄생시켰는데, 자본주의 체제가 저개발 국가를 착취해서가 아니라 충분히 착취하지 않았기 때문(Kay, 1975)"이라고 말했다. 이러한 시각은 이후 나타난 발전과 저개발에 관한 대부분의 마르크스주의 이론과 일치하지 않는다. 물론 케이는 자본주의적 세계 발전을 조화로운 시각으로 바라보지 않았으며, 착취 행위를 강조했다. 마르크스가 인도와 아일랜드의 사례에서 얻은 이해와 일맥상통한다. 또한 마르크스는 착취당하는 국가의 민족주의 운동가들에게 자본주의적 발전이 혁명의 기운을 '무르익게' 만들 때까지 기다리라는 조언을 하지 않았다. 과거 상업과 같은 자본의 형태가 단순히 과거의 생산 양식을 약탈하고 파괴한 반면, 산업 자본은 과거의 생산 양식을 파괴하는 동시에 변혁을 이루었다는 것이 마르크스의 핵심 주장이다. 오늘날 인도와 브라질의 상황은 발전과 관련해 마르크스가 내놓은 접근법이 틀리지 않았음을 보여 준다. 이상하리만치 커져 가는 민족 중심주의와 서구주의, 모더니즘의 대부분은 이와 같은 마르크스의 연구와 예상을 기본으로 하고 있다.

엥겔스는 보다 명쾌하고 일관된 근대화의 개념을 적용해 발전에 관한 문제를 논의했다. 마르크스가 자신의 자본주의 이론이 역사의 '보편적인 길'로 받아들여지는 것에 거부감을 보인 반면, 엥겔스는 오히려 반대되는 모습을 보였다. 1875년 출간된 에세이 〈러시아의 사회적 관계|Social Relations in Russia〉에는 엥겔스가 제시한 사회 진화의 틀이 분명히 나타나 있다. 엥겔스는 이 에세이를 다음과 같은 구절로 마무리 지었다. "사회의 생산력이 극도로 발전되어 생산량을 충분한 수준으로 끌어올려야만 사회적 생산 양식이 침체되거나 저하

되지 않고 이어져 진정한 진보를 이루어 내고 계급 차별을 철폐할 수 있다(cited in Bideleux, 1985)." 1892년 엥겔스는 마르크스를 추종하는 한 러시아인에게 보내는 편지에서 자본주의적 산업화의 필요성을 다시 한 번 강조했다. "자본주의는 새로운 전망과 새로운 희망을 가져온다. 자본주의가 서구에 어떠한 변화를 가져왔는지, 어떻게 변화시키고 있는지 보라. (중략) 위대한 역사적 진보 없이는 그에 상응하는 역사적 악惡도 존재하지 않는다(cited in Bideleux, 1985)." 엥겔스는 기계론적인 '마르크스주의'의 발전 이론을 체계화해 끊임없이 계속되는 자본주의의 기계론적인 발전을 숙명론적으로 받아들였다. 엥겔스는 그에 따른 사회적 '부작용'도 냉철하게 바라봤다.

레닌주의와 발전

1890년대 중반 레닌은 러시아 소작농 공동체와 관련된 문제에서 마르크스와 완전히 상반된 의견을 제시했다. 마르크스-레닌주의의 역사적 측면에서 고려하면 상당히 역설적이라 할 수 있다. 레닌은 러시아 소작농들의 개인주의 성향을 강조하며 극도로 부정적인 시각으로 바라봤다. 소작농이 '공산주의적 본성'을 가지고 있을 것이라 믿은 다수의 러시아 사회주의자들은 "순전한 허상에 홀려 농촌 경제가 특별한 공동체라도 되는 마냥(cited in Bideleux, 1985)" 무비판적인 모습을 보여 줬다. 레닌은 소작농 공동체를 이용해 자본주의를 피해 갈 방법을 찾는 러시아 사회주의자들의 행동에 '포퓰리즘'이라는 이름표를 붙이며 불쾌감을 표시했다. 레닌은 마르크스가 아닌 엥겔스의 발자취를 따랐다. 그는 (가능성이 매우 희박하더라도) 오직 산업 프롤레타리아 계급만이 혁명을 이끌 수 있다며, "대규모 기계 산업이 자리 잡은 자본주의 발전의 상위 단계에 이르러 물질적 조건과 사회적 영향력이 갖추어져야지만 (중략) 공산주의 혁명을 성공시킬 정치적 갈등이 시작될 것(cited Bideleux, 1985)"이라고 이야기했다. 레닌의 사상은 일관적이고 기계적으로 발전해 나갔다. 소작농 공동체를 바라보는 부정적인 시각에는 확실한 논쟁의 여지가 있는데, 정치적으로는 소작농들이 대개 레닌의 볼셰비키 정권을 크게 지지하지 않은 이유를 설명한다.

레닌은 세기의 저서로 손꼽히는《러시아에서의 자본주의 발전The Development of Capitalism in Russia》에서 자신의 사상을 한층 발전시켰다. 봉건 제도를 바탕으로 등장한 자본주의를 다룬 책 중 가장 뛰어난 마르크스주의 연구로 손꼽힌다. 이 책에서 레닌은 기술적 측면에서 러시아의 자본주의 시장이 어떻게 형성되었는지를 바라보고 있다. 그는 상품 경제가 경제생활을 구성하는 모든 분야에 자리를 잡았는지, 노동 분업이 자본주의에 널리 퍼진 이유가 무엇인지를 설명하고자 했다. '포퓰리스트'들의 저소비주의 주장에 레닌은 자본주의 체제가 스스로 러시아 국내 시장을 탄생시켰다며 그럴싸한 반박을 내놓았다. 레닌의 자본주의 발전 개념은 사회 분화에 초점을 두고 있었는데, 농촌 인구와 연관 지어 자세히 다루고 있다. 레닌이 이 단계에서 자본주의의 역할을 다소 과장하고 있다는 사실을 간과해서는 안 된다. 그는 "마르크스가 분명히 자본주의 이전 단계라고 명시한 경제 구조(Harding, 1977)"를 자본주의로 여기고 있었다. 레닌은 자신의 초기 작품이 러시아 농업의 자본주의적 발전 정도를 '과대평가'하는 결과를 낳았음을 인정했으나, 중요한 점은 레닌이 제시한 초기 발전 사상이 러시아 내부의 자본주의 발전에 초점을 맞추고 있다는 사실이다.

레닌 혹은 레닌주의는 제국주의 이론으로 더욱 유명하다. 제1차 세계 대전 당시 자본주의가 전 세계적으로 진보적인 기능을 할 것이라는 마르크스의 시각과, 레닌이《러시아에서의 자본주의 발전》을 통해 제시한 분석의 결합으로 탄생한 제국주의 이론은 역사의 분수령으로 작용했다. 빌 워런Bill Warren은 "제국주의의 확장을 바라보는 마르크스와 엥겔스의 시각을 뒤집으면서 레닌은 자본주의가 사회 진보를 가져오는 도구가 될 수 있다는 마르크스주의의 흔적을 완전히 지워 버리고 새로운 이데올로기를 수립하기 위한 준비를 시작했다(1980)"며 레닌의 제국주의 이론을 다소 과장되게 서술했다. 이제 전통 마르크스주의는 세계를 중앙과 주변부로 나누어 바라보게 되었고, 제국주의는 발전으로 나아가는 길을 막고 선 장애물로 인식되었다. 자연스러운 수순으로 전 세계적으로 가난하고 탄압받는 자들의 지지를 호소하는 정치적 움직임이 일어났다. 이러한 정치 세력이 마르크스가 인도에 보여 준 시각을 관철하기란 쉽지 않은 일이었다. 마르크스는 자본주의의 전 세계적인 확장이 가져올 부정적인 측면을 언급하긴 했지만, 그보다는 생산력 증가라는 긍정적인 측면을 더욱 강조했기 때문이다. 제1차 세계 대전의 여파로 미래에 대한 기대와 불확실성이 만연하던 위기의 시대에 한 발 물러나 초연한 태도로 상황을 관찰하기란 어울리지 않는 듯 보였다.

레닌의 제국주의 이론은 당시나 지금이나 혁신적인 주요 연구 과제라고는 할 수 없다. 레닌은 마르크스주의자 부하린과 비마르크스주의자 홉슨Hobson 등 주로 다른 인물들의 연구 결과를 토대로 제국주의 이론을 발전시켰다. 자본의 집중이나 '저개발' 국가로의 수출, 금융 자본의 성장(산업 자본과 은행 자본의 합병)과 같은 당시의 주요한 추세를 개괄적으로 다루고 있다. 레닌에게는 강대국들이 비교적 온건하고 평화로운 방법을 통해 세계를 나눠 가지게 될 것이라는 카우츠키의 '초제국주의' 개념에 반하는 정치적 목표가 있었다. 그는 시간이 지날수록 경쟁이 과열되고 있다며, 이 추세가 계속되면 세계 대전은 피할 수 없다고 주장했다. 레닌은 자본주의 강대국의 지배가 식민지에 가져올 영향에는 크게 관심을 두지 않았지만, "자본 수출은 수입국의 자본주의에 영향을 미쳐 발전을 가속화할 것(Lenin, 1970)"임을 알고 있었다. 레닌은 《러시아에서의 자본주의 발전》에 한때 자신이 비판했던 저소비주의 이론을 도입하기도 했다. 그는 제국주의가 발전을 멈추는 브레이크라고 주장했고, "독점으로 인한 침체와 부패가 지속되고 특정 기간 동안 특정 산업 분야와 특정 국가가 우세를 점하게 될 것(Lenin, 1970)"임을 언급하며 신마르크스주의의 저발전 학파(예를 들면 폴 배런Paul Baran과 안드레 군더 프랑크Andre Gunder Frank)의 선구자로 우뚝 섰다.

　제국주의와 독점이 자본주의의 정점이자 마지막 단계라는 시각은 점차 보편적으로 받아들여지기 시작했다. 뿐만 아니라 제국주의가 발전을 가로막는 장애물이라는 인식도 마찬가지였다. "자본주의 시대는 죽어 가는 자본주의 시대이다. (중략) 자본주의 체제는 붕괴를 향해 나아가고 있다(quoted in Claudin, 1975)"는 결의안을 통해 확인되듯, 1928년 공산주의 인터내셔널 회의가 열릴 즈음에는 모호함이 모두 사라진 상태였다. 이것은 보편적인 견해로 받아들여졌는데, 민족주의 운동과 결합해 공산주의의 조짐이 나타나기 시작하던 식민지에서 특히 뚜렷하게 나타났다. 이런 정치적 현상은 제국주의가 경제의 역행을 가져오고 있는 동시에, 식민지에서 국가 위상의 추락과 자원의 유출이라는 이유로 해외 자본의 투자를 달가워하지 않는다는 현실을 보여 주며 결의안이 암시하는 바를 분명하게 드러냈다. 이제 발전이란 전체가 아닌 국가의 발전을 의미했다. 획득 자본에는 정치적 색채가 덧입혀졌다. 같은 사회적 생산 양식에서 이를 통제하고 착취하는 인물이 해당 국가의 부르주아 계급일 경우, 외부 국가나 제국의 지배를 받는 경우와 달리 건전하다고 받아들여지기도 했다. 후에 등장한 '저발전의 발전' 학파(군더 프랑크)는 여기에 근원을 두고 있다.

　1917년 혁명으로 새로운 사회 질서가 수립된 러시아에서는 자본주의를 대체할 발전 전략을 주제로 한 논의가 본격적으로 이루어지기 시작했다. 이 논의는 1924년 레닌이 사망한 후 어떤 인물을 지배자 자리에 올려야 할지, 어떤 정책을 취해야 할지를 두고 벌이는 정치 투쟁이기도 했다. 기술적 측면의 사회 계획부터, 산업이 농업보다 우선시되어야 하는가, 정치적 측면에서 '일국 사회주의'의 실현 가능성까지, 폭넓은 주제를 두고 수많은 대화가 오갔다. 1920년대 들어 러시아가 내전의 부작용에서 벗어나기 시작하면서 지난 50년간 이루어진 경제 발전에 관한 주요 쟁점들이 화두에 올랐다. 모셰 르윈Moshe Lewin은 이 논쟁을 "국가 정당이 모든 체제를 운영함으로써 경제와 정치 체제를 전적으로 국유화한 독특한 일당 국가(1975)"라는 새로운 발전 모델의 도입을 찬성하는 이들과 반대하는 이들의 전투로 받아들였다. 어떠한 의미에서 러시아는 마르크스주의가 제시한 발전 방법을 도입한 첫 번째 실험실이며, 당혹스러운 현실과 이론적 사상을 자신들이 살아가는 실제 세계에 적용한 사례라고 볼 수 있다.

니콜라이 부하린은 이 논쟁에서 처음부터 끝까지 사회주의로의 점진적인 이동을 주장했지만 큰 주목을 받지 못했다(see Cohen, 1980). 레닌에 비해 부하린은 소작농을 보다 긍정적인(중립적인) 시각으로 바라봤으며, 장기적인 관점에서 1921년의 신경제 정책을 지지했다. 그는 유기적인 발전 모델과 정치적 안정성을 중요시했다. 로버트 비델뢰Robert Bideleux가 말했듯, 부하린은 "소규모 농업과 상승한 소비 수준으로 부상하는 경공업은 자급자족을 통해 상호 보완적인 관계를 형성함으로써 균형 잡힌 발전을 추구하고, (중략) 농촌과 도시 모두를 위한 긍정적인 경제적 유인을 제공해야 한다(1985)"고 주장했다. 부하린이 우파의 대표라면, 좌파의 대표로는 예브게니 프레오브라젠스키Yevgeny Preobrazhensky가 있다. 프레오브라젠스키는 국가 주도하에 이루어지는 공업 발전을 최우선으로 뒀다. 그는 다양한 방법으로 산업화의 바탕이 될 기금을 축적한 후 가장 앞서 나간 자본 집약적 모델(포드주의)을 도입해 발전을 이루어 내고자 했다. '개인 자본에서 창출된 이윤'과 소작농 착취도 방법 중 하나로 포함됐다. 점진적 축적 모델과 강제된 산업화 사이의 갈등은 발전에 관한 논의의 핵심이었고, 형태는 조금 달라졌을지 모르나 오늘날까지도 논의는 계속되고 있다.

스탈린의 '일국 사회주의'와 트로츠키의 '영구 혁명' 사이에 오고간 신경전은 그중에서도 가장 유명한 논의로 손꼽힌다. 어떤 면에서는 레닌이 사망하고 뒤를 이은 두 지도자 사이에 오간 보다 세부적인 논쟁은 이 중대한 문제에 가려 알려지지 않았다고도 할 수 있다. 트로츠키와 콘드라티예프Kondratiev('콘드라티예프의 파동'으로 유명)를 비롯한 수많은 경제학자들은 소비에트의 국제적 통합과 확고한 산업 계획, 도시와 시골 사이의 균형을 이유로 내세우며 최저 비용으로 산업화를 진행해야 한다고 주장했다. 현대적인 발전 모델이었다. 반면 스탈린은 원시적 사회주의 자본 축적을 바탕으로 한 경제 자립 모델을 내세우며 자급자족을 고집했다. 그는 소작농과의 교역 조건이 경제 성장에 불리하다는 이유로 수입 대체 산업화를 주장했다. 스탈린의 '긴급 대책'으로 소작농들은 엄청난 피해를 입었고, 정책을 대대적으로 도입하며 5백만 명에 달하는 농민들이 토지를 잃거나 노동 수용소로 끌려갔다. 스탈린의 지배 아래에서 소비에트가 펼친 발전 모델은 마르크스와 레닌이 추구했던 모델의 졸렬한 모방이었으며, 1920년대 중반에 들어서서는 더 이상 우파와 좌파를 논할 필요조차 없어졌다. 스탈린은 이미 권위에 찌든 잔혹한 독재자로 인식되고 있었기 때문이다.

소비에트 연방이 통합되고 스탈린주의가 입지를 굳히면서 레닌주의는 '제3세계'의 발전을 위한 참된 이데올로기로 탈바꿈했다. 서구의 프롤레타리아 혁명은 동쪽 세계에서 농민 동원을 위한 이데올로기로 거듭났으며, 남쪽 세계에서는 근대화된 엘리트의 이데올로기로 새로 태어났다. 데이비드 레인David Lane은 "레닌주의는 마르크스주의의 발전 윤리(1974)"라는 말을 남겼다. 누군가는 이 판단이 다분히 편파적이라고 주장할 수도 있겠지만, 특정한 측면에서는 레닌주의의 흐름을 잘 보여 주는 문장임에는 틀림없다. 관료주의적인 동시에 권위주의적인 소비에트의 '마르크스-레닌주의'는 한 차례 공정을 거쳐 당시 신흥 공업국을 정당화하는 포장지로 사용됐다. 레닌주의는 여러 가지 측면에서 1950년대 미국의 근대화 이론과 비슷한 점이 많다. 앞을 내다본 스탈린은 다음과 같은 직설적인 글을 남겼다.

사회주의적 산업화는 대규모 산업이나 중공업의 발전으로 이루어지는데, 어느 정도 수준에 도달하면 기술력을 바탕으로 전 국가적인 경제를 재조직하는 핵심으로 작용하며, 자본주의가 팽배한 세계 속에서 사회주의의 승리를 이끌고

국가의 기술적, 경제적 독립과 국방력의 강화를 가져온다. (Stalin, 1973)

실제로 발전 이론에서 위 구문이 어떤 가치를 지니는지를 가늠하기는 어려우나, 한 가지 확실한 점은 《공산당 선언》에서 먼 길을 돌아 여기까지 왔다는 사실이다.

레닌은 생산적, 경제적, 발전적인 마르크스주의를 탄생시킨 장본인이다. 그는 1920년 공산주의가 '소비에트의 힘에 모든 국가의 전화電化를 더한 것'이라고 정의를 내려 비난을 샀다. 극단적이긴 했으나 레닌주의의 발전 이데올로기를 잘 나타내는 표현이었다. 레닌이 산업화를 위해 사회주의의 축소를 선택했는지에 관한 판단은 우리의 몫이 아니다. 그저 레닌주의가 전통 마르크스주의와 현대적인 발전 이론 사이에서 어떤 역할을 했는지, 근대화 이론이 1970년대 급진적인 종속 이론에 이르기까지 어떤 작용을 했는지 살펴볼 뿐이다. 1950년대부터 1960년대까지 해당하는 역사적 시기에 제3세계 국가들은 사회주의와 관계없이 소비에트의 발전 모델을 따랐다. 소비에트 마르크스주의는 심지어 '비자본주의 발전 양식'이라는 이름으로 서구 모델과 마르크스 모델 사이에 등장한 제3의 이론으로 간주되었고, 제3세계가 처한 실질적 상황에 가장 알맞은 이론이라고 생각됐다. 제3세계의 수많은 독재자와 포퓰리스트들의 산업화 정책을 정당화한 '레닌주의'의 변형 이론은 전 세계적으로 자본주의를 안정화하고 발전을 저해한다는 인식을 통해 제국주의가 식민주의를 버리게 하는 도움을 줬다.

사회주의와 저개발

마르크스는 고도로 발전한 자본주의 국가에서 사회주의가 탄생할 것이라고 이야기했지만, 실제로 대부분의 사회주의 혁명은 절대적, 상대적으로 저개발 국가에 해당하는 나라에서 일어나는 '역설'을 보여 줬다. 실질적인 사회주의는 사회주의 이론과 어긋나는 듯 보였다. 특정한 한 가지 측면만을 고려한다면 사회주의와 발전이 실질적으로 같은 개념으로 받아들여지는 이유를 설명할 수 있다. 반대로 다른 측면을 고려해 보면 저개발 국가에 거주하는 인구의 대부분은 사회주의를 해방의 가능성이라는 시각에서 바라본다는 사실을 어렵지 않게 확인할 수 있다. 게다가 레닌은 제국주의 개념을 발전시키면서 세계 자본주의 체제의 문제는 '가장 약한 부분'에서 발생할 것이라고 이야기했다. 혁명을 바라보는 지극히 현실적인 시각이다. 정치적, 전략적, 이념적 측면에서 혁명이 '무르익을' 요소를 분석하던 마르크스주의와 다른 어떠한 목적론에서도 레닌과 같은 시각으로 현상을 바라보는 이론을 찾아볼 수 없다. 레닌에게 혁명이란 단순히 사회주의로의 발전을 위해 생산력이 특정 지점을 넘어가며 충분히 '무르익을' 때까지 기다리는 문제가 아니었다.

역설적인 상황이든, 불균등한 자본주의 발전으로 인한 자연스러운 현상이든 사회주의 체제는 거의 모든 경우 저개발의 유산이라고 보인다. 신생 사회주의 국가에 가해지는 제약은 어마어마하다. 수입을 보다 공정하게 배분할 방법을 찾아야 함은 당연하고, 대규모 경제적 발전을 이루어 내야만 한다. 스탈린의 '거대 지향주의gigantomania'는 단순히 자신의 과열된 희망과 권력에 대한 강한 욕망으로부터 탄생한 생산 체제가 아니다. 먼저 국가는 매우 높은 확률로 내·외부에서 일어나는 전쟁으로 황폐해질 것이다. 협소한 산업적 토대와 아직 개발되지 않은 내수 시장이 자리를 잡는다. 천연자원이 매립되어 있을 가능성은 존재하지만, 당장 사용하긴 어려울 확률이 높다. 인적 자원 역시 존재하나 전체적으로 훈련과 교육이 되어 있지 않다. 이와 같은 요소들이 한데 모여 사회주의 발전을 이루어 내기란 쉽지 않다. 폴 배런은 다음과 같은 유명한 문장을 남겼다. "후진국 및 저개발 국가의 사회주의는 후진 및 저개발 사회주의를 조장하는 강력한 추세를 보인다(1968)."

생산력의 저개발은 곧 노동 계급의 저개발을 의미하며, 전통 마르크스주의의 개요를 바꾸어 놓는 원인이 된다. 중국처럼 농민 봉기를 바탕으로 일어난 사회주의 혁명에서는 비교적 수월하게 노동자 계급의 역할을 확인할 수 있다. 혁명의 투쟁 과정에서 '노동당'이 실제 노동자 집단을 대표하는 경우가 대부분이다. 문제는 자본주의 이전 단계의 사회적, 경제적 환경에서 사회주의의 발전을 이루어 내기가 몹시 힘들다는 점에 있다. 생산 수단의 국유화는 높은 확률로 국유화의 비극으로 이어졌다. 심지어 비교적 낙관적인 시선으로 아프리카의 사회주의를 바라보던 키다네 멩기스탑Kidane Mengisteab 조차 "이러한 조건들에서 국가 권력을 놓치지 않는 것만으로도 가히 혁명적이라 할 수 있으며, 사회주의를 발전시킨다면 혁명 이상

(Mengisteab, 1992)"이라고 말했다. 저개발 상태의 사회주의 국가에서 보다 민주적인 방법으로 자본주의 발전을 이루어 낸다면, 그야말로 최선의 결과라고 말할 수 있을지도 모른다. 그러나 사회주의 혁명이 일어났을 당시 국제 정치적 맥락에서 보면 그조차도 실현될 가능성은 제로에 가깝다.

저개발은 물론이고 1917년 이후부터 사회주의 체제에 거센 적대감을 드러내는 국제 환경도 고려해 볼 필요가 있다. 제국주의 사슬의 '약한 고리'가 사회주의 혁명을 시작했을지는 모르나, 발전을 시킨 요인은 제국주의의 공격성이었다. 러시아, 쿠바, 베트남, 앙고라가 그 사례이다. 제국주의 체제에 맞서는 혁명적 민족주의자들은 자결권을 주장하며 반발심을 드러냈다. 그들은 전쟁, 보이콧, 외부 침략, 봉쇄와 같은 방법으로 혁명을 성공으로 이끌었다. 결국 사회주의로의 이동은 당시 국제 정치 체제에 '과도한 영향'을 받은 결과라고 할 수 있다. 이러한 상황은 사회주의 발전은 차치하고, 이미 어려움에 처한 민주주의 발전 문제까지 악화시킨다. 민주적 변혁과 원상회복 사이의 균형은 필연적으로 회복으로 기울게 되어 있다. 단기적인 관점에서 외부의 적대감은 혁명 이후 사회관계의 변혁에 불을 지필 수도 있으나, 장기적인 관점에서는 변혁 프로젝트의 불씨를 소생 불가능할 정도로 약화시키거나, 니카라과의 사례처럼 군국주의 독재로 변혁의 방향을 틀어 버릴 뿐이다.

경제적 저개발과 외부의 적대감이라는 두 가지 제약이 동시에 가해지자 경제적 자립과 주체를 제창하는 수많은 혁명이 발발했다. 레닌의 제국주의 개념을 탄생시킨, 발전에 관한 극단적인 의존 이론은 세계 경제로부터 어느 정도 '독립'을 이루는 방법이 저개발의 해결책이 될 수도 있다며 옹호했다. 민족 해방은 사회주의 운동과 사회주의 체제가 추구하는 최종 목표가 되었다(7장에서 자세히 다룰 예정이다). 이것은 예견했던 수순이나 마찬가지이나, 애초에 마르크스가 생각했던 방향과는 차이가 크다. 사회주의와 함께 자급자족을 강조한 대가로 끔찍한 대가를 치른 미얀마와 캄보디아의 사례만으로도 충분히 확인 가능한 사실이다. 경제 자립과 국가 독립을 가져올 수단으로 수입 대체 산업을 선택한 결과도 마찬가지이다. 공산주의가 몰락하기 전 비델뢰는 강경하지만 지극히 현실적인 태도로 다음과 같이 이야기했다. "실제로 모든 공산주의 국가는 소비에트가 제공하는 연료와 원자재, 장비, 기술적 도움과 신용까지 다방면에 걸쳐 심각한 의존성을 보여 준다. 그들은 비교 열위에 놓인 재화들과 판로가 없는 상품을 구하기 위해 우선적으로 '느슨해진' 소비에트 시장에 접근하고, 서구의 기술과 자본에 의존한다(1985)."

이쯤 되면 20세기 사회주의 체제가 한때 약속했던 '자유의 왕국'이 아닌 '필요의 왕국'이었다는 사실이 분명해진다. 실제 사례들로 알아볼 수 있듯, 사회주의는 무엇보다 저개발 문제를 먼저 해결해야만 했다. 켄 포스트Ken Post와 필 라이트Phil Wright는 사회주의 체제의 주요한 특징 중 하나가 '한정적 자원'이라고 주장하며, 이로 인해 "자본주의 경제의 과잉 생산과 대조적으로 지속적인 생산 부족에 시달린다(1989)"고 이야기했다. 필연적으로 산업과 농업, 투자와 소비, 국방비와 민간 예산 사이의 분배를 놓고 갈등이 일어나기 마련이다. 사회화를 가져올 풍족함도, 공공의 이익을 위한 부조리의 해결도, 활기를 불어넣을 친절과 도덕심도 없다. 새롭게 등장한 사회주의 경제는 출발선에서부터 자원의 제약이라는 문제를 안고 있었다. 문제에서 탈출하기 위해 사회주의가 세계 시장으로의 회귀를 선택할 것이라는 사실은 처음부터 이미 정해져 있는 듯 보였다.

한정적 자원이라는 제한이 있는 상태에서 자본주의의 '가치 법칙'을 버리고 전통 사회주의 체제의 본질이라 할 계획 경제를 도입하기는 굉장히 힘들다. 사회주의 체제는 계획 경제로, 국가가 생산 수단을 통제하고 적절한 분배를 통해 시장 법칙을 무효화하겠다는 목적을 가진다. 가장 중요한 점은 경제의 통제권이 중앙 정부에 주어진다는 것이다. E. V. K. 피츠제럴드E.V.K.Fitzgerald는 니카라과의 사례를 언급하며 "계획을 통해 경제를 구성하는 요소 중 기업 분야를 국가에 예속시키는 방향으로 사회주의를 발전시킨다면, (중략) 규모가 크고 발전된 경제 체제에 비해 더욱 빠른 성장을 이루어 낼 것(1986)"이라고 주장했다. 의사 결정 권한을 가진 정부가 시장의 조정 작용과 무관하게 경제적 계산을 통해 가격을 결정한다는 아이디어에서 도출된 결론이었다. 그러나 실제로 이런 경제 발전 모델은 성공을 거두지 못했다. 국제 자본주의 시장은 어떠한 방법으로든 경제 법칙을 통제하려고 하면 결국 경제 자체가 망가진다는 사실을 증명했다. 자급자족과 계획 경제는 실현 불가능한 꿈에 불과할 뿐이라는 사실도 밝혀졌다. 적대감을 감추지 않던 자본주의 세계 속의 혁명으로 탄생한 국가들의 분열과 '달러라이제이션dollarization'은 당연한 결과였다.

국가 사회주의의 경제 정책으로 인해 생긴 모순은 경제 개혁을 달성 불가능한 목표로 만들고 말았다. 야노스 코르나이Janos Kornai는 이 현상을 다음과 같이 설명했다. "전통 스탈린주의적 사회주의는 억압적이고 비효율적이지만 체제를 일관되게 유지하는 역할을 한다. 그러니 개혁을 추구하면 일관성은 깨지기 시작하고, 내부의 모순은 더욱 심화된다(1992)." 수많은 경험과 실제 역사 사례들을 근거로 하는 코르나이의 주장에 따르면, 개혁은 사회주의 체제를 반드시 붕괴시키며, 내부에서 붕괴된 체제를 재건하는 방법은 존재하지 않는다. 이런 점에서 끊임없이 개혁과 변형을 거듭하고, 심지어 위기 상황에서도 회복하는 능력을 지닌 자본주의 생산 양식이 사회주의 생산 양식보다 분명히 '우월'함을 알 수 있다. 30년 전까지만 해도 '시장 사회주의'를 둘러싼 논쟁은 몹시 뜨거웠지만, 오늘날에는 그저 흐릿한 역사로 남았을 뿐이다. 1989년 러시아에서 일어난 혁명적인 움직임을 장기적인 관점에서 보면, 점진적인 변화와 어설픈 개혁은 사회주의 경제를 유지할 수 없다는 한 예시로 남았다.

사회주의와 저개발, 혹은 저개발된 사회주의에 관한 평가는 복합적이다. 아드리안 레프트위치Adrian Leftwich는 중국과 쿠바, 북한 같은 사회주의 국가들이 "혁명 이전에 존재하던 억압과 불평등, 질병, 빈곤을 제거한 가장 끔찍한 형태를 취하고 있다. 어느 정도 산업화가 진행됐고, 평균 수명과 신생아 사망률은 (중략) 산업화된 국가의 평균과 비슷해지는 추세이다(1992)"라고 말했다. 비교적 최근에 사회주의를 선택했던 국가인 앙골라와 모잠비크, 예멘, 아프가니스탄의 경우 일반적으로 사회 발전 지표의 평균에 못 미치는 발전 정도를 보여 준다. 한층 더 나아가 제3세계 사회주의 국가의 대표라 할 쿠바가 의존적인 자본주의 발전 모델을 도입했다면 지금보다 훨씬 큰 발전을 이루었을지 의문을 품을 수도 있다. 혁명 직전 쿠바는 1인당 소득은 물론 건강 지표에서도 라틴아메리카 국가들 중 썩 괜찮은 편에 속했다. 사실 만약의 경우를 따지는 조건적 서술에는 한계가 존재한다. 그러나 쿠바가 종속 이론을 대신할 만한 새로운 발전 모델을 제시하는 것에 실패한 사실은 분명하다.

한때 사회주의는 앞서 나가는 서구 자본주의 국가들을 '따라잡을' 가장 좋은 수단으로 생각됐다. 1936년 자와할랄 네루Jawaharlal Nehru는 수많은 제3세계 국가 지도자들을 대변해 이렇게 선언했다. "나에게는 사회주의 외에 빈곤과 실직 문제를 해결하고, 수모에서 탈출하고, 인도의 민중을 이끌 다른 길이 보이지 않는다(Nehru, 1972–83)." 몇 년 뒤 스푸트니크 위성이 별들 사이에서 빛나고, 콤바인의 탄생으로 풍작이 이어지자 니키타 흐루쇼프Nikita Khrushchyov는 러시아가 마침내 서구를 '따라잡고' 있다며 기쁨을 표시했다. 그러나 자와할랄 네루가 사회주의에 깊은 신념을 드러낸 지 채 50년이 지나지 않아 '사회주의 발전'이 단지 자본주의의 모방에 불구하며, 과정은 비효율적이고 결과는 실망스럽다는 사실이 명백히 밝혀졌다. 1989년 민중이 반공을 외치며 반란을 일으키기 5년여 전 고든 화이트Gordon White는 어느 정도의 자원 기반을 가진 작지 않은 제3세계 국가들이 "탄탄한 지도층과 비교적 단일한 인구"를 가지고 있으며, "소비에트 모델을 단순한 전략적 선택으로 치부해서는 안 된다"고 주장했다(White, 1983). 그의 주장을 정당화할 근거는 찾기 힘들다. 북한의 경우만 봐도 이는 명백하다.

발전 이후

지금까지 발전의 개념 자체를 포괄적으로 살펴봤다면, 이제는 발전이 가진 의미를 살펴볼 차례이다. 우리는 단순한 추정을 통해 발전이 인류 공통의 선이라고 받아들이고 넘어가서는 안 된다. 최근 들어 등장한 담화는 발전을 해체시키려는 노력을 보였고, 덕분에 발전의 좋지 않은 측면이 강조됐다. 구스타보 에스테바Gustavo Esteva는 "발전은 놀랍도록 강력한 힘을 가진 단어이다. (중략) 동시에 매우 약하고 섬세하며, 사람들의 사상과 행동에 실체적인 영향을 가하거나 의미를 부여하지 못하는 단어이기도 하다(1992)"며 명백한 모순을 지적해 냈다. 발전은 진리로 받아들여지고, 정도를 가늠할 수 없는 발전의 중요성은 단어가 가진 의미를 무색하게 만든다. 하지만 개념이 확장되자 대부분의 비서구권 국가를 집어삼킬 지경에 이르렀다. 발전은 곧 서구적 방식의 도입을 의미하는 듯했다. 발전이라는 단어는 서구의 이미지에 부합하는 세계의 건설을 떠올리게 했다. 정치적 성향과 무관하게 모두가 발전 추구라는 동일한 목표를 지니고 있었고, 푸코적 시각에서 발전이란 규율화된 메커니즘으로 받아들여지기 시작했다.

푸코는 서구 사회의 힘의 역학과 지식에 관한 근본적인 통찰을 제공했다. 이와 같은 시각에서 발전은 비서구권 세계에 적용된 규율화, 정상화된 메커니즘의 확장이라는 인식이 자리를 잡았다. 발전이라는 그늘 아래 펼쳐진 담론의 장에서는 어떠한 의문을 제기해야 될지, 어떠한 의문을 제기하지 말아야 될지를 주제로 수많은 이야기가 오갔다. '정신 이상'을 다루기 위해 정신 의학이 탄생했듯, '저개발' 문제를 다루기 위해서는 힘과 지식을 갖춘 발전이 나타났다. 아르투로 에스코바르Arturo Escobar는 "발전은 통치와 경제적 착취 문제를 해결하는 데 큰 역할을 하지만, '제3세계' 국가들이 다른 방향으로의 발전을 추구하길 원한다면 이에 관한 담론은 해체되어야만 한다(Escobar, 1984)"며 자신의 주장에 힘을 실었다. 에스코바르가 제시한 관점에서는 '지속 가능한 발전', '통합된 발전', '내생적 발전' 등 다양한 형태를 가진 발전을 평가하는 행위 자체가 무의미해졌다. 점진적으로나마 발전을 보는 시각은 달라지고 있었다. 제3세계의 발전을 화합을 통해 서구 지배에서 벗어나려는 움직임으로 보는 시각이 조금씩 늘어 가고 있다.

이러한 종류의 비판은 마르크스주의와는 무관한 듯 보인다. 무엇보다도 마르크스주의는 서구 제국주의를 발전의 주요한 원인으로 바라보지 않았다. 그러나 여러 가지 측면에서 마르크스주의는 모더니즘 패러다임의 일부라고 할 수 있고, 심지어는 그 전형이라고도 받아들여진다. 실제로 발전은 마르크스의 연구 전체를 꿰뚫는 중심 축으로 작용한다. 전통 마르크스주의가 제시한 발전 개념은 역사를 '정신'의 전개 과정으로 받아들인 헤겔의 사상과 진화의 개념을 도 입한 다윈의 사상이 한데 뒤얽혀 있다. 앞서 언급한 것처럼 마르크 스주의는 앞으로 역사의 흐름이 어느 방향을 향해 갈지, 거침없는 발전의 행보가 어떻게 진행될지를 자신 있게 예측했다. 다양한 생 산 양식이 등장하는 인류 역사의 마르크스주의적 단계는 발전에 관 한 모더니즘적 구상이 깊게 스며들어 있다. 따라서 우리는 포스트마 르크스주의 사상에서 한 발짝 떨어져 비판적인 시각을 유지해야만 한다. 마르크스주의에서 파생된 수많은 이론과 정치관이 어떠한 모 순을 가지든, 그 밑에는 계몽주의 정신과 발전이라는 개념이 흐르고 있기 때문이다. 이 주장을 설명하기 위해서는 급진적이고 마르크스 주의적인 종속 이론을 언급해야만 한다.

나는 여기에서 종속 이론의 계보를 길게 늘어놓을 생각은 없다(cf. Kay, 1989). 간단히 요약하자면, 1960년대 후반 전통적이고 보수적인 근대화 이론을 강하게 비판하며 종속 이론의 개념이 처음으로 등장 했다. 종속 이론은 모든 사소한 측면에서 당시 주류로 받아들여지 던 근대화 이론에 반대 의견을 던졌다. 근대화 이론이 전 세계에 걸 쳐 발전이 진척될 것이라고 주장하면, 종속 이론은 '저개발의 발전' 을 주장했다. 근대화 이론이 세계 경제가 발전의 유일한 길인 자본 주의로 통합될 것이라고 주장하면, 종속 이론은 발전과 세계 경제와의 연결 고리를 끊어야만 발전을 이루어 낼 것이라고 주장했다. 근대화 이론이 자본주의적 발전이 민주화를 이루어 낼 것이라고 주장하면, 종속 이론은 독재로의 거침없는 행보와 파시즘을 주장했다. 30년이 지나 신자유주의의 독보적인 발전 패러다임으로 자리 잡으면서 근대화 이론은 손 하나 까딱하지 않고 전투에서 승리했다. 과거 개혁이라는 단어가 토지 개혁과 소득의 분배를 떠올리게 했다면, 오늘날 이 단어는 신자유주의와 자유 시장 체제의 동의어로 받아들여진다. 그렇게 고지식하고 단순하고 방향을 잘못 잡은 종속 이론의 접근 방식은 완전히 버려졌다.

근본적으로 종속 이론과 근대화 이론은 같은 사상에서 파생되었다는 사실을 짚고 넘어가야만 한다. 여기에서 데리다가 제시한 '로고스 중심주의' 개념이 큰 역할을 한다. 남성과 여성, 서구와 비서구, 현대와 전통 등 반대되는 요소를 다룰 때 계급을 나누고자 하는 서구적 성향을 의미한다. 케이트 만조**Kate Manzo**가 이야기했듯, "가장 급진적이고 비판적인 담화조차 너무나 쉽게 로고스 중심주의에 동화되어 논리와 가정을 전개하는 과정에서 우위를 가린다(1991)". 때문에 발전 이론의 이해에 있어 로고스 중심주의는 매우 중요하다. 마찬가지로 종속 이론은 주류 발전 이론의 전제를 그대로 받아들이고 있으며, 단지 목표를 달성할 방법을 달리할 뿐이다. 한 이론이 다른 이론에 대한 반발로 탄생했다면, 새롭게 탄생한 이론이 기존의 이론을 인정한다는 뜻과 같다. 마르크스주의를 따르든, 따르지 않든 종속 이론은 발전 이론의 일부일 뿐이다. 발전주의에 도전하는 종속주의는 가장 좋게 평가해도 단지 대항 모더니즘에 불과하며, 결코 포스트모더니즘으로 받아들여지지 않는다.

근대화 이론과 종속 이론이 같은 선상에 존재하는 서로의 거울상일 뿐이라면, 발전 이론의 교착 상태를 돌파할 방법으로는 무엇이 있을까? 포스트마르크스주의의 관점에서 페미니즘과 생태학이 그럴듯한 대안으로 떠올랐다. 여성이 발전에 미치는 영향, 성과 발전 등 발전 이론에서 '확장'하기 위한 다양한 시도는 해당 분야의 연구를 완전히 변화시켰다. 하지만 이론적인 측면에서 본질주의와 같이 발전 이론에 적용되던 비판은 후기 구조주의적 페미니즘이 등장하기 전까지의 페미니즘에도 동일하게 적용된다. 생태학의 경우 급진적이고 개혁적인 '지속 가능한 개발' 개념이 대표적이다. 하지만 이 개념은 마치 '어머니의 따뜻한 품'처럼 다양한 관점을 너그럽게 포용하고 있다. 2장에서 언급했듯, 둘의 결합으로 탄생한 '에코페미니즘' 사상도 빼놓을 수 없다. 새롭게 등장한 접근 방식들은 발전 이론의 빈틈을 채워 주고 있지만, 여전히 기술 관료적, 서구 중심적, 진화론적 성격으로 수많은 종속 이론 제창자들의 사기를 꺾어 놓은 근대화 이론이 우세를 점하고 있다.

포스트모더니즘도 근대화 이론과 종속 이론의 삭막한 대립 관계를 깨 놓을 하나의 대안으로 제시됐는데, 두 이론을 모더니즘의 아류 혹은 '장황한 서술'이라고 정의했다. 이러한 관점에서 발전 이론은 고전 모더니즘의 과정을 따르는 듯하다. "장소와 물질에 계급을 부여하려는 성질, 근원에 대한 향수, 해석과는 무관하게 기준점이나 유리한 위치를 전제하려는 기본주의적 철학적 성향(Watts, 1995)"
이 바로 그 근거이다. 도무지 기원을 찾을 수 없는 이런 비판을 수
용한다면, 항상 '비종속 이론'과 이분법적 대비를 이루는 종속 이론
이 우위를 점할 가능성도 있다. 이처럼 이론가들과 학자들은 유리한
전제를 바탕으로 주장을 전개하는데, 여기에서 인류를 바라보는 그
리스적 관점을 완전히 무시하는 발전주의의 가장 큰 오만이 드러난
다. 급진적 종속 이론을 주장하는 인물들 역시 모든 인류를 대표해
전지적 시점에서 이론을 전개해 나갔으며, 쿠바와 같은 국가에 실현
불가능한 구원을 주겠노라 이야기했다.

보다 최근에 등장한 탈식민주의 이론은 발전 문제에 새로운 접근
법을 찾고자 했다. 제3세계 국가들의 식민 역사를 앞에 내세운 탈
식민주의 접근법은 훨씬 '제3세계적'이었다. 비록 이론적 측면에서
는 포스트모더니즘과 연관성을 가지지만, 서구를 거의 완벽히 배제
한 채 모더니즘 사상을 전개한다는 점에서 탈식민주의는 상당히 중
요하다. 양면성과 다중성, 이질성을 거부하고 자신과 상이한 의견을
묵살하는 행위에 반감을 드러내는 탈식민주의는 발전 이론에 있어
유럽 중심적 보편주의를 부정적으로 바라봤다. 또한 탈식민주의는
'제3세계 여성'과 같은 급진적 담론의 일관성 없는 균등화를 비판했
다. 1993년 찬드라 모한티Chandra Mohanty는 이것을 자아도취에 빠진
서구적 페미니즘의 다른 형태로 바라봤으며, 식민지 원주민들을 상
대로 한 식민화 정책의 일부라고 주장했다. 문화적 연구를 기반으로
탄생한 탈식민주의는 포스트모더니즘과 반대되는 시각을 취한다.

모더니즘의 이해利害를 누리지 못한 제3세계 국가에 포스트모더니즘의 시대가 왔다고 이야기하기보다 제3세계를 자본주의의 중심지로 여기며 그들의 목소리를 받아들이기를 선택했다. 이 점에서 탈식민주의는 포스트모더니즘보다 훨씬 정치적인 성향을 띤다.

새롭게 등장한 포스트마르크스주의 사상을 발전 문제와 관련짓기란 불가능에 가깝다. 페미니즘과 생태학을 비롯해 '새로운' 사회 운동이 이미 주요 개념으로 받아들여지고 있기 때문이다. '반개발' 학파가 대두한 이후(see Sachs, 1993) 발전주의 담론은 빠르게 무너지기 시작했고, 확신은 바닥을 쳤다. 그러나 반모더니즘 학파는 모더니즘을 '넘어'서지 못했고, 심지어 포스트마르크스주의 영역에조차 접근할 수 없었다. 비물질적인 가치를 강조하며 물질적 필요와 관련된 기본적인 논의는 생략하고 '또 다른' 발전 이론을 언급하는 오만함을 보이기도 했다. 포스트모더니즘은 이와는 상이한 방향성을 지닌다. 식민주의가 한창 부상하던 시기에 유럽 남성들은 발전 이론을 도입해 전 세계를 제패하고자 했다. 포스트모더니즘은 이러한 시도를 효과적으로 '분산'시키는 것에 성공했다. 진보의 통합 서사를 회의적 관점에서 바라보는 새로운 시대에는 과거 발전주의 시대의 전성기와는 달리 자기 반영성이 중요시되며, 차이와 지역적 특성이 인정된다.

여전히 발전과 저개발 문제는 진행 중이고, 앞으로 어떠한 이론적 논의가 오가더라도 결국 밑거름이 될 것이다. '발전은 끝났다'는 수많은 사람들의 주장에도 불구하고 '발전 산업'이 여전히 건재함을 보여 준다. 아르투로 에스코바르는 "발전(에 관한 담론)은 비록 허구적인 구성을 지니고('저개발'), 특정 유형성을 기반으로 진행되지만(특정한 삶의 형태를 '저개발'이라는 틀에서 바라본다), 역사적 형태로 현실에 직접 적용된다. 우리는 이를 개념화하는 여러 가지 방법을 찾아야만 한다(1984)"고 주장했다. 아주 오래전 군더 프랑크는 저개발이라는 형태는 존재하지 않으며, 오직 미개발만이 있을 뿐이라고 이야기했다. 이제 우리는 이와 같은 구분에서 벗어나 과연 발전이 긍정적이고 진보적인 측면을 가지고 있는지 생각해 봐야만 한다. 이를 위해서는 마르크스 '정신'의 관점에서 자본주의가 전 세계로 확장하며 사회에 끼친 해악을 좋게 포장하려는 움직임을 분석해 볼 필요가 있다.

마르크스는 발전을 단순히 생산 수단의 기계적인 변화로 생각하지 않았다(see Banaji, 2010). 마르크스는 그보다 훨씬 미묘한 시각으로 자본주의를 바라봤으며, 자본주의 발전과 그 필연적인 결과물로 오늘날 우리가 '발전'이라 부르는 모순과 관련해 독보적인 이론을 제기했다. 형식적인 노동의 포섭에서 현실적인 노동의 포섭까지, 마르크스의 이론적 도구는 소비에트와 다른 이념 집단이 마르크스주의 이론을 확장시키는 것에 실패한 오늘날에 들어서야 부상하고 있다. 남쪽 세계의 유일한 발전 이론이라 할 수 있는 라틴아메리카의 종속 이론도 다시 살펴볼 필요가 있다. 종속 이론이 표상의 정치학과 문화를 충분히 연구하지 않았다는 후기 구조주의의 비판에도 불구하고 재부상하고 있으며, 라틴아메리카 경제 위원회Economic Commission for Latin America를 통해 '주류 이론'의 자리를 되찾고 있다.

발전을 바라보는 신자유주의적 관점(대표적으로 시장의 개념)이 영향력을 확장해 나갈 때, 국가의 역할과 국제 경제의 불균등한 권력 관계를 강조하는 라틴아메리카의 구조주의는 다른 형태의 발전을 받아들였다. 신자유주의 이후의 세계는 아직 도래하지 않았으나, 이러한 이론과 정책들은 다시 한 번 수면 위로 떠오를 것이다.

제4장

—

부르주아의 무덤을 파는 묘지기 : 마르크스주의와 노동자

—

노동자 계급은 마르크스주의 사상의 핵심을 구성한다. 마르크스주의는 프롤레타리아의 개념을 중심으로 수많은 이론을 구축해 냈다. 노동은 근대 사회의 발전을 이룩하기 위한 주축으로 여겨졌으며, 노동자는 자본주의 사회의 무덤을 파는 '묘지기'로 생각됐다. 4장에서는 마르크스가 마르크스주의의 개념을 구상하며 노동자와 노동자의 역할을 어떻게 이해했는지 설명하려고 한다. 러시아 혁명에서 노동자가 어떤 역할을 했는지도 언급할 예정이다. 무엇보다도 러시아 혁명은 마르크스주의를 받아들인 노동자들이 새로운 사회를 건설할 첫 번째 기회였다는 중요성을 가진다. 다음으로는 '신노동자 계급' 논의처럼 노동자 계급의 정치적 위치에 관한 논의들을 다룰 것이다. 마지막으로 노동자 계급을 바라보는 전통 마르크스주의적 시각을 재고하는 포스트마르크스주의에 관한 내용이 등장한다. 세계화가 진행되고 새로운 기술이 등장하는 오늘날의 추세는 마르크스의 긍정적인 미래 예측과 일치하는 듯 보인다.

마르크스 신화

마르크스는 프롤레타리아를 자본주의 체제 아래 잃을 것 하나 없는 존재로 생각했다. 이 계급에 해당하는 노동자들은 "일을 찾기 위해 살아가고 (중략) 그들의 노동이 자본을 증가시킬 때까지만 일을 찾는다(Marx and Engels, 1977)". 프롤레타리아 계급이 탄생한 배경에는 산업 혁명이 있다. 사람들은 빠르게 산업화되는 도시로 향했고, 노동자의 수는 급증했다. 그들을 둘러싼 환경은 '노동조합'을 탄생시켰고, 곧 파업과 반란으로 이어졌다. 그들에게는 지위도, 자산도, 그 무엇도 없었지만 동시에 자신의 이익만을 좇는 부르주아와 자본가 계급에 대항해 새로운 질서를 세울 주인공이기도 했다. 마르크스는 프롤레타리아가 역사를 구성하는 새로운 보편적 계급이 될 것이라 믿었다. 자본주의 사회의 중심을 구성하는 프롤레타리아 계급은 사회가 가진 결정적인 약점이자 모순이었다. 근원이 고대 로마의 노예로 거슬러 올라가는 프롤레타리아 계급은 스스로가 하나의 새로운 생산 수단으로 작용하면서 마르크스가 제시한 계급이 존재하지 않는 공산주의 사회의 등장을 예견했다.

《공산당 선언》은 프롤레타리아 계급을 다음과 같이 열렬하게 지지했다. "모든 계급을 통틀어 오직 혁명적 프롤레타리아 계급만이 오늘날의 부르주아에 맞설 수 있다. 산업화된 사회에서 다른 계급들은 점차 뒤처져 마침내는 사라지고 말 것이다. 프롤레타리아는 산업화의 특별하고 필연적인 산물이다(Marx and Engels, 1977)." 프롤레타리아가 결집해 하나의 계급을 탄생시키고 '마침내' 하나의 정당을 구성하기에는 노동자 사이의 경쟁으로 인해 어려움이 뒤따랐다. "그러나 프롤레타리아는 강하고 굳세며, 거대한 시련을 이겨 내고 다시 일어날 것이다(Marx and Engels, 1977)." 결국 "전국에 뿔뿔이 흩어져 있는 군중(Marx and Engels, 1977)"은 하나로 결집해 사회의 지배 질서에 맞서 싸운다. 자본이 확장하며 임금 노동의 필요성이 대두됐고, 노동자 사이의 경쟁은 결집에 장애물로 작용했다. 하지만 점차 경쟁은 완화됐고, 거대 산업의 성장은 임금 노동자들의 결집을 부채질했다. 근대 산업의 발전은 스스로의 파멸을 가져올 씨앗을 심었다. 《공산당 선언》에는 다음과 같은 유명한 구절이 기록되어 있다. "따라서 부르주아는 자신의 무덤을 파 줄 묘지기를 탄생시켰다. 부르주아의 몰락과 프롤레타리아의 승리는 불 보듯 뻔하다(Marx and Engels, 1977)."

변혁을 가져오는 정치적 주체는 특별한 형태의 정당이다. 마르크스는 "공산주의자들은 노동자 계급 정당과 분리되는 당을 형성하지 않는다. 그들은 프롤레타리아 계급의 분열을 원하지 않는다(Marx and Engels, 1977)"라고 했다. 공산주의자들은 어둠을 몰아낼 빛을 가진 계몽된 지식인이 아니다. 그들은 "현존하는 계급 간의 투쟁과 생생하게 펼쳐지는 역사적 움직임으로 인해 야기된 관계를 (중략) 단지 표현할 뿐이다(Marx and Engels, 1977)". 그들은 프롤레타리아를 결집시켜 하나의 계급으로 형성하고, 부르주아 계급이 세운 질서를 몰아낼 방법을 찾고자 한다. 그러나 마르크스는 '노동자 계급의 해방은 노동자 계급이 스스로 이루어 내야 한다'고 반복해서 강조했다. 부르주아가 차지한 패권을 빼앗고 프롤레타리아가 지배 계급에 오르면 자연히 민주화가 뒤따르게 되어 있다. 프롤레타리아는 계급 간의 적대감을 조성하는 환경을 제거하기 위해 권력을 휘두를 것이다. 또 다른 유명한 구절에서는 "우리는 힘을 모아 계급과 계급 간의 투쟁이 만연한 해묵은 부르주아 사회를 몰아내고 각자의 자유 발전이 전체의 자유 발전을 가져오는 사회를 만들 것(Marx and Engels, 1977)"이라며 의지를 드러냈다.

마르크스가 생각한 프롤레타리아가 누구인지 보다 면밀히 살펴보도록 하겠다. 단순히 생각하면 노동을 하는 사람들이라고 할 수 있다. 마르크스는 프랑스를 주제로 쓴 한 글에서 의류 노동자나 건설 노동자를 비롯해 공장에서 일하며 어렵게 생계를 꾸려 가는 산업 프롤레타리아를 따로 언급하기도 했다. 그러나 마르크스는 '룸펜 프롤레타리아'라는 새로운 계급을 정의했다.《공산당 선언》에서 마르크스는 "오래된 사회의 최하층을 구성하는 수동적인 집단으로, 썩어 가는 인간 폐물이라고도 할 수 있는 '위험한 계급'이며, (중략) 그들이 살아가는 환경은 (중략) 반동 정치의 도구로 이용하기 (중략) 적합하다(Marx and Engels, 1977)"고 했다. 후에 마르크스는 생산적 노동과 비생산적 노동을 구분했는데, 비생산적 노동은 프롤레타리아에 속하지 않았다. 이 구분에 관해서는 다시 언급할 예정이다. 여기에서 말하고자 하는 바는 마르크스가 계급의 분류와 활동에 이른바 '객관적인' 기준을 적용하기 시작했다는 사실이다.

오늘날 G. A. 코헨G.A.Cohen이 마르크스의 객관적인 계급 정의를 이어 오고 있다. "깔끔하게 구분하기는 무척 어렵지만, 인간의 계급은 소유 관계에 있어 객관적인 위치로 결정된다(Cohen, 1978)"는 글에서 확인된다. 전통 마르크스주의의 통설에 따르면 문화, 정치, 의식 같은 요소는 계급 결정에 어떠한 영향도 주지 않는다. 계급을 구분하는 구조적 개념은 노동자 계급이 행동을 통해 직접 계급을 '선택'

했다는 E. P. 톰슨E.P.Thompson의 개념과 대조를 이룬다. 톰슨은 마르크스의 의도가 잘못 해석됐다고 주장하며 기존의 경제적, 객관주의적 노동자 계급 구분에 반대했다. 그는 "다수의 인물이 동일한 경험을 공유한 결과 계급이 발생하는데, (중략) 공통되는 이해를 가진 이들은 공통의 정체성을 가진다는 사실을 뚜렷이 느끼며, 자신과 다른 이해를 가진 이들을 배척한다(Thompson, 1970)"고 계급의 형성 과정을 설명했다. 실제로 마르크스의 글에서는 구조적 해석과 행동 기반, 혹은 경험 기반 해석을 모두 찾을 수 있다.

전통 마르크스주의에서 한 가지 확실한 점은 마르크스주의의 정치 사상을 구성하는 것에 노동자 계급이 핵심을 차지한다는 사실이다. 엘린 메익신스 우드Ellen Meiskins Wood는 얼마 전 '계급의 후퇴'와 관련된 일체의 주장에 반박하기 위해 마르크스주의의 정설을 다시한 번 확실히 짚고 넘어갔다. 우드는 "노동자 계급이 잠재적 혁명 계급이라는 사상은 철학적 관념이 아니라 (중략) 물질주의적 원칙의 연장인데, 생산의 중심과 인간 사회의 착취라는 전제로 인해 (중략) 다른 사상들이 탄생한다(1981)"고 이야기했다. 자본주의 체제 아래에서 노동자 계급이 가장 '직접적'인 형태로 억압받으며, 노동자 계급이 자본주의 체제를 몰아낼 가장 '객관적인' 이유와 능력을 지녔다는 개념을 내포하고 있다. 자본주의 체제를 하나의 기계라고 생각한다면, 기계의 핵심을 구성하는 프롤레타리아는 변혁을 통해 해방을 가져올 모터라고 할 수 있다. 이러한 시각이 가지는 문제에 관해서는 뒷부분에서 자세히 살펴볼 예정이다. 여기서는 정통 마르크스주의가 노동자의 핵심 역할에 어떤 입장을 취하는지를 논하고자 한다.

마르크스의 사상에서 우리는 노동자 계급이 중심을 차지한다는 주장을 뒷받침할 이유와 철학적 의미를 알 수 있다.《독일 이데올로기》는 스스로의 논리에 의해 무너지는 부르주아 사회를 그리고 있다. 생산력의 총체적 발전은 후기 자본주의 사회로의 개혁을 가져온다. 전 세계적인 무역이 이루어지고, 재화의 생산이 일반화되고, 새로운 보편적 계급인 프롤레타리아가 끈끈하게 결집한다. 마르크스와 엥겔스는 다음과 같은 글을 남겼다.

> 활동에 있어 자기 결정권으로의 접근이 완전히 차단당한 오늘날의 프롤레타리아 계급만이 완전히 제약 없는 자기 결정권을 획득할 수 있는 위치에 있으며, 이를 통해 생산력의 총량과 그에 따른 발전 가능성의 총량을 결정한다.(1976)

노동 분업이 정점에 이르며 프롤레타리아가 등장했고, 부르주아 사회에는 공산주의의 씨앗이 심어졌다. 발리바르는 "프롤레타리아를 '보편적 계급'으로 보는 시각에서 (중략) 공산주의 혁명이 임박했다는 마르크스의 주장을 확인할 수 있다(1995)"고 했다.

이쯤에서 마르크스가 영국에서 실제로 일어난 노동 운동인 차티스트Chartist 운동을 어떻게 분석했는지 살펴보도록 하겠다. 산업 혁명 후 무섭게 커 나가던 영국의 자본주의는 격렬하고 급진적인 노동자 운동을 야기했다. 1838년 〈인민헌장The People's Charter〉은 남성의 보통 선거 보장과 사회 평등을 위한 민주적 개혁, 노동 시간 단축을 요구했다. 엥겔스는 〈인민헌장〉을 중산층을 위한 법을 대체할 '프롤레타리아 헌법'이라고 표현하기도 했다. 앨런 길버트Alan Gilbert 의 해석에 따르면, 마르크스는 〈인민헌장〉에 열거된 요구 조건이 더 큰 의미를 함축하고 있다고 생각했다. "노동조합의 형성과 급진적 정당의 창설로 투표를 통한 노동 시간 단축을 법제화하고, 마침내는 사회주의 혁명이 노동 운동의 새로운 전략으로 떠오르게 된다(1981)." 1970년에 출간된 E. P. 톰슨의 《영국 노동 계급의 형성The Making of the English Working Class》을 비롯한 다수 마르크스주의자들의 사상에서 이러한 해석을 쉽게 찾아볼 수 있다. 톰슨은 단순 환원주의를 거부했지만, 여전히 〈인민헌장〉 운동에 '사회적 존재'와 '사회적 의식'이 직접적인 영향력을 미쳤다고 주장했다.

〈인민헌장〉 운동에 관한 스테드먼 존스Stedman Jones의 최근 연구는 전통 마르크스주의를 거스르고 노동자 계급과 정치의 관계를 보다 새롭고 복잡한 방식으로 풀어냈다. 그는 불만의 이유를 한편으로는 빈곤과 실업에서, 다른 한편으로는 〈인민헌장〉 운동에 관한 담화에 나타나는 계급 간 적대심에서 찾으려는 엥겔스와 다른 사상가들의 시도를 비판했다. 존스는 "두 가지 원인을 연결 짓는 방법(Stedman Jones, 1983)"이 문제가 된다고 주장했다. 노동자들의 불만과 〈인민헌장〉 운동이라는 정치 운동은 '경험'과 '의식'이라는 간단한 단어를 바탕으로 한 직관적인 관계로 설명될 수 없다. 스테드만 존스는 전통적인 해석에 "정치적 움직임은 의식(혹은 이데올로기)으로부터 탄생하지 않는다. 오히려 정치적 움직임으로부터 의식이 생겨난다(1983)"며 새롭지만 설득력 있는 반박을 내놓았다. 이 연구는 "특정한 입장을 정해 놓고 추정되는 경험적 현실에 직접적으로 적용하며 기대하는 결과를 바라기보다(1983)" 중립적인 시각으로 〈인민헌장〉 운동이 말하고자 하는 바를 강조한다.

마르크스는 프롤레타리아가 보편적인 역사 주체이자 새로운 단체의 탄생을 알리는 전령으로 우뚝 서고, 마침내는 계급 없는 사회 질서를 수립할 것이라는 진정한 신화를 끝으로 이야기를 마무리 지었다. 마르크스는 '장기적 관점'을 그리는 것에는 능했으나 세부적인 부분을 다루는 것에는 약점을 보였다. 마르크스가 남긴 사상이 대개 그런 것처럼 이 분야도 모호성을 갖는다. 마르크스는 결정론적, 구조적, 경제적 시각에서 노동자 계급을 바라보는 한편, 노동자 계급의 자기 결정권을 강조하기도 했다. 마르크스가 제시한 공산주의 정치에는 보완적 대체에 관한 언급을 찾을 수 없는데, 정치적 관점에서는 파벌성이 없다고 생각된다. 노동자 계급이 가지는 독창성과 조직성은 150년이 넘는 시간 동안 노동 운동의 근간이 되고 있다. 사실 마르크스의 사상을 독단적으로 추종하는 이들은 마르크스의 이론적 연구를 강조하며 새로운 사회적, 정치적 현실을 인지하기를 거부했다. 하지만 마르크스의 사상을 따르던 소비에트의 주요 인물들은 새로운 단체인 공산당을 설립하며 조직성을 가진 노동자 계급을 대표했고, 마르크스주의 사상이 가지는 오류와 진리를 구분하는 결정권자의 자리를 자처했다.

레닌과 노동자

1890년대 중반 러시아에서 노동 운동이 막 시작되던 시기에 마르크스주의가 결합했다. 종종 언급했듯 산업적 자본주의와 마르크스주의는 거의 동시에 러시아에 도입됐다. 오스카 안바일러Oskar Anweiler는 "발생 초기 러시아의 노동 운동은 마르크스주의를 따르는 지식인들의 주도로 진행됐는데, 프롤레타리아에게는 구원을 가져다 줄 혁명적 계획으로 다가왔다(1974)"며 당시의 상황을 묘사했다. 마르크스주의에 영감을 받은 노동자 운동은 예상과 달리 독일이 아닌 러시아에서 혁명으로 발전했다. 1905년부터 1917년 민주사회주의 혁명이 일어나기까지 노동자 운동은 핵심적인 역할을 했다. 러시아의 불균등한 자본주의 발전과 제1차 세계 대전은 혁명을 낳았고, '노동자 국가'의 탄생을 가져왔다. 이처럼 격렬한 사회적 실험이 지나간 후 노동자들에게는 어떤 운명이 기다리고 있었을까?

1917년 차르 정부가 무너진 후 공장에서 일하던 노동자들은 행동에 나섰다. 모든 억압이 사라진 유토피아를 꿈꾸는 비현실적인 공상이 사회에 만연했다. 정통 멘셰비키와 심지어 볼셰비키까지 고루한 마르크스주의로 치부되며 아나르코-코뮤니즘anarcho-communism과 아나르코-생디칼리슴anarcho-syndicalisme이 새롭게 떠올랐다. 공장 위원회가 새롭게 등장한 수많은 사업장의 경영권을 차지하고 노동자들을 통제하려는 움직임을 보였다. 경제적 혼돈과 계획의 붕괴는 근로 대중의 과격화를 부추겼다. 정통 마르크스주의자들은 생산 수단의 국유화라는 계획을 내세우는 반면, 공장 노동자들은 직접 통제권을 쥐고 자치권을 행사하길 바랐다. 새로운 반#민주주의적 민족 국가의 경제적 현실을 제대로 파악하지 못한 대중의 혼란스러운 요구였다. 이는 볼셰비키가 얼마간 '노동자 통제권'이라는 슬로건을 억지로나마 지지하게 만드는 결과를 가져왔다.

소비에트는 광범위한 개혁을 이어 나갔다. 노동자와 군인을 통치할 새로운 질서 수립도 개혁의 일부로 포함됐다. 노동자들과 군인은 페트로그라드(지금의 상트페테르부르크)로 모여들었고, 반영구적인 집단을 형성해 역동적인 움직임을 보이며 사태를 주도했다. 1871년 파리 코뮌의 기억이 마르크스주의를 따르는 집단과 뒤섞이며 혼란을 더했다. 점차 질서가 잡혀 갔고, 권리 위탁이 합법화됐으며, 위원회는 평소의 업무로 돌아갔다. 2개월 만에 '긴급한' 정치적 결정을 내릴 권한을 가진 집행 위원회가 수립됐다. 안바일러는 "페트로그라드 소비에트는 잠정적 혁명 조직을 짜임새가 탄탄한 행정 기구로 탈바꿈시켰다(1974)"고 이야기했다. 필연적 결과는 아니었으며, 관료주의의 '철칙'이 가져온 긍정적 영향이라 생각해서도 안 된다. 그러나 이 단체들이 근로 대중과의 거리를 벌려 놓았음은 틀림없는 사실이다.

소비에트의 조직과 통제권을 획득하기 위한 노동자들의 움직임은 러시아 내부에서 마르크스주의 운동을 둘러싼 격렬한 논쟁을 야기했다. 반박의 여지 없이 이 운동의 지적 지도자였던 레닌은 1917년 노동자의 자주 관리권 요구에 실질적인 의미를 두지 않았다. 레닌은 노동자들의 풀뿌리 운동을 강력히 지지했지만, 자주 관리권에는 비교적 제한적인 태도를 취했다. 레닌은 노동자들이 볼셰비키 정당을 통해 국가의 통제권을 쥐면서 사회주의가 자리를 잡을 것이라 생각했지, 노동자들이 생산 수단의 통제권을 쥔다는 생각은 하지 않았다. 1919년 노동자들의 통제권은 산업의 중앙 집권화로 정부에게 넘어갔고, 생산 수단은 국유화됐다. 레닌은 1918년 〈소비에트 정부가 당면한 과제Theses on the Immediate Tasks of the Soviet Government〉를 통해 새로운 국가 분위기를 예시했다. "소비에트 지도자가 내린 결정에 따르는 무조건적인 복종(Lenin, 1970)"이었다. 도급, 테일러주의, 결과에 따른 대가가 새로운 소비에트의 방식이었다. 레닌이 생각하기에 이런 방식에 뒤따르는 형태의 저항은 단순히 '무질서한 프티부르주아의 영향'으로 인한 현상이었다.

유토피아가 끝나고 산업이 예전과 같은 형태로 돌아오자 노동조합은 직접적인 행동 없이 수혜를 받았다. 1919년 러시아 노동조합은 영역을 넓혀 산업체 운영에 국유화된 기계를 도입하고자 했다. 로버트 다니엘스Robert Daniels는 "행정상의 특혜를 누리는 조합의 이면에는 노동의 질서를 잡고, 생산력을 조절하고, 파업을 조장하기보다 방지해야 하는 책임이 존재한다(1969)"는 사실을 상기시켰다. 노동자의 통제는 '효율성'과 테일러주의적 작업 과정에 좌지우지됐다. 근로 대중에게 노동조합은 '노동자 계급 정당'의 '컨베이어 벨트'나 마찬가지였다. 트로츠키는 새로운 노동 질서가 1920년에 적합하지 않다며 노동을 완전히 군대와 같은 모습으로 만들어야 한다고 주장했다.

중심에서부터 목적을 달성하기 위해 수립된 계획 경제를 제대로 이행하기 위해서는 노동력이 경제 계획에 맞게 적재적소에 배치되어야 하는데, (중략) 지금처럼 근로 대중이 러시아 전역을 떠돌게 두어서는 안 된다. 그들은 군인들처럼 적절한 장소에서 노동을 임명받아 명령에 따라야만 한다.(cited in Daniels, 1969)

예상치도 못한 공격에 스스로 새로운 질서를 이끄는 역할을 맡았다고 생각한 노동자 계급은 토론이 진행되는 내내 막심한 피해를 입었다. 제1차 세계 대전이 끝나고 1918년부터 1921년까지 제국주의 국가의 개입으로 인한 전쟁이 뒤따랐고, 볼셰비키와 반대 세력 사이에 끔찍한 내전이 이어졌다. 1917년 소비에트 연합의 산업 노동자 인구는 300만 명으로 감소했고 1918년에는 250만 명, 1920년에는 150만 명까지 줄어들더니, 1921년에는 결국 남은 노동자 인구가 125만 명도 되지 않았다(Furedi, 1986). 사회가 분열되어 가는 과정에서 볼셰비키가 노동자 계급의 목소리를 대변해서 행동했는지는 알 수 없는 일이다. 한 가지 확실한 점은 노동자의 민주 사회를 이룩할 사회적 힘이 완전히 사라질 심각한 위기에 처했다는 것이다. 1920년대 격렬했던 노동 운동은 실업률 증가와 정치계로부터의 차단이라는 대가를 치르고 있었다. 1930년대에 들어서서 소비에트의 노동자 계급은 하나의 계급으로 일관성을 갖추고 집단적인 행동을 할 능력을 박탈당했다.

1917년 때 이르게 공표된 노동자 국가의 '붕괴'에 관한 수많은 이야기가 오갔다. 이 책이 다루는 관점에서 중요한 점은 소위 노동자 국가라 불리는 국가의 지도자들이 노동자를 대신해 어떠한 역할을 했는지이다. 제2인터내셔널과 제3인터내셔널이 공유하던 마르크스주의 사상은 어떤 의미에서 다분히 생산주의적이었다. 그들은 정치권력을 쥐고 합리적인 계획을 내세우면 희망의 나라를 세울 수 있을 것이라 생각했다. 카르멘 시리아니Carmen Sirianni의 말처럼 "레닌은 자주 관리권을 모든 인구가 경제 행정에 완전히 익숙해지면 다루게 될 아주 먼 미래의 문제로 미뤄 뒀다(1982)". 마르크스가 제시한 개괄적인 경제 발전 과정을 따르면서 생산력이 충분히 커져 생산 양식의 개혁이 가능할 때까지 기다리겠다는 계획이었다. 레닌에게 사업장은 재화가 생산되는 장소일 뿐이었지, 마르크스의 시각처럼 복잡한 사회적 관계들이 치열하게 갈등하는 장소는 아니었다.

피 튀기게 살벌하던 러시아 혁명이 공산주의로의 조화로운 발전으로 대체되었더라면 어떨까 하는 조건법적 서술은 아무런 소용이 없다. S. A. 스미스S.A.Smith는 1918년 볼셰비키가 "심각한 딜레마"와 마주했다며 "그들은 민주사회주의를 세우고 싶었지만, 생산력 향상이 앞서 해결할 과제로 놓여 있었다. 그중에서도 특히 노동 질서를 바로 세우는 문제가 시급했다(1983)"고 말했다. 우리는 이런 딜레마의 구체적인 의미에 의문을 표할 수도 있겠지만 핵심은 명확했다. 문제는 이뿐만이 아니었다. 노동자 계급의 자기 결정권을 대신해 소위 '프롤레타리아 독재'라고 표현되는 일당 체제의 수립은 단순히 어렵고 꺼려지는 결정에 그치지 않았다. 자본주의 노동 과정을 채택하더라도 단기간에 노동 규칙을 세우고 노동력을 강화하기는 불가능했고, 레닌을 포함한 볼셰비키 이론가들은 장기적 관점에서 사회주의 건립과 이 선택이 양립할 수 없다는 사실을 제대로 이해하지 못하고 있었다. 다른 마르크스주의 학파들은 이 문제를 보다 깊게 이해하고 있는가에 관한 의문도 제기됐다.

정도에는 차이가 있었지만, 신생 소비에트 공화국에 반발하는 입장도 적지 않았다. 좌파 공산주의 지도자였던 오신스키Osinsky는 잡지 〈공산주의자Kommunist〉를 통해 레닌에게 '노동자 계급의 해방은 오직 노동자 계급 스스로 이루어 내야 한다'는 마르크스의 주장을 상기시켰다. 수많은 기사를 써 내려가며 오신스키는 모든 마르크스주의자가 잊지 말아야 할 기본 사상을 언급했고, 그 시작에는 국유화와 사회주의를 동일하게 받아들여서는 안 된다는 당부가 있었다. 노동자의 민주적인 통제 없이는 단순히 관료주의적인 중앙 집권에 그칠 뿐이다. 또한 "사회주의와 사회주의 단체는 프롤레타리아에 의해 설립되거나 아예 설립되지 않을 것이다(cited in Sirianni, 1982)"라고 주장했다. 오신스키는 자본주의 노동 과정의 전형인 테일러주의가 노동자 계급의 연대를 파괴할 수 있다는 사실을 이해했다. 그는 사회주의 국가의 탄탄한 물질적 기반을 위해 노동 생산력의 증가는 필수적이라고 이야기했지만, 레닌이 노동 생산력과 노동 강도의 차이점을 이해하지 못한다고 비난하기도 했다. 어쨌든 레닌은 사소한 비판에는 전혀 흔들리지 않았다.

넓은 범위에서 살펴보면 우리는 이 기간 동안 노동자의 자기 결정권에 훨씬 긍정적인 입장을 취하는 전통 마르크스주의를 찾아볼 수 있다. 안토니오 그람시는 러시아 혁명을 바라보는 로자 룩셈부르크와 안톤 판네쿡Anton Pannekoek의 시각을 "《자본론》에 반대하는 혁명(Gramsci, 1977)"이라고 요약했다. 이 표현을 통해 그람시는 실제로 러시아 대중이 일으킨 혁명이 마르크스의 《자본론》이 제시한 발전 이론을 따르지 않았다는 사실을 드러냈다. 제1차 세계 대전이 종결되고 수많은 유럽 국가들에서 공장 위원회가 우후죽순 생겨나면서 '위원회주의'적 시각을 탄생시켰다. 카르멘 시리아니는 "공장 위원회는 새로운 인식을 뒷받침할 물질적, 조직적 기반으로 작용할 것이며, 노동자로 하여금 부르주아 없는 사회를 이끌어 나갈 수 있도록 기술적, 정신적 뒷받침이 되어 줄 것(1982)"이라 주장했다. 비록 실현되지는 않았으나, 오늘날까지도 이 주장은 역사 속으로 가라앉은 공산주의 전통이 가진 중요성을 시사한다.

노동자 계급의 몰락

첫 번째로 탄생한 노동자 국가가 쇠퇴하고 결국 차가운 비자본주의적 질서(사회주의적 질서라고도 할 수 없는)에 굴복하자, 정통 마르크스주의자들은 사회주의의 근간이 되는 교리를 다시 세우고자 최선을 다했다. 제3인터내셔널, 즉 공산주의 인터내셔널은 프롤레타리아를 구원해 줄 메시아주의messianism를 전 세계 곳곳에 흘려보냈다. 마르크스주의적 시각에서 프롤레타리아 계급이 존재하지 않는 것과 마찬가지인 장소에도 예외는 없었다. 마르크스-레닌주의 체제에서 프롤레타리아는 여전히 핵심 역할을 수행했다. 구원으로 향하는 길은 여전히 노동자 계급과 '프롤레타리아 독재' 위에 놓여 있었다. 모든 이론적 체제와 마찬가지로 어떻게든 이론이 현실을 벗어나지 않도록 잡아 두려는 복잡하고 다양한 시도들이 이어져 왔다. '혁명 동맹'을 기반으로 새롭게 형성된 혁명 세력과 이미 혁명이 지나간 국가들이 수도 없이 많았다. 사소한 차이를 두고 벌어지는 맹렬한 논쟁과 이데올로기의 대립, 물리적 충돌은 1989년 '실존하는 사회주의'가 몰락하기까지 계속됐다.

노동자 계급이 혁명에 어느 정도까지 개입되어야 하는지는 중요한 논점 중 하나였다. 무엇보다 프롤레타리아가 빠진 사회주의 혁명에서는 혁명이 가지는 근본적인 가치를 찾을 수 없기 때문이다. 제임스 페트라스James Petras는 20세기에 발생한 주요 혁명들을 주제로 한 사회학 연구를 진행해 노동자 계급이 가지는 의미를 밝히고자 했고, 다음과 같은 결론을 내렸다. "노동자 계급의 투쟁이 혁명 사상과 혁명 조직의 형성에 커다란 영향을 미쳤다는 점에서 모든 혁명은 사회주의적 성격을 가지고 있다(1978)." 러시아부터 중국, 베트남, 쿠바까지 페트라스는 혁명을 역사적 흐름으로 해석한 연구에 반박하기 위해 프롤레타리아의 역할을 강조했다. 연구에서 제기한 근거에 반박의 여지를 찾을 수 없을 때면 페트라스는 실제 프롤레타리아의 이해를 '대표'하는 프롤레타리아 정당의 존재를 전면에 내세우곤 했다. 사회주의 혁명에 있어 노동자 계급의 문제는 "복잡하고 변증법적(1978)"이지만 여전히 기본적인 틀은 성립한다.

노동자 계급과 혁명을 신화적인 관점으로 발전시킨 정통 마르크스주의가 제시한 방법론은 오늘날에도 유효하다. 페트라스는 "혁명의 발전을 통해 우리가 도출해 낸, 노동자 계급이 가지는 전략적 중요성은 사회주의의 목표 제시에 본질적으로 엄청난 능력을 가졌다는 점에 있다(1978)"라고 말했다. 그러나 능력이 실재하는지는 고사하고 어디에서부터 형성되는지도 확인되지 않았다. 페트라스의 견해에 가장 호의적인 태도를 보이는 인물들조차 노동자 계급의 자기 결정권적 성격을 찾아낼 수 없었다. 정당은 프롤레타리아의 입장을 '대변'하겠다고 나섰다. 다음과 같은 글에서 우리는 마르크스주의가 사회주의 진화론을 어떻게 바라보는지 확인 가능하다.

정당의 이데올로기가 조직되는 형성기부터 혁명적 개혁의 과정이 시작된다. 계급 투쟁과 정치적 갈등이 계속되고, 이데올로기들은 대중에 뿌리를 내리고, 우위를 점한 이들이 승리를 거두고, 마침내는 권력을 거머쥔다.(Petras, 1978)

오, 이 얼마나 단순한 이치인가…….

수년 동안 서구 마르크스주의는 실제 노동자 계급의 구성원이 누구였는지, 누가 마르크스주의가 부여한 권한을 가지고 있었는지에 관한 논쟁을 이어 왔다. 다가오는 사회주의 혁명의 주체를 결정한다는 점에서 노동자 계급의 구성을 확인하는 부분은 매우 중요했다. 진정한 프롤레타리아 사회주의를 식별하기 위해 탄생한 '프티부르주아'라는 단어는 순수한 프롤레타리아를 정의하기 위한 노력의 깊이를 보여 준다. 프롤레타리아에 속하지 않는 이들은 민주주의를 쟁취해 내기 위해 애썼으나, 사회주의 혁명의 조짐이 시작되자 적으로 분류되고 말았다. 노동자 계급의 경계는 단순한 사회학적 분쟁이 아닌 혁명 프로젝트의 통합을 가져오는 중요한 요소로 받아들여졌다. 정통 마르크스주의가 가진 자본주의에 관한 일원화된 개념은 역사의 거침없는 진보를 가져올 주체인 계급을 바라보는 목적론적 시각과 일치한다.

생산적인 노동과 비생산적인 노동의 올바른 마르크스주의적 정의에 관한 논쟁은 다소 황당하지만 중요한 주제로 떠올랐다. 비생산적인 노동은 프롤레타리아의 범주에서 벗어난다고 여겨졌다. 푸코를 접하기 이전에 니코스 풀랑저스는 계급 구조를 설명하기 위한 연구에 공을 들였고, 마침내 육체노동을 통해 임금을 받는 노동자 계급만이 생산성을 갖는다는 결론을 내렸다(Poulantzas, 1975). 생산적 노동은 부가 가치를 창출하는 반면, 비생산적 노동을 제공하는 공무원이나 서비스업에 종사하는 사람들, 행정 관리인들은 이미 창출된 부가 가치에서 임금을 수령한다. 마르크스는 예능인과 교사들도 생산성을 가진다고 생각했으나, 풀랑저스는 마르크스보다도 '마르크스주의적'인 태도를 보여 줬다. 그는 물리적 재화를 생산하는 노동만이 생산성을 가진다고 생각했다. 단호한 구분이 가지는 도덕적인 의미를 떠나 우리는 이 논쟁이 본질적으로 유의미한지 먼저 따져 봐야 할 것이다. 이 논쟁은 1968년 이후에 제기됐는데, 이때부터 이미 노동자 계급은 조금씩 사라지는 듯했다.

1980년 출판된 앙드레 고르의 저서《프롤레타리아여 안녕Farewell to the Working Class》은 이런 현상을 대표하는 작품이다. 1960년대 초반부터 산업 사회주의자들, 그중에서도 특히 프랑스 사회주의자들은 전통 노동자 계급의 '희석'과 탈산업 사회라는 개념에 사로잡혀 있었다. 고르는 이러한 이론-정치적 정교화를 논리적 결론과 결합시켰다. 고르에게 1968년 이후 고조되던 '사회주의의 위기'는 마르크스의 사상에 등장하는 '프롤레타리아의 위기'의 반영일 뿐이었다. 그는 "여러 방면에 숙련된 노동자(생산적 노동과 사회관계의 혁명적 개혁을 가져올 주체)의 소멸은 사회주의 혁명에 책임을 갖고 현실화할 계급의 소멸과도 같다(Gorz, 1982)"고 주장했다. 마르크스주의의 가설을 엄격히 따르던 고르는 교착 상태에 빠졌다. 결국 고르는 유럽 중심주의적이고 비현실적인 "탈산업 유토피아(cf. Frankel, 1987)" 개념을 지지하고 나섰다.

탈산업 유토피아는 노동자 계급의 행위는 자본을 반영한다는 마르크스주의적 시각과 방향성을 같이 하고 있다. 실제로 노동자는 자본의 필요에 따라 사회 각 분야에 배치된다. 노동조합 같은 노동자 조직은 자본주의 사회에 도전하기보다 그 안에서 조직원이 어떤 역할을 하는지를 보여 준다. 고르는 "자본을 쟁취하기 위한 투쟁에서 프롤레타리아는 자본이 부여한 정체성을 그대로 받아들이고 있다(1982)"고 이야기했다. 임금 향상을 요구하는 노동자들의 태도는 초기 사회주의자들이 주장한 '임금 노예'의 철폐와 거리가 멀다. 그러나 고르가 제시하는 '임금 노동의 철폐'는 자본주의 체제 아래 무시당하는 노동에 대응하는 자동 반사와 같았다. 유급 고용의 세계로 진출하고자 하는 전 세계 수백만의 욕구를 반영하지 않으며, 그들의 입장에서 고르의 주장은 어처구니없다고 느껴지기까지 했다. 한 가지 분명한 사실은 마르크스주의가 내세운 프롤레타리아 신화가 이제 무대에서 내려왔다는 점이다. 애초에 그러한 신화가 존재했다면 말이다.

마르크스주의 내부에서는 새로운 첨단 기술과 정보를 기반으로 한 직업에 관한 논의가 대두됐다. 잘 알려졌다시피 일부는 노동의 종말로 봤으며, 일부는 자유를 가져다줄 새로운 기술로 봤다. 러다이트Luddite 마르크스와 모더니스트 마르크스의 충돌이었다. 사이버네틱스cybernetics가 노동자 없는 공장을 가져올 것이라는 전망에는 모두가 동의하는 듯했다. 닉 다이어-위데포드Nick Dyer-Witheford는 1999년 출간된 저서 《사이버-맑스Cyber-Marx》에서 신기술을 두려워하는 인물들과 신기술에 열광하는 인물들 사이에 오가는 논쟁을 정교하게 분석해 냈다. 다양한 주장을 내세우며 갈등을 빚고 있는 모든 형태의 마르크스주의는 여전히 포스트모던 자본주의에서 노동의 본질을 밝히고자 한다. 새로운 형태의 자본주의 체제는 새롭게 등장한 사회적 영역과 생산 과정을 받아들였다. 형식적인 노동의 포섭에서 실질적인 노동의 포섭으로의 이동은 변화의 최종 단계로 여겨지는데, 마르크스는 노동을 '외부'에서 통제하는 자본주의에서 자본의 흔들림에 맞춰 직접적으로 일어나는 '내부' 개편으로의 변화라고 설명했다. 보다 보편적으로 이야기하자면, 사회적 존재들의 끝없는 상업화로 정리할 수 있다. 자본주의를 활성화시키는 정보 기술 아래 새로운 논쟁의 영역들과 새로운 형태의 사회적 주체들이 등장했다.

전통적 노동 계급이 품었던 혁명의 가능성은 빠르게 사라졌고, 1968년 이후 좌파 진영에 남아 있던 인물들 중 다수는 새로운 혁명의 가능성을 찾아 떠나 버렸다. 후기 자본주의 사회에 접어들며 전통적인 산업 노동자 계급의 일부는 기술자, 엔지니어, 컴퓨터 전문가로 등극하며 '중산 계급화'됐다. 어쩌면 기술의 절정에 달한 자본주의에 반기를 들고 일어날 새로운 사회 운동의 시작일지도 모른다. 참여 관찰을 통해 사회를 바라보는 이들은 1968년의 학생 활동가와 이후 이어진 상황에서 혁명적인 미덕을 찾았다. 그러나 단연코 지대한 영향을 미친 전환은 제3세계의 억압받는 사람들을 향했다. 서구 노동자 계급이 현실에 타협해 물러졌다면, 피골이 상접해 배를 곯는 제3세계 소작농들은 도시를 둘러싸고 약속의 땅을 갖기 위해 나아갔다. 그러나 일부에서는 제3세계 노동자들을 '노동 귀족'이라 보는 시선도 있었으며, 교육을 받지는 못했지만 혁명을 일으키고자 하는 열의만은 넘치는 판자촌의 '소시민'만이 '혁명적' 프로젝트를 구원할 유일한 존재라고 생각했다.

탈노동자 계급에 관한 수많은 논쟁은 일부 좌파가 "계급으로부터의 후퇴(Wood, 1981)"를 선택해 멈춰 서도록 했다. 노동자 계급을 바라보는 전통 마르크스주의적 시각을 대신하는 사상들에는 '전략적 파산'을 택했다는 비난이 쏟아졌고, 특히 고르가 내세운 "최후의 수단(Wood, 1981)"은 엄청난 질타를 받았다. 포스트마르크스주의자들의 '역사와 정치의 무작위화' 주장을 대면한 우드는 기본 원칙으로 돌아가기로 했다. 어찌 됐든 우드는 '노동자 계급은 잠재적 혁명 계급'이라는 의견을 형이상학적으로 풀어내지 않았으며, 노동자 계급이 실질적으로 혁명적 움직임을 형성하지 않았다는 사실은 무시했다. 단지 노동자 계급이 사회주의 체제의 설립에 가장 직접적인 '목표와 이해'를 가지고 있었고, 하나의 사회적 세력으로 개혁을 이루어 낼 '전략적 사회력'을 가졌다는 사실만을 강조했을 뿐이다(Wood, 1981). 이렇듯 서술적인 표현의 핵심은 특정한 사건들로 인해 사상 체계의 일관성과 타당성이 흔들렸을 때 맹목적인 독단으로 빠지기가 무척 쉽다는 점이다.

한 걸음 물러서 노동자 계급에 관한 마르크스주의적 논쟁을 바라보면, 우리는 보다 보편적인 문제점들을 찾을 수 있다. 고르를 비롯한 인물들은 일관성이 떨어진다며 전통 마르크스주의 사상을 비판했는데, 심지어 그들조차 자신이 비판한 문제점을 똑같이 가지고 있었다. 혁명을 이끄는 역할을 수행할 후보에 오른 이들이 거사를 진행하기에 적절한지는 고사하고, 혁명의 주체를 찾는 행위 자체에 문제가 존재한다. 게다가 노동자 계급의 구성에 관한 논쟁은 시간이 지나면서 계급을 생산적으로 구조화하는 대신, 어느 측면에서 보나 구조적 문제를 해결하지 못해 고생하고 있었다. 사회적 '체제'와 계급의 '주체'라는 표현에 맞서 깁슨-그레이엄Gibson-Graham은 "제한적이고 특권적인 계급 정치를 해방시켜야 하며, ^(중략) 여러 가지 다양한 형태의 계급을 포함하는 사회를 복잡하게 분열된 하나의 존재로 바라봐야 한다⁽¹⁹⁹⁶⁾"고 이야기했다. 이제 우리는 분산되고 분열된 자본주의와 다양하고 불균등하게 발전된 계급 과정을 직시할 수 있게 됐다. 이것은 단순히 '계급을 벗어나는' 시나리오가 아니다.

노동자와 세계화

앞에서 정통 마르크스주의와 노동자 계급의 단절을 살펴봤다면, 이제는 포스트마르크스주와 관련된 화제들을 다뤄 보아야 한다. 에르네스토 라클라우, 샹탈 무페와 같은 포스트마르크스주의 사상가들은 본질주의에 반대하면서 현대 사회에 자리 잡은 수많은 갈등과 정치의 의존적 성질을 강조했다. 1980년대 중반 그들은 다음과 같이 주장했다.

오늘날 사회주의에 닥친 위기는 사회주의 체제의 모든 개념이 노동자 계급의 존재론적 중심에 달려 있다는 점이다. 그들은 한 사회에서 완벽하게 일원화되고 평등한 집단을 이루는 환상과도 같은 사회로 나아가는 '그' 혁명을 이루어내 무의미한 정치적 순간들을 무효화할 것이다. (Laclau and Mouffe, 1985)

보편적 주체, 즉 프롤레타리아가 피할 수 없는 운명으로 향하는 행진은 후기 구조주의자들의 비판이나 1989년 일어난 대격동과 이후 이어진 사건들로 인해 저지당하고 말았다.

계급과 노동자 계급에 관한 전통 마르크스주의 담화는 역설을 낳았다. 마르크스주의를 비판하는 이들은 '계급의 종말'을 고했지만, 마르크스주의의 근본을 놓지 않은 이들은 노동자 계급의 분열을 깊게 애도하며 '계급으로부터의 후퇴'를 택해 잠시 멈춰 서기로 했다. 사실 깁슨-그레이엄의 "종말과 분열을 맞은 것은 노동자 계급의 허상과 산업화된 자본주의의 발전에 패권을 장악하겠다는 그들의 목표일 뿐(1996)"이라는 주장에 반박이 가능하다. 이제 우리는 자본주의가 가지는 다양성과 사회적 갈등의 복잡성을 잘 이해하고 있다. 인종, 성별, 성 정체성, 종교, 장애, 지역이 여기에 해당하며, 모두 계급 안에 통합된다. 더 이상 사회 개혁의 중심이 되는 공간은 존재하지 않는다. 온갖 종류의 억압이 일어나고, 어디에서나 억압에 저항하는 움직임을 찾아볼 수 있다. 개혁 가능성은 영웅적인 프롤레타리아, 혹은 어떠한 단일한 주체가 아니라 사회 전체에 걸쳐 열려 있다.

평화, 자연, 여성 운동을 포함해 1980년대부터 '새로운' 사회 운동의 테마가 드러나기 시작했다. 산업 사회에서 탈산업 사회로의 변화는 새로운 형태를 낳았다. 변화된 사회 분위기와 정체성에 맞춰 새롭게 등장한 문제들이 해묵은 갈등이 있던 자리를 차지했다. 과거 경제에 맞추어져 있던 초점이 문화로 옮겨 간 현상이 한 예라고 할 수 있다. '새로운' 사회 운동들은 후기 자본주의에 반발하는 새로운 형태의 반향이었다. 데이비드 슬레이터David Slater는 이러한 운동의 내부적 작동 과정에서 "내부의 의사 결정 과정에 적극적으로 참여하고, 협동적 관계를 추구하고, 사회적 차이를 인정해야 하며, 개인 사이의 관계를 만드는 과정이 가지는 사회문화적 '중요성'을 알고 새로운 사회 운동과 결합해 참신한 핵심 구성 요소를 형성해야만 한다(1984)"고 주장했다. 그러나 전통적 노동 운동에 어디까지 적용될 것인가는 고려해 볼 필요가 있다.

지난 10~15년 사이에 '새로운' 사회 운동의 분위기와 주제에 적합한 '사회 운동 노동조합주의'의 등장이 종종 눈에 띄었다. 브라질과 남아프리카공화국을 비롯한 준주변 국가와 심지어 미국에서도 '신노동조합주의' 움직임과 전략이 쏟아져 나왔다. 양적인 측면을 강조하는 전략이 아니라, 조합 내부의 민주적인 절차나 양성 평등처럼 질적인 전략이 훨씬 보편적이었다. 과거 국가 중심적이던 전략이 오늘날에는 시민 사회를 향한 전략으로 변화하고 있다. 노동조합원들은 남성과 여성 모두가 노동력을 구성하고 있으며, 단순히 인종을 이유로 배척할 수 없다는 사실을 받아들였다. 어떤 의미에서 노동자 계급의 불규칙적이고 돌발적인 행동은 정통 마르크스주의가 예견한 '전형'에서 벗어났다고 할 수 있다.

계급을 바라보는 전통 마르크스주의적 시각을 교란하는 한 가지 요소를 꼽으라면 당연히 성별일 것이다. 하이디 하트만**Heidi Hartmann**은 아래와 같은 주장으로 큰 반향을 일으켰다.

'계급', '산업 예비군', '임금 노동자'와 같은 분류를 두는 마르크스주의적 분석은 어떤 이유로 특정 인물이 특정 분류에 속하는지 설명하지 않는다. 마르크스주의자들은 가정의 안팎에서 여성이 남성에게 종속되어야만 하며, 그 반대는 성립하지 않는 이유를 설명하지 않는다. 자본과 마찬가지로 마르크스주의적 분류는 몰성적sex-blind이다.(Hartmann, 1986)

비판의 물꼬가 트이자 마르크스주의의 거의 모든 영역에 해당하는 사상들은 사회과학과 인류학 분야가 보편적으로 그러하듯 페미니스트들의 공격에서 자유로울 수 없었다. 노동자 계급의 형성과 성에 따라 달라지는 직업적 역할, 노동 과정, 시민권에 관한 모든 의식이 뒤바뀌었다. 로스 박산달Ros Baxandall과 공동 연구자들은 1974년 출간된 해리 브레이버만Harry Braverman의 고전《노동과 독점 자본 Labor and Monopoly Capital》의 "노동자 계급을 구성하는 성별은 두 가지 (Baxandall 외, 1976)"라는 사실을 상기시켰고, 이제는 당연하게 받아들여지고 있다.

마르크스주의는 페미니즘이 제기한 비판을 받아들인다고 해도 일부만을 받아들이거나, 혹은 왜곡해서 받아들이는 경우가 많았다. 그 예로 가사 노동에 관한 마르크스주의적 논의가 있는데, 1980년대에 엄청난 파급력을 가졌다. 여성의 가사 노동을 자본주의 영역 안에 포함시켜 마르크스주의적 용어 중 하나로 분류하려는 시도였다. 마르크스주의자들은 억압받는 여성의 모습이 아니라 자본주의 체제 내에서 가사 노동이 어떠한 역할을 하는지에 초점을 두었다. 가사 노동이 부가 가치를 창출하는 생산성이 높은지, 아니면 생산성을 가지기는 하는지가 주요한 논의 중 하나였다. 여성의 가사 노동을 노동의 일부로 인식한다는 사실 자체가 엄청난 진보라고 할 수 있지만, 생산성을 따진다는 사실은 오히려 퇴보라고 하겠다. 나름대로 노력을 했음에도 마르크스주의는 생산주의 논리에서 벗어나지 못하고 있었다. 계급은 여전히 생산성 논리에 묶여 있었고, 생산 관계를 벗어난 사상과 행동의 양식은 오래가지 못했다.

최근 들어 노동자 계급의 세계화가 가장 중요한 연구 과제로 떠올랐다. 마르크스의 〈서설Einleitung zur Grundrisse〉에 이와 관련된 번뜩이는 직관이 소개되어 있다.

세계 시장을 형성하려는 추세는 자본이 가진 기본 성질과 같다. 모든 제약은 극복해야 할 장애물이며, (중략) 이러한 추세에 맞춰 자본은 국경과 편견을 넘어 앞으로 나아간다. (중략) 이 움직임은 모든 장애물을 무너뜨리고, 지속적인 혁신을 통해 생산력을 확장하고, 수요를 충족시키며, 생산의 전체적인 발전을 가지고 온다.(Marx, 1973)

수십 년 사이 경제 체제는 국제적 차원을 넘어 범지구적인 차원까지 도달했다. 노동의 세계를 구석구석까지 통합하는 과정이었다. 마르크스가 이야기했듯, 자본은 앞을 막아서는 국가 간의 경계를 무너뜨렸다. 자본주의는 전 세계의 경제와 문화, 사회의 모든 영역을 관통했다. 새롭게 나타난 '국제 공장'의 노동자는 또다시 하나의 재화로 전락하고 말았다. 국가 통제주의자들의 노력에도 국가의 존속

여부가 의문시되는 시대에 그 결과는 미미했다.

세계화가 진행되고, 정보와 지식이 자본을 지배하는 새로운 기술 시대로 접어들었다. 이런 흐름은 역사 속에 노동과 자본의 관계를 재정립했고, 무게 중심은 자본으로 기울었다. 전통적 노동자 계급의 결집력이 점차 약화되고, 자본은 유연성을 얻으며 변화에 대응할 힘을 키울 수 있었다. 반면 경직된 성격을 지닌 노동과 노동자들의 조직은 새로운 질서에 적응하지 못하고 실패를 받아들여야만 했다. 마누엘 카스텔Manuel Castells은 다음과 같이 이야기했다.

> 일방적 개혁 정책의 주된 장애물로 작용하는 노동조합은 새롭게 등장한 노동력(여성, 젊은이, 이민자)과 새롭게 등장한 일터(민간 기업, 첨단 기술산업), 새로운 형태의 조직(국제적 네트워크가 구축된 기업)에 부적응을 거듭하며 약화되었다.(Castells, 1996)

어쩌면 '새로운' 사회적 움직임이 주는 교훈을 너무 늦게 받아들였거나, 타성에 젖어 변화를 받아들이지 못하고 과거의 사상에 얽매여 있었기 때문이라고 생각할 수 있다. 마르크스주의자들은 다양한 반응을 보여 줬는데, 급진적인 반응이 대부분이었다. 어떤 이들은 국경을 넘나드는 '자유분방한' 기업과 노동이 펼친 경쟁 시장에 탄식을 내뱉었다. 다른 이들은 "일자리 없는 미래(Aronowitz and Di Fazio, 1994)"를 이야기하며 암울하고 우울한 미래를 예견하기도 했다. 한편에서는 노동과 노동자를 바라보는 후기 구조주의 관점이 등장하기도 했다. 일례로, 캐서린 케이시Catherine Casey는 새로운 정보 기술의 도입으로 국경을 넘어 전 세계에 흩어진 '분산된 일터'의 개념을 새로이 주장했다(1996). 한 발 더 나아가 케이시는 발전된 정보 기술과 노동 형태의 개편이 "일터를 보다 복잡한 방향으로 분산시키고 있다"고 주장하며, 1980년대까지 한 장소에 집중되어 있던 공업 지대와 사무실 건물들이 오늘날에는 점차 여러 장소로 분산되어 간다는 사실을 언급했다(1996). 기업체들이 수직 관계에서 벗어나 수평적인 협력을 맺기 시작했듯, 일터의 분산 역시 내부적인 변화를 가지고 왔다.

우리가 계급 분산을 받아들인다면 계급은 지나가 버린 모더니즘 현상으로서의 종말을 맞이하지 않을 수도 있다. 프롤레타리아의 특권(어떻게 정의하든)을 부정한다고 해서 우리가 노동자들의 갈등에 등을 돌리는 것은 아니다. 우리는 이러저러한 갈등에 맞서 공격적 성향을 보이는 개별주의와 사회주의를 동의어로 받아들여서는 안 된다. 일터 바깥에서도 형성되어 있는 계급은 하나의 중요한 문화적 요소라는 사실을 이해해야만 한다. 산업화된 북쪽 세계와 빈곤에 시달리는 남쪽 세계, 여성과 남성을 구분 짓는 현실을 잊어서는 안 되며, 전 세계 곳곳에서 인종 차별로 상처받고 있는 이들을 외면해서도 안 된다. 그러나 세계화로 인해 남쪽 세계에는 새로운 노동 계급이 탄생했고, 정치적으로 큰 역할을 하고 있다.

최근 대부분의 노동 운동은 신자유주의와 규제가 적은 자유 시장의 영향에서 벗어나 회복세에 접어들었다. 냉전이 끝난 결과로 통합된 노동조합 연맹이 형성되면서 이러한 움직임은 절정에 다다랐다.

해당 분야에 세계 협회들이 조직되면서 기존의 국제 무역 사무국들도 활성화됐다. 국가적 차원에서 살펴보자면 라틴아메리카를 비롯한 일부 지역의 노동조합은 힘을 되찾았고, 미국 노동조합의 급진적 정치 활동은 극에 다다랐다. 노동조합의 재부상은 새로운 업종에 종사하는 노동자들의 조직과 활발한 정치 참여, 노동조합의 구조 개혁, 특히 국제적 연대를 맺은 활동의 증가와 그로 인한 연합체 설립 등 국경을 뛰어넘은 발전이 이루어지고 있다는 사실을 뒷받침했다(Frege and Kelly, 2004). 현재 우리는 새롭게 직면한 환경에 맞춰 변화와 개혁을 추구하는 출발선에 서 있다고도 할 수 있다.

노동은 언제나 자본의 변모와 위기에 한 발 뒤쳐져 적응해 왔다. 그러니 신자유주의를 추구하는 공격적 자본주의와 그에 따른 노동의 재구성 사이에 존재하는 25년의 시간 차 역시 지난 19세기, 20세기에 늘 그래 왔듯 노동의 분산과 재구성이 반복되는 일련의 과정으로 받아들여진다(Arrighi, 1996). 2000년경 이러한 현상을 분석하던 인물들은 당시의 분위기를 반영했을 때 미국의 자본주의가 노동과 자본 사이의 시간 차를 해결했다고 주장하며 반복되는 현상을 무시했다. 카스텔은 국제적 자본과 국지적 노동을 이유로 들며 "노동 운동은 역사 속에서 설 자리를 잃었다(1997)"고 주장하며 "노동의 실행력은 분산되었고, 조직력은 약화되었으며, 형태는 다양화되고, 결속력은 저하되었다(Castells, 1996)"고 이야기했다. 노동 자체가 하나의 사회 운동이라는 기본적인 사실을 간과한 시대적 분석에 따르면 옳은 주장이었다. 그러나 지난 세기를 장기적 관점에서 바라봤을 때

노동조합은 단지 힘든 시기를 견뎌 내는 것에 그치지 않고 "보다 민주적이고 빈곤층에 배려를 표하는 사회를 만들었으며, 인권을 자본보다 우선시하도록 했다(Friedman, 2008)". 신자유주의적 반혁명 운동의 무자비함 속에서 이와 같은 결과는 결코 보잘것없는 성취라고 할 수 없다.

우리는 지난 30여 년간 노동자 계급이 세계로 뻗어 나오기까지 그 과정이 갖는 중요성을 이해해야만 한다. 새로운 체제의 역동성은 특히 '고전적' 생산 양식을 축적하며 경제 발전의 중심지로 급부상한 브릭스BRICs(브라질, 러시아, 인도, 중국) 국가에서 확인 가능하다. 새로운 체제에 부합하는 노동자 계급과 앞으로 벌어질 계급 간의 갈등은 브릭스 국가의 항방에 달려 있다고 해도 과언이 아니다. 여기에서 우리는 전통 마르크스주의적 시각을 벗어나 '강탈을 통한 축적'을 바탕으로 한 '원시적 축적'이 어떻게 이루어져 왔는지를 이해하고, 로자 룩셈부르크가 레닌을 비롯한 정통 마르크스주의자들에 대항하기 이전에 '제3세계주의적' 관점이 어떠한 길을 걸어 왔는지를 살펴보아야만 한다.

제5장

—

불행한 혼인 :
마르크스주의와 여성

—

　　1970년대에 페미니즘의 이론적 위상이 높아지고 정치적 영향력이 커지면서 '마르크스주의의 위기'가 닥쳤다. 마르크스주의는 페미니즘을 사상의 일부로 포함시키고, 한 걸음 더 나아가 '여성 문제'라는 이름표를 붙여 다루려는 시도를 보였지만 페미니즘은 스스로 영역을 개척해 나갔다. 5장은 여성을 바라보는 '고전적' 관점을 간단하게 살펴보고 사회주의와 페미니즘의 '결합'을 다루고 있다. 1980년대 포스트모더니즘의 물결 속에 발전한 사회주의 페미니즘은 확고한 기반을 마련하지 못했다. 여성을 위한 급진적 수단으로 포스트모던 페미니즘이 새롭게 등장했다(남성에게도 어느 정도 영향을 미쳤다). 애초에 남성 본위적인 고전 마르크스주의는 수많은 측면에서 남성을 중심에 놓고 사상을 펼쳤으며, 새로운 사회의 구축을 이끌어 나가는 적절한 지침을 제시해 주지 못했다. 한 가지 특이점은 마르크스주의 창시자인 카를 마르크스가 입을 다물고 있을 동안 프리드리히 엥겔스는 초기 '마르크스주의적' 관점에서 성 문제에 접근했다는 사실이다. 오늘날까지도 마르크스주의를 연구하는 인물들과 페미니스트들 사이에서는 이에 관한 논의가 이어지고 있다.

엥겔스와 가족

　　마르크스의 연구로부터 자본주의 체제 아래 여성의 역할에 관한 유물론적 이해의 바탕을 찾으려는 시도는 거듭 있어 왔지만(Vogel,

1983), 마르크스가 종교와 과학, 전쟁을 비롯한 ‘비주류’ 논제와 더불어 ‘성’과 관련된 논의를 동료인 엥겔스에게 위임했다는 인식이 보편적이다. 미셸 배럿Michèle Barrett은 1983년 마르크스 사망 100주년을 기리는 글에서 “마르크스의 연구에서 성에 관한 논의를 찾기란 쉽지 않은데, 이마저도 빈약하고 어설픈 경우가 대부분(1983)”이라며 자신의 생각을 드러냈다. ‘페미니스트 등장 이전’이라는 당대의 정치적 상황 역시 마르크스에게 ‘면죄부’를 쥐어 줄 수는 없다. 상식으로 받아들여지던 부르주아적 환상을 벗기는 등 마르크스가 넓은 분야에 걸쳐 보여 준 날카로운 분석을 고려하면, 시대상이라는 단순한 이유만으로 평가하기란 마르크스를 모욕하는 행위라고도 할 수 있다. 시간이 지나 마르크스가 제시한 자본주의 사회 분석에서 발전된 단계로 구분되는 시대에 들어서자, 사회주의 페미니스트들은 자본주의 체제 아래 성별 관계를 바라보는 마르크스주의적 이해를 명료화하기 위해 노력했다. 먼저 우리는 엥겔스(마르크스와 비교해 다소 독특한 견해와 ‘진보적’인 시각을 가지고 있었다)가 저서《가족, 사유 재산, 국가의 기원Der Ursprung der Familie, des Privateigenthums und des Staats》에서 성별에 관해 어떠한 이야기를 풀어놓았는지를 살펴봐야 한다. 엥겔스는 가족 구성원을 바라보는 시각으로 여성에 접근했다.

　1884년 집필된《가족, 사유 재산, 국가의 기원》은 사회주의의 고전으로 부상했다. 엥겔스의 저서는 가족, 더 나아가 ‘여성 문제’를 다루는 결정적인 역할을 했다. 엥겔스는 이 책을 통해 여러 계급으로 나뉜 사회관계와 국가의 탄생을 이론화하고, 남성에게 종속된 여성의 지위를 언급하고자 했다. 그는 1877년 출간된 루이스 모건 Lewis Morgan의 《고대 사회Ancient Society》를 참고해 인류학적 자료를 수집했다. 엥겔스는 다음과 같은 문장을 남겼고, 훗날 마르크스주의적 논의에 새로운 장을 열었다. "유물론적 관점에서 역사를 결정짓는 요소는 결국 삶의 생산과 번식이다(Engels, 1990)." 수많은 당대 사회주의자들과 페미니스트들은 엥겔스의 시각을 기꺼이 받아들이고 유물론적 관점에서 사회적 재생산에 주의를 기울였지만, 생산주의자들은 대개 등한시하곤 했다. 그러나 재생산은 여전히 남성의 역할인 생산에 대치되는 여성의 역할이라고 받아들여졌다. 남성 본위적인 분류와 사고방식이 건재함을 보여 줬을 뿐 아니라, 오랜 시간 이어져 온 이분법적 사고의 뿌리가 여전히 굳건함을 의미했다. 모이라 매코나키Moira Maconachie는 "가족을 사회적 생산에서 분리시키고 여성의 활동 범위를 가정생활 내에 국한시키는 관념화된 이분법적 사고는 페미니즘에 도움이 되지 않는다(1987)"며 반발심을 표했다. 역사적, 사회적 변화는 '남성적'이라고 여겨지는 생산 분야로부터 야기된다는 시각이 일반적인 듯했다.

이러한 논리는 생산에 보다 적극적으로 개입함으로써 여성들이 해방을 이루어 낼 수 있다는 엥겔스의 주장에서 시작됐다. 엥겔스는 다음과 같은 글을 남겼다.

여성이 사회적으로 가치를 지니는 노동을 제공하지 않고 가사 노동에 국한되어 있는 이상 여성은 해방을 이루어 낼 수도, 남성과 동등한 위치에 설 수도 없다. 여성이 보다 넓은 범위에서 사회적 생산에 참여하여 아주 적은 시간만을 가사 노동에 투입한다면 마침내 여성 해방이 이루어질 것이다.(Engels, 1990)

엥겔스의 주장은 생산주의적 논리에 어긋날뿐더러(생산적 노동이 누군가를 해방시켜야만 하는 이유가 무엇이란 말인가?), 여성이 '자연적으로' 가사 노동을 담당해야 한다는 오류를 범하고 있다. 사회가 다양한 사회적 계급을 기준으로 분열되는 과정에서도 여성의 지위는 언급되지 않았다. 1917년 러시아 혁명 이후 탄생한 사회주의 국가들은 자신들이 가진 생산주의적 논리와 여성 해방에 실패한 원인을 엥겔스의 주장에서 찾으려고 애쓰며 지겹도록 정당화를 반복했다. 1970년대 유고슬라비아의 한 공직자의 발언은 맹점을 분명히 드러내고 있다. 그는 "마르크스주의는 여성과 남성의 불평등한 입지가 남성의 억압에 의한 결과가 아니라는 사실을 시사하고 있다. (중략) 따라서 여성 해방을 이루는 유일한 방법은 (중략) 혁명적 투쟁의 길을 택하는 것이다(quoted in Molyneux, 1981)"라고 말했다.

모건에게서 큰 영향을 받은 엥겔스는 인류학적 관점에서 부계 사회로의 변화가 성별 관계 결정에 중대한 역할을 했다고 바라봤다. 이는 사유 재산이 등장하고 계급 사회가 발전하는 바탕으로 작용했다. 엥겔스는 "어미로서의 권리를 잃으며 여성은 세계사적 실패를 경험했다. 가정의 주도권은 남성에게 넘어갔다. 여성의 지위는 바닥으로 떨어졌다. 여성은 남성의 노예가 되어 성욕을 해결하고 자식을 생산하는 도구로 전락하고 말았다(1990)"고 변화를 서술했다. 엥겔스는 여성이 점유권을 빼앗기고 약자로 자리 잡은 사회적 분위기는 오래전부터 지속된 현상이라고 이야기했는데, 엄청난 논란이 뒤따랐다. '남자 사냥꾼'의 통설은 더 이상 일반적으로 받아들여지지 않는다. 기본적으로 엥겔스는 남성과 여성의 관계를 자연주의적 시각에서 바라보면서 여성은 가족과 가정을 책임져야 한다고 추정했다. 이 관점에서 여성의 역할이 가정에 종속되는 원인은 현대 인류학의 진화 과정에 있었다. 엥겔스는 성 불평등 문제를 적대적 계급 사회로의 발전에 국한시키고 '유물론적' 근거를 들며 여성의 종속을 설명하려 했다. 결국 엥겔스에게 있어 "남성이 결혼 생활에서 우위를 점할 수 있는 이유는 단순히 경제적 측면에서 우위를 점하고 있기 때문이며, 경제적 우위가 사라진다면 결혼 생활의 우위도 사라질 것 (1990)"이었다.

우리는 마르크스와 달리 엥겔스가 성별 문제에 진지한 관심을 가졌다는 점은 인정해 줘야만 하나,《가족, 사유 재산, 국가의 기원》이 연구를 진행하는 과정에서 넘어설 수 없는 한계를 가졌다는 사실을 잊어서는 안 된다. 엥겔스가 자본주의 사회의 발전을 다루며 보여준 생산주의적 편견은 이미 언급했다. 뿐만 아니라 엥겔스는 사상을 전개하면서 마르크스의 중대한 연구 중 하나였던 경제 결정론을 받아들였고, 이로 인해 한층 더 깊은 수렁에 빠지게 됐다. 그는 성별에 따른 노동 분업을 강조하며 자연주의적 제약을 더했다. 엥겔스의 분석은 틀림없이 기술적 (‘유물론적’) 측면에서 이루어졌지만, 성별에 따른 분업을 언급하면서 무의식적으로 사회에 잠재된 수직적 성별 관계를 반영한 듯 보인다. 매코나키는 "오늘날 여성과 남성의 관계를 자연스럽게 받아들인다면 우리는 특정 업무가 성별에 관계없이 처리 가능하다는 사실을 인지하지 못한 채 현재의 상황에 안주하고 말 것(1987)"이라고 이야기했다. 자본주의 이전 사회에서 엥겔스는 가정을 벗어난 여성의 역할을 언급조차 하지 않았다. 엥겔스는 자본주의 사회의 등장으로 나타난 사회적 재생산과 관련된 노동(자녀를 양육하고, 사회화시키고, 끼니를 챙기고, 옷을 입히는 등)에 해당하는 사회 활동에 관한 설명을 생략했다.

페미니스트들이 엥겔스의 《가족, 사유 재산, 국가의 기원》에 내놓은 비판은 핵심을 찔렀다. 엥겔스는 지극히 경제학적인 관점에서 남녀 관계를 바라보면서 사회에 만연한 가부장제가 자본주의 체제에서 자본가와 노동자 사이의 관계와 비슷한 형태로 남성과 여성의 관계를 형성한다는 사실은 알아채지 못했다는 것이다. 그러나 사유 재산의 발전에서 억압당하는 여성의 현실을 이해하기란 다분히 환원주의적이며, 보다 넓은 범위에서 남성과 여성의 관계를 정립하는 사회적, 문화적 요소의 중요성을 고려하지 못한다. 엥겔스가 그러했듯, 여성 해방이 오직 계급 없는 사회에서만 이루어질 수 있다는 전제를 가정한다면, 반대로 여성 억압의 종결이 사회 개혁의 전제 조건으로 작용한다는 의미이기도 하다. 캐롤 굴드Carol Gould는 엥겔스의 주장에 "엥겔스가 제시한 여성 종속의 원인과 발전 근거는 생물학적으로 옳지 않으며, 그는 여성 억압은 물론 심지어 성별 자체를 사회적, 역사적 결정 요소로 바라보고 있다(1999)"며 반발을 나타냈다.

엥겔스는 남성과 여성의 '타고난 차이'를 감안하지 않은 채 사상을 전개해 나갔으며, 그 가변성과 복잡성을 제대로 이해하지 못했다.

보다 폭넓은 시각에서 성별에 관한 엥겔스와 마르크스의 논의를 살펴보면, 우리는 어렵지 않게 가족과 임금 노동이라는 두 가지 요소에 초점을 맞추게 된다.《독일 이데올로기》를 통해 마르크스와 엥겔스는 분업의 근원으로 가족의 개념을 발전시켰다. 마르크스주의 창시자라고 할 두 사람은 노동의 분업이 "성 역할의 분담으로 인해 탄생(Marx and Engels, 1976)"했다고 주장한다. 노동의 분업이 '자연스럽게' 발생했고, 가정 내에서의 분업은 사회적 범위로 '자연스럽게' 확장됐다는 것이다. 그러나 새로운 사회적 관계가 탄생하며 가정은 자본주의 체제 아래 하나의 구성 단위로 종속됐다.《독일 이데올로기》에서 마르크스와 엥겔스는 "노동을 통해 스스로의 삶을 고쳐시키거나 출산을 통해 새로운 생명을 부여하거나, 삶은 이 두 가지 방법으로 탄생된다. 한편으로 자연의 섭리이고, 한편으로는 사회적 관계의 구축이라 할 수 있다(1976)"며 보편적 이론을 정립하려는 노력을 보였다. 마르크스는 훗날《자본론》과 같은 저서에서 자연과 사회를 바라보는 이분법적인 시각에서 벗어난 사상을 제시한 반면,《가족, 사유 재산, 국가의 기원》에서 알 수 있듯 엥겔스는 이분법적인 시각을 그대로 안고 가기를 택했다.

《독일 이데올로기》는 유토피아에 존재하는 미래 가족의 모습을 그리며 페미니즘에 가까운 모습을 보여 줬다. 스쳐 지나가듯 짧은 문장이긴 하지만, 마르크스와 엥겔스는 공산주의 사회에서 "개인 경제의 대체는 가족의 대체와 마찬가지(Marx and Engels, 1976)"라는 글을 남겼다. 그러나 엥겔스는 《가족, 사유 재산, 국가의 기원》에서 프롤레타리아 가정이 가지는 미덕을 쉽게 이해하기 어려울 정도로 극찬했다. 엥겔스는 편의를 위해 결혼을 선택하는 부르주아와 달리, 프롤레타리아의 결혼은 "전형적인 일부일처제의 기반을 무너뜨린다. 단혼 풍습을 보존하고 이어 가려는 시도는 사라지고, 남성 우월주의도 자취를 감추게 된다. 따라서 남성 우월주의를 유지하려는 유인 역시 사라진다(Engels, 1990)"며 자신이 가진 이중 잣대를 그럴듯하게 포장했다. 엥겔스가 생각하기에 노동자 계급의 '개별적이고 사회적인 조건'은 결정 요인이었고, '개인의 성과 사랑'은 모두를 뛰어넘는 요소였다. 당대 사회에서 벌어지는 가정 내 폭력에 맹렬한 비난이 따른다는 사실을 잘 알고 있었기에 엥겔스와 같은 입장을 취하는 남성조차 이상화된 노동자 계급의 가족 형태를 받아들일 수 없었다. 엥겔스는 이러한 문제가 "일부일처제의 도입과 함께 깊게 뿌리내린, 여성을 향한 잔인함의 잔재(1990)"라며 다소 누그러진 말을 덧붙였다. 훗날 등장한 사회주의 국가는 여성 종속이 자본주의 체제가 남긴 불행한 '잔재'라는 변명을 늘어놓았다.

임금 노동에 관한 문제로 넘어오면 마르크스가 무의식적으로 임금 노동자를 남성에 한정 지었다는 사실이 확인된다. 마르크스의 《자본론》 곳곳에는 여성 노동자와 그들의 환경에 관한 언급이 남아 있다. 마르크스는 특히 기계의 도입으로 여성과 어린아이, 비숙련 노동자와 같이 '저렴한 노동력'을 추구하게 된 자본가의 수요를 중심으로 이야기를 풀어 나갔다. 《자본론》에서 마르크스는 사회적으로 불리한 입장에 처한 여성 노동자에 관한 논의를 진행하며 그들을 '보호'해야 한다는 주장을 지속적으로 드러냈다. 그러나 마르크스는 항상 남성에 초점을 두고 있었다. 그는 "지나치게 많은 여성과 어린이가 노동자의 반열에 합류하면서 마침내 기계는 제조업에 종사하며 자본의 횡포에 맞서던 남성 노동자의 저항을 무너뜨리고 말았다(Marx, 1976)"며 새로운 사회 분위기를 비난했다. 마르크스는 남성 노동자 위주의 사상을 가지고 있었으며, (당시의 지식으로 바라보면) 이치에 맞지 않다고 생각될 만큼 엄청난 숫자의 여성 노동자가 산업 현장에 뛰어드는 현실에 충격을 받았다. 마르크스는 일반적 통념을 해체하는 데 실패하고 '상식적'인 개념과 인식에 굴복하고 말았다. 뒤이어 등장한 마르크스주의자들은 암묵적으로 성차별주의적 사회의 규칙을 수용했다.

마르크스와 엥겔스는 '가족 임금'의 개념을 중심으로 노동이 성별 관계를 어떻게 결정하는지 논의를 진행했다. 남성 노동자들이 가족 전체를 부양할 충분한 임금을 수령하고 있다는 주장이었다. 그러나 마르크스는 기계 도입으로 "노동자의 가족 구성원 전원이 성별과 나이에 상관없이 자본의 영향력에 직접적으로 노출되어 이리저리 흔들리게 되었다(Marx, 1976)"며, 이로 인해 "남성의 노동력이 가진 가치가 가족 전체로 분산되었다. 결과적으로 남성이 가진 노동력의 가치는 하락하고 말았다(1976)"고 이야기했다. 마르크스는 여성과 어린아이가 자본에 좌지우지되기 이전의 남성 노동자들은 가장으로서 가족을 부양할 충분한 능력을 지녔다는 전제를 가정하고 있었다. 그는 사회적 변화로 남성의 노동력이 가지는 가치가 하락하고, 노동력의 '희석'으로 인해 수많은 갈등이 뒤따를 것이라고 예상했다. 현실에 직접적인 영향을 미치지 못하고 담론에 그치는 경우가 대부분이었으나, 이와 같은 '가족 임금' 문제는 노동 운동의 전개에 있어 가장 깊숙이 자리 잡은 분열 조짐이었다. 사회주의 역사학자들과 노동조합원들은 노동의 세계를 단순히 남성의 영역으로 포함시켜 버렸다. 그들에게 여성 노동자들은 필요할 때면 징집하여 노동력을 보태고, 필요가 다하면 해산하고 집으로 돌아가는 '산업 예비군'과 같은 존재였다.

성별 문제를 다루는 마르크스와 엥겔스에게 제기되는 가장 큰 정치적인 비판은 자유주의 페미니즘의 교리를 곧이곧대로 받아들였다는 점이라고 개인적으로 생각한다. 마르크스주의의 아버지라고 할 마르크스와 엥겔스는 부르주아적 자유주의 이데올로기의 한 형태에 의문을 제기하지 않았다. 진리와 정의에 관한 애매한 개념을 바탕으로 전개된 뒤링Dühring의 '윤리적 사회주의'에는 그토록 날카로운 비판을 제기했으면서 왜 그랬을까? 미셸 배럿은 이유를 다음과 같이 설명했다. "마르크스와 엥겔스 모두 여성의 권리를 두둔하는 전통적 진술에 반박하려는 의지를 가지지 않았다. 마찬가지로 울스턴크래프트Wollstonecraft와 밀Mill도 자신이 열의를 가지지 않은 평등주의와 자유주의 논의에 관해서는 언급하지 않았다(1983)." 그러니 마르크스와 엥겔스는 '페미니즘 이전'의 인물이 아니라, 단지 사회주의와 여성 인권이 동일한 근원을 가지고 어떻게 더 나은 사회를 가리키는지를 보지 못했을 뿐이다. 오늘날까지도 엥겔스의 《가족, 사유 재산, 국가의 기원》은 성별을 바라보는 견고한 유물론적 이해(마르크스주의 인류학에 지대한 영향을 줬다)와 그 한계를 보여 준다. 로스 카워드Ros Coward의 말처럼 엥겔스의 글은 역설적이게도 "여성 문제를 공론화시키는 동시에 마르크스주의의 핵심에 놓는 정치 이론(1983)"을 탄생시켰다.

사회주의와 페미니즘

엥겔스와 마르크스가 성별 문제에 애매한 논의를 남긴 후, 국제적 사회주의 운동은 '여성 문제'에 보다 유기적으로 접근하기 위해 노력했다. 1878년 독일 사회민주당의 일원이었던 아우구스트 베벨August Bebel이 저술한 《여성과 사회주의Woman and Socialism》는 엥겔스의 사상을 당대 시각에서 바라봤는데, 여성 해방 이론의 고전으로 이어져 오고 있다. 자본주의 체제 아래 억압당하는 여성을 분석하고 있으며, 베벨은 사회의 전 영역에 걸쳐 찾아볼 수 있는 금전적 관계와 연관시켰다. 베벨은 양성 평등을 외쳤지만 남성과 여성이 본질적으로 다르다고 믿고 있었으며, 여성은 보호해 줘야 할 존재여서 노동으로 인해 여성성을 해쳐서는 안 된다고 주장했다. 여타 사회주의 사상가들과 마찬가지로 베벨은 자본주의 체제 아래에서는 일시적인 개선만 가능할 뿐, 진정한 여성 해방은 오직 사회주의 혁명을 통해서만 이룩할 수 있다고 믿었다. 정통 마르크스주의적 계보에 해당한다고는 할 수 없지만(엥겔스는 베벨의 글에 큰 감명을 받지 못한 듯했다), 《여성과 사회주의》는 독일에서 베스트셀러에 올라 클라라 체트킨Clara Zetkin과 알렉산드라 콜론타이Alexandra Kollontai 같은 사회주의 페미니즘의 개척자라 할 인물들에게 큰 영향을 주는 등 유럽 사회주의 운동에 지대한 역할을 했다. 사회주의가 페미니즘을 유의미하게 받아들이기에는 상당한 어려움이 있었음에도 불구하고 '여성 문제'가 사회주의에서 중요한 위치를 차지하고 있다는 사실을 다시 한 번 시사한다.

클라라 체트킨은 독일의 사회주의 여성 운동을 이끄는 독보적인 인물로, 19세기 말부터 20세기 초까지 유럽과 러시아에 큰 영향을 줬다. 체트킨의 배경은 그녀를 사회주의자이자 페미니스트로 성장시켰다. 체트킨은 여성의 경제적 독립이 해방을 위한 필요조건이라는 엥겔스의 의견에 동의했으나, 곧 충분조건이 되지 않는다는 사실을 깨달았다. 체트킨은 변증법적 관점에서 여성을 둘러싼 환경을 바라봤는데, 그 과정에서 계급과 성별은 매우 중요한 요소로 작용했다. 체트킨은 여성 노동자 계급의 조직에 있어 자신에게 주어진 역할이 남성 사회주의 지도자와의 경쟁이 아니라는 점을 지속적으로 강조했으나, 쇼비니즘chauvinism이 여전히 건재한 현실을 잘 알고 있었다. '부르주아 페미니즘'을 공격하고 여성의 참정권 보장을 주장하는 등 체트킨은 여성의 자주권을 쟁취하기 위해 애썼다. 1914년

제1차 세계 대전이 발발했을 당시 독일 사회민주당의 여성 운동에 참여하는 인원은 17만 5천여 명에 달했으며, 이들은 여성 노동자 21만 5천명을 하나로 모았다. 12만 5천 명이 체트킨이 출간한 잡지 〈평등 Die Gleichheit〉을 구독했다.

체트킨은 당을 구성하는 여성 사회주의자들의 자주권은 여성의 잠재력을 끌어내고 극대화하는 데 필수적인 요소라고 생각했다. 체트킨은 정치적인 목적을 가진 혼성 모임이 금지되던 당시의 법을 이용해 사회주의 운동을 진행하는 과정에서 페미니스트 사상을 발전시켰다. 1908년 여성과 남성이 혼재된 정치 모임이 합법화되자 당 지도자들은 별도로 구성된 여성 단체를 해산시키려는 움직임을 보였다. 그 대가로 정당의 간부 자리 하나를 여성에게 내주기로 했지만, 클라라 체트킨에게 자리가 돌아오는 일은 없었다. 그럼에도 체트킨은 급진주의와 분리주의의 싹을 자르고 자신의 눈을 가려 버린 정당에 충성을 다했다. 카렌 허니컷 Karen Honeycut은 이러한 현상이 "여성 사회주의자들의 자주권에 맞서 수정주의 전술을 세우고 조직적 획일성을 추구하는 남성이자, 마르크스주의자이자, 관료주의자" 인 정당 지도자들이 수립한 계획적 전략에 의해 도출된 결과라고 이야기했다(1981). 클라라 체트킨은 역사 속에 사회주의 여성 인터내셔널을 탄생시키고, 1907년 최초로 국제 여성의 날을 지정하고, 사회주의와 페미니즘 운동을 하나로 결합시킨 인물로 기록되어 오늘날까지도 큰 영향력을 미치고 있다.

제1차 세계 대전이 종결되고 국제 사회주의 운동의 중심은 혁명의 열기가 뜨겁던 러시아로 넘어갔다. 1900년 나데즈다 크룹스카야 **Nadezhda Krupskaya**는 베벨과 체트킨의 논의를 발전시켜《여성 노동자 **The Woman Worker**》를 집필했다. 긴 시간 동안 '여성 문제'를 다룬 러시아의 유일한 저서였던 크룹스카야의 글은 엄청난 파급력을 가졌다. 크룹스카야는 베벨과 체트킨에 비교하여 소작농 계급에 속하는 여성에 보다 주목했으며, 러시아 사회민주당이 이 문제에 관심을 가지도록 유도하는 큰 역할을 했다. 레닌은 대부분의 남성 볼셰비키 당원들에 비해 '여성 문제'를 자주 언급했으나, 논의는 평범한 수준에 그쳤다. 아래는 레닌이 여성 문제를 주제로 쓴 글의 일부이다.

> 인류의 절반을 구성하는 여성은 두 가지 원인으로 자본주의 체제 아래 억압당하고 있다. 자본은 여성 노동자와 여성 소작농을 억압하는 요인으로 작용한다. 가장 민주화된 부르주아 공화국에서조차 이러한 억압은 사라지지 않는다. 첫 번째 이유는 법제화된 여성 차별이 남성과 동등한 권리를 보장하지 않기 때문이고, 보다 핵심적인 두 번째 이유는 여성이 '가정에 구속'되어 '가정의 노예'에서 벗어나지 못하기 때문이다. 여성은 매일같이 주방과 가정을 돌보며, 지저분하고 허리가 휘어질 만큼 고되고 무의미한 노동을 반복하는 단조로운 일상에 혹사당하고 있다.(Lenin, 1966)

클라라 체트킨과의 개인적인 대화를 통해 알 수 있듯, 사실 이론가의 가면을 벗어던진 레닌은 성별 문제에 굉장히 보수적인 시각을 가지고 있었다.

알렉산드라 콜론타이는 '여성 문제'에 적극적인 참여를 보여 준 볼셰비키 일원이었다. 그러나 그녀는 페미니스트를 자처하지 않았으며, 초기 정치 활동에서 페미니스트의 입장을 강하게 반대하는 면모를 보이기도 했다. 제1차 세계 대전이 발발한 동안 러시아에서는 페미니즘이 세력을 엄청나게 확장했고, 곳곳에서 여성 운동이 일어나고 있었다. 대조적으로 볼셰비키 내부의 여성 단체는 아직 등장하기도 전이었다. 마찬가지로 국제 여성의 날이었던 2월 23일 발생한 (첫 번째) 러시아 혁명의 전면에 나선 이들은 볼셰비키가 아니었다. 페미니스트들은 때를 놓치지 않고 임시 정부에 보통 선거권을 요구했다. 콜론타이는 부르주아 정부에 참정권을 바라던 '상류층 숙녀'들을 비판했다. 그녀는 페미니스트 회의에 참석해 '부르주아 페미니즘'을 강하게 비난하며 여성 참석자들에게 전쟁과 계급 착취에 관심을 가지라고 독려했다. 10월 혁명이 끝나고 얼마 지나지 않아 제1회 페트로그라드 지방의 여성 노동자 회의가 개최됐다. 회의에 참여한 여성들에게 콜론타이는 제헌 의회 투표에서 여성 평등 조합의 후보가 아닌 볼셰비키 후보에게 힘을 실어 달라고 부탁했다. 어느 페미니스트는 다음과 같이 말하며 페미니즘과 볼셰비키가 내세우는 정책의 극심한 차이를 나타냈다. "여성은 어디에서나 괄시받고 있다. 여성은 어디에서나 권리를 보장받기 위해 투쟁한다. (중략) 남성은 우리의 이해를 옹호할 수 없으며, 우리의 입장을 이해할 수도 없다(quoted in Stites, 1978)."

새로운 정부가 들어서면서 사회복지 인민위원의 자리를 차지한

콜론타이는 완벽한 독립과 평등이 보장된 결혼 생활의 추구를 우선
에 두고 정치 활동을 펼쳤다. 콜론타이가 인민위원으로 있는 동안
여성 노동자를 위한 동일 임금이 도입되었으며, 낙태가 합법화되고,
법률상 사생아라는 용어가 사라졌다. 물론 콜론타이가 이루어 낸 업
적은 스탈린이 정권을 잡으며 대부분 무효화됐다. 하지만 1920년
대에 이네사 아르망Inessa Armand의 주도 아래 초기 소비에트의 여성
부라 할 제노트델Zhenotdel이 등장하면서 여성의 권리가 엄청나게 신
장됐고, 이후 콜론타이의 노력으로 지대한 발전을 이뤄 냈다는 사실
에는 변함이 없다. 나중에 콜론타이는 여성의 의식을 고양하고 산후
조리처럼 여성에게 한정된 주제를 화두에 올린 제노트델의 활약은
'페미니즘'과 상관이 없다고 엠마 골드만Emma Goldman에게 이야기했
다(Stites, 1978). 그래도 실제 콜론타이가 보여 준 행동은 그녀가 페미
니스트임을 여실히 드러내고 있다. 콜론타이의 면모는 여성에게 주
어진 동등한 지위를 인정하지 않는 가부장적 사회로 인해 목숨을
잃은 수많은 동쪽 세계의 여성들에게 보여 준 태도에서 분명히 확
인 가능하다. 콜론타이는 단순히 정치적 해방에서 그치지 않고 급진
적인 행동을 통해 자신의 사상을 실천에 옮겼다. 결국 정권의 눈 밖
에 난 콜론타이는 노르웨이로 추방당하고 말았다. 콜론타이의 부재
는 러시아의 여성 운동과 사회주의 운동에 큰 타격을 줬다.

　콜론타이는 성의 정치학 측면에서 당시 남성 중심적 마르크스주
의에서 벗어나 1960년대로 이어지는 길을 개척했다. 흥분하는 일이
드물던 E. H. 카E.H.Carr조차도 콜론타이가 "국가가 그에 따른 결과를

책임져야 한다는 전제를 가지고 거리낌 없이 성적 욕구를 충족시켰다(1970)”며 자신의 생각을 밝혔다. 실제로 콜론타이의 이론과 행동은 1920년대 사회 분위기를 고려하면 '성적인 무절제'나 '새로운 윤리'로 받아들여졌지만, 진실은 훨씬 평범하다. 콜론타이는 모성이 가진 신성함을 믿었으며, 자본주의 체제 아래에서는 자유로운 결합인 결혼 생활이 성립되지 않는다고 생각했고, 공산주의 체제에서 "중요한 위치를 차지한 에로스가 감정적 경험의 원천으로 행복감을 고양시킬 것(cited in Stites, 1978)”이라고 이야기했다. 이처럼 콜론타이의 관점은 가볍지만은 않았다. 마르크스주의 정신신경학의 창시자인 아론 잘킨드Aron Zalkind는 콜론타이의 견해에 반박하며 '사회주의 성 문화' 이론을 제시했고, 고정 자본과 마찬가지로 성적 욕구와 사랑은 '계급'의 이해를 반영해야 하며, 결코 함부로 허비되어서는 안 된다고 주장했다. 혁명 이후 문화적으로 과거로의 회귀를 경험하던 러시아 사회에서는 성적 욕구를 억압하고 그 에너지를 다른 방향으로 유도하고자 했다(6장에서 자세히 다룰 예정이다). 콜론타이는 마르크스주의의 새로운 지평을 열었고, 훗날 빌헬름 라이히Wilhelm Reich를 비롯해 콜론타이의 정신을 계승한 인물들이 나타났다.

여성 억압과 관련해 사회주의 국가들이 어떠한 정책을 펼쳤는지 기록을 살펴보면 명료성이 떨어지는 경우가 대부분이다. 물질적 궁핍에 시달리고, 외부 압박과 내부 갈등으로 힘겨운 시기에 처했던 사회주의 국가들은 일반적으로 여성 문제에 호의적인 태도를 보이지는 않았다. 그래도 형식적으로나마 다수의 사회주의 국가들은 분명히 성적 평등을 중요한 해결 과제로 받아들이고 있었으며, 마르크스주의의 생산주의적 편향과 발전을 추구하는 사회 분위기로 인해 수많은 여성이 일터로 나와 노동력을 제공하고 있었다. 레닌은 러시아 혁명이 여성에게 평등한 권리를 보장해 주며, 오랜 시간 이어져 내려오던 가부장적 전통을 허무는 발전을 이루어 낼 것이라고 선언했고, 어느 정도 일리가 있는 말이었다. 하지만 노동의 성적 분업은 사라지지 않았다. 경제적 독립 역시 보장되지 않았으며, 여성 해방은 먼 일이었다. 맥신 몰리뉴**Maxine Molyneux**가 이야기했듯, 여성의 권리 신장을 이룩하기 위해서는 "경제적 분야는 물론 비경제적 분야까지 폭넓은 영역의 복잡한 과정을 거쳐 여성 종속 문제를 완화시키고, 명확한 목표 설정을 통해 갈등을 해결해 나가야만 한다(1981)". 환원적인 형태를 취하는 경제 지상주의 입장에서는 여성 억압의 원인을 고스란히 경제적이나 계급적 요소에서 찾았다. 결국 기계적 마르크스주의의 유산은 여성 해방을 좌절시키고 말았다.

국가 사회주의는 정당 조직에 맹목적이라고 해도 좋을 만큼 혁명적인 미덕을 추구하는 레닌주의 모델을 채택했다. 통솔력과 희생정신, 선견지명을 강조하던 강경한 혁명가들은 모두 남성이었다. 무엇보다도 이러한 현상은 남성 중심적 조직을 보여 준다는 점에서 중요성을 갖는다. 레닌주의 정치는 저돌적이었으며, 개인의 이해를 포용하려는 시도조차 하지 않았다. 레닌주의 정당은 부르주아 민주주의와 비교해 프롤레타리아 민주주의가 가지는 우월성을 시사했지만, 정작 정당 내부에서는 민주적인 면모를 찾기 힘들었다. 레닌주의를 제창하는 정당은 정치(공권력), 경제(직장), 사회(가정), 공동체(주거 문제), 문화를 비롯한 세부적인 사항들을 계급화하고 우선순위를 매겼다. 페미니즘은 새로운 가치를 중요시하는 정치적 분위기를 이끌어 내고자 했다. 사회주의를 위한 조직의 형성은 목표만큼이나 중요한 사안이었다. 실라 로보섬Sheila Rowbotham이 말했듯, "레닌주의 이전의 급진적인 사회 움직임에서 알 수 있듯 가치 창출과 문화 형성은 정신을 지탱하고 미래를 지향할 수 있도록 방향을 제시해 준다는 점에서 큰 중요성을 가지는데, 이러한 인식은 여성 운동을 통해 재언명됐다(1979)."

결론적으로 말하자면, 마르크스와 엥겔스 이후 페미니즘과 사회주의의 결합이 항상 유익한 결과를 가져오지는 않았다. 대부분의 사회주의자들은 임금 노동이 여성 해방의 길을 열어 줄 것이라는 생각을 떨쳐 버릴 수 없었다. 그들은 여성 해방을 사회주의 혁명을 이룩하는 과정에서 달성해야 할 부수적인 목표로 받아들였다. 사회주의자들과 페미니스트들이 표심을 얻기 위해 벌인 경쟁은 두 세력 사이에 자리한 적대감을 보여 준다. 물론 사회주의자들은 정치적인 목적을 가지고 페미니즘을 내세웠고, 가끔씩은 보통 선거권의 필요성을 열변하곤 했다(어디까지나 가끔씩). 여성 사회주의자들은 페미니스트 성향을 숨긴 채 남성 위주의 정당 체제에 충성심을 맹세해야만 했다. 이런 분위기 속에 가부장적 성향이 사회주의 조직 깊숙이 자리 잡았다. 리처드 스타이츠Richard Stites는 러시아 혁명의 여파를 논하며 다음과 같은 글을 남겼다.

남성 노동자들은 여성과 경쟁해야 한다는 사실에 분개했으며, 혁명이 끝나고 오래도록 같은 현상이 지속되었다. 마르크스주의를 제창하는 수많은 남성 지도자들은 여성 조직의 형성에 일말의 관심조차 보이지 않았다. 그중 일부는 이러한 움직임을 시간과 에너지, 자금의 낭비로 바라봤다. 어떤 이들은 페미니즘 자체에 못마땅한 시선을 보냈다. 성별을 막론하고 자존심 높은 사회주의자들은 페미니즘에 경멸을 나타냈다.(1978)

사회주의와 페미니즘이 관계를 회복하기까지는 50년이라는 시간이 걸렸다.

사회주의 페미니즘

1960년대에 들어서 거대한 페미니즘 '제2의 물결'이 들이닥쳤고, 자유주의적이고 급진적인 여성 운동은 사회주의 (혹은 마르크스주의) 페미니즘을 표방했다. 사회 변화가 일어나고 얼마 안 됐을 무렵에는 마르크스주의가 성별에 구분을 두지 않았다는 급진적 페미니즘의 주장에 반박의 여지가 없는 듯했다. 엥겔스, 베벨, 레닌의 구닥다리 사상과 이제는 사람들의 기억 속에서 아득해진 체트킨, 콜론타이의 삶은 저메인 그리어**Germaine Greer**와 슐라미스 파이어스톤**Shulamith Firestone**이 제시한 새로운 움직임 앞에 무력화되는 듯 보였다. 그러나 사회주의 페미니즘은 점진적으로 정치 이론을 수립하고 실천에 옮기고 있었다. 마르크스주의와 페미니즘의 '결합'은 그럴듯한 전략으로 부상하기 시작했다. 줄리엣 미첼Juliet Mitchell은《여성의 지위 Woman's Estate》에서 "사회에 제기된 여성 문제의 답을 마르크스주의에서 찾으려 한다(1971)"는 글을 남겼는데, 둘의 결합에서 주도권을 가진 쪽은 마르크스주의라는 것을 알 수 있다. 물론 마르크스주의가 제시한 해답이 유효한지는 아직도 의문으로 남아 있다. 게다가 페미니즘이 사회주의의 일부로 흡수되어야 한다는 생각 자체에도 오류가 있는 듯했다. 그럼에도 1960년대 후반부터 1980년대 후반까지 사회주의 페미니즘이 전개한 논의는 성적 억압에 관한 일반적인 인식을 훌쩍 발전시켰다.

엥겔스가 근대 사회주의 페미니즘에 남긴 가장 큰 유산은 자본주의와 가부장제, 혹은 계급과 성별을 자율적인 체제로 바라보는 시각이었다. 그의 '이중 체제'적 접근은 사회주의 페미니즘 담론 전체에 걸쳐 자리하고 있다. 자본주의가 사회 계층의 우위를 나누는 과정에서 수많은 빈 공간을 형성하며, 그 빈 공간을 채우는 요소가 성별(혹은 인종)이라는 전제가 배경에 깔려 있다. 역사 조건과 지리 조건을 뛰어넘어 여성이 남성의 지배 아래 들어가게 된 보편적 원인을 찾는 과정에서 가부장제가 주요한 요소로 손꼽히게 되었다. 이로부터 파생된 이론 중 일부는 자본주의 체제가 '물질적' 세계를 지배하듯, 가부장제가 이념 세계를 지배한다고 주장했다. 줄리엣 미첼은 1974년 저서《정신 분석과 페미니즘Psychoanalysis and Feminism》을 통해 마르크스주의가 계급의 출현과 정신 분석을 논한 것처럼 가부장제를 설명하는 이론으로 작용한다고 이야기했다. 현대 사회에 두 가지 종류의 생산 양식이 존재한다는 크리스틴 델피Christine Delphy의 주장 역시 비슷한 맥락이었다. 델피는 "첫 번째 생산 양식은 자본가의 착취를 가져온다. 두 번째 생산 양식은 가정, 혹은 가부장적 착취를 가져온다(1984)"는 글을 남겼다. 개인적인 견해로는 이중 체제를 표방하는 모든 이론은 데리다가 상정한 이항 대립의 전형이며, 계급을 재생산하고, 생산주의 편향과 경제 지상주의 본질이라는 자본 중심적인 마르크스주의 논리에 이의를 제기하지 않는다.

1980년대 중반에 들어 이중 체제적 접근에 쏟아지는 비판은 더욱 강력해졌고, 마침내는 뒤엎기에 이르렀다. 바바라 마샬Barbara Marshall은 "이념과 물질을 별개로 구분 지어 분석을 진행해서는 성과를 거둘 수 없다는 인식이 보편화됐고, 자본주의와 가부장제는 서로 깊게 연관되어 하나의 동일한 체제로 받아들여졌다(1994)"고 말했다. 질라 아이젠슈타인Zillah Eisenstein은 자본주의와 가부장제를 하나로 통합시킨 '자본주의적 가부장제'의 개념을 발전시켰다. 아이젠슈타인은 자본주의와 가부장제가 서로 너무나도 복잡하게 얽혀 있어 별개의 분석이 불가능하다고 주장했다. 앞서 살펴봤듯, 엥겔스는 여성 억압을 이야기하며 가부장제('여성의 세계사적 실패')를 마르크스 체제로 끌어들였다. "자본주의는 가부장제를 이용하고 있으며, 가부장제는 자본의 필요로 인해 정의되었다(1979)"는 아이젠슈타인의 글에서 알 수 있듯, 이제 가부장제는 자본주의 논리로 통합되었다. 이 시기에 가부장제에 관한 논의가 심화되었다. 가부장제가 발생한 원인이 무엇인지, 가부장제가 어떠한 의미와 영향력을 지니는지 의견이 분분했다. 심지어 가부장제가 자본주의로부터 독립적인지, 공생적이고 상호 의존적인 관계를 맺고 있는지, 자본주의의 '필요'에 의해 일방적으로 이용당하는지조차 명확하게 밝혀지지 않았다.

마르크스는 성별 문제를 언급한 글을 거의 남기지 않아서 뚜렷한 사상을 찾기는 어렵다. 다만 마르크스가 남긴 '재생산'의 개념은 사회주의 페미니즘의 발전에 핵심적인 역할을 했다. 사회적 재생산에 관한 논의는 마르크스주의가 가진 경제 지상주의와 생산주의의 한계를 일정 부분 해결했다. 이제 마르크스주의는 다양한 측면에서 자본주의 체제의 발전 과정을 바라봤다. 성별 역시 요소 중 하나로 포함됐으며, 사회적 재생산의 논의에서 계급만큼이나 중요한 역할을 했다. 지배와 종속이라는 성별 관계는 자본주의 사회의 재생산 내부에 자리한 문제로 받아들여졌다. 그러나 에델홀름Edelholm과 해리스Harris, 영Young이 이야기했듯, 생산 관계에 있어 사회적 재생산을 의미하는지, 노동력의 재생산을 의미하는지(이 부분에서 가정과 사회화가 언급된다), 생물학적 측면에서 인류의 재생산을 의미하는지 등 핵심 개념의 혼동을 가져왔다. 여성은 세 가지 재생산 모두와 연관성을 가지고 있었지만, 정작 재생산에서 여성이 어떠한 생물학적, 사회적 역할을 맡고 있는지에 관해서는 제대로 정리가 되지 않았다. 여성이 재생산에서 핵심적인 역할을 하는 이유도 설득력이 떨어졌으며, 생물학적 조건은 제대로 언급조차 되지 않은 채 변두리를 맴돌 뿐이었다.

자본주의 사회의 재생산에서 이데올로기는 결정적인 요소로 작용하는 듯 보였다. 사회주의 페미니스트들은 여성들이 임금 노동 시장에 참여하여 해방을 이룩할 수 있다는 엥겔스의 경제 지상주의 관점을 탈피했다. 여성 억압은 단순한 경제 요소를 초월하는 훨씬 깊은 이념적 뿌리를 가지고 있었다. 마르크스주의자들은 차차 이데올로기가 상대적 독립성을 가진다는 사실을 받아들이기 시작했으며, 페미니스트들은 "사회가 형성되는 과정에서 여성 억압이 하나의 자주적인 요소로 작용(Barrett, 1980)"한다는 생각을 떠올렸다. 페미니즘 연구에서 새로운 분야가 막을 올렸고, 가족 이데올로기의 본질과 여성성, 남성성에 관한 주제가 수면 위로 떠오르며 성적 가치관에 초점이 모아졌다. 문화 변화로 성별 문제와 페미니즘을 바라보는 사회적 이해가 깊어졌다. 발전을 위해서는 골조를 구성하는 마르크스주의적 사고를 버려야만 했다. 하부 구조와 상부 구조의 구분과 이념과 문화 영역에서 '상대적 자율성'이 가지는 제한 때문이었다. 이제 사회주의 페미니즘은 정통 마르크스주의를 넘어 한 차원 높은 관점을 취하게 되었다.

자본주의 체제 아래 성별의 재생산에 관한 이해가 깊어지면서 자연스럽게 가정 경제에 이목이 집중됐다. 그 결과 '가사 노동 논쟁'에 불이 붙었다. 노동력의 재생산을 요구하는 자본주의 체제에서 가사 노동은 여성에게 더할 나위 없이 '딱 맞는' 역할이었다. 구조적으로 여성은 사회에서 필요로 하는 노동력을 잉태하고, 먹이고, 입히고, 교육하고, 양육하기에 특화되어 있기 때문이다. 이전에는 보이지 않던 가사 노동의 중요성이 전면에 드러났다. 곧 정치적, 문화적으로 가사 노동의 가치를 절하해서는 안 된다는 마르크스주의 경제관을 적용한 논쟁이 대두됐다. 부가 가치 창출이라는 마르크스주의 관점에서 과연 가사 노동이 생산성을 가진다고 할 수 있는지, 생산성이 없는 '단순' 노동에 불과한지에 관한 논의가 오래도록 이어졌다. 되돌아보면 정통 마르크스주의 경제학파는 여성 억압과 자본주의 가치를 정의하기 위해 불필요한 투쟁을 꽤나 많이 거쳐 왔다. 심지어 마르크스주의와 페미니즘의 결합을 위해 부단히 노력해 왔던 리즈 보겔Lise Vogel조차 "수많은 여성 운동은 (가사 노동을 주제로 한) 논쟁이 마르크스주의가 가진 지나친 현학성에서 비롯되었다는 시각을 가지고 있다(1983)"고 이야기 할 정도였다. 그러나 가사 노동 논쟁으로 여성 억압에 관한 관심이 높아졌는지, 가사 노동 문제를 해결할 방안에 어떠한 형태로도 도움이 됐는지를 확인하기란 쉽지 않다.

가사 노동 문제를 해결할 방안 중 하나로 제시된 '가사 노동 임금' 캠페인은 유명세를 얻었다. "여성은 마르크스주의적 분석의 제안에 따라 임금 노동 시장에 뛰어들기에 앞서 먼저 가사 노동의 대가를 요구해야만 한다(1992)"는 발레리 브라이슨Valerie Bryson의 발언에서 캠페인의 요점이 드러난다. 실현 가능성을 이유로 들며 이의를 제기하기는 어렵지 않았겠지만, 그렇다고 그들의 제안을 정치적 '과도기'로 치부하고 무효화할 수는 없었을 것이다. 한편으로 가사 노동 임금의 도입은 고된 가사 노동을 여성에게 완전히 떠넘기고 일반화하는 결과를 가져올 수도 있다. 가사 노동 임금은 에코페미니즘처럼 자본주의에 이의를 제기하기 위한 하나의 이상론이라고도 생각된다. 가사 노동에 가치를 매겨 상응하는 임금을 지불해야 한다는 제안은 사회 유지에 있어 여성의 역할이 얼마나 평가 절하되어 있는지를 잘 보여 준다. 이뿐 아니라 가사 노동 임금이라는 개념의 도입은 여성이 선천적으로 가사 노동에 능하다는 가정('손재주'를 여성이 가진 특성이라고 바라보는 편견)을 흔들어 놓았다. '가사 노동 임금'은 여성이 진출 가능한 업종에 제한을 두는 등 생각지 못한 부작용을 가져오기도 했다. 정작 마르크스는 이러한 전략으로 인해 마르크스주의 사상이 뒤집혔다는 사실에 큰 관심이 없었을 것이다.

성별과 계급 억압을 주제로 한 난해한 논의가 오가는 배경에는 페미니즘과 마르크스주의의 연관성이 자리하고 있었다. 여성 사회주의자들이 페미니즘에 보다 호의적인 태도를 보였다는 사실에는 논란의 여지가 없다. 마르크스주의는 자본주의와 페미니즘의 역사적 발전을 보다 깊게 이해할 수 있도록 도움을 주며, 남성과 여성의 관계를 바라보는 통찰력을 유도해 내기도 한다. 실제로 일부 마르크스주의자들은 그들이 제시한 사상이 여성 억압의 이해에 큰 역할을 했다는 사실을 입증하려고 노력했다. 일부 페미니스트들은 마르크스주의가 방치해 온 여성의 권리를 위해 마르크스주의를 이용했다. 그러나 하이디 하트만이 이야기했듯, 마르크스주의와 페미니즘의 '결합'은 "영국의 관습법에서 드러난 남편과 아내의 결혼 생활과도 같다. 마르크스주의와 페미니즘은 하나로 받아들여지나, 결국 마르크스주의가 우선이다(1986)". 하트만은 둘의 이혼을 종용하는 대신

보다 진보적인 결합을 이루어 내려 애썼다. 마르크스주의는 성별에 무관심했을지 모르나, 페미니즘은 역사에 무관심했다. 자본주의와 가부장제를 독립적인 동시에 상호 보완적인 관계로 바라보았던 하트만의 이론은 당대 현실에조차 부합하지 않는 듯했다.

마르크스주의와 페미니즘의 관계는 불행한 결합을 넘어 최악으로 치달았다. 마르크스주의 사상은 "성적 차이에 무관심한 만큼이나 성차별적(1986)"이라는 샌드라 하딩Sandra Harding의 말대로, 마르크스주의가 성차별적이라는 인식이 점차 확산되고 있었다. 오드리 로드 Audre Lorde는 "주인의 집은 주인의 연장으로 지어지지 않는다(Lorde, 1994)"며 마르크스주의가 가지는 성차별을 시적으로 묘사했다. 마르크스주의의 너무나 많은 부분은 남성 우월주의를 고스란히 간직하고 있었으며, 성별 문제를 다루면서 남성이 가진 특권을 조금도 포기하지 않으려고 했다. 어쩌면 마르크스주의가 제시하는 '여성 문제'는 사실 '남성 문제'나 마찬가지였다고 할 수 있다. 페미니즘의 발전은 곧 남성이 쥐고 있는 권리의 박탈을 의미했다. 서구 사회에 닥친 가부장 질서의 위기는 페미니즘의 부상이 가져온 새로운 사고 방식이 엄청난 영향력을 가진다는 사실을 입증했다. 여성 중심주의가 사회주의 페미니스트의 중성적 입장을 대체했고, 사회주의 페미니즘의 '이론적' 결함을 지적하던 사상가들이 사회주의 페미니스트가 빠져나간 빈자리를 차지했다. 새롭게 등장한 페미니스트들은 다음과 같이 선언했다. "우리는 여성이 주도권을 잡고 이론을 구축하여 실행에 옮기는 역사적 순간을 살아가고 있다. 이러한 이론과 실천은 철저하게 역사적이며 유물론적이다. 이제 여성은 역사 속에 혁명 단체로 우뚝 섰다(Harding, 1986)."

사회주의 페미니스트의 야망은 드높았다. 미셸 배럿은 '마르크스주의 페미니즘'이 "남성과 여성의 관계를 정의하고, 사적 유물론의 관점에서 성별이 생산과 재생산의 과정에 어떠한 역할을 하는지 밝히고자 한다(1980)"며 사회주의 페미니즘의 목표를 이야기했다. 사회주의 페미니즘은 자본주의와 여성 억압의 관계를 명확하게 정리하고 분석하고자 했다. 이 시도는 성별과 성 정체성, 가정에 관한 사회 인식을 바꾸어 놓았다. 그러나 사회주의 페미니즘은 하나로 통합된 새로운 사회주의(혹은 마르크스주의) 페미니즘 담론을 제시하지는 못했다. 1988년 미셸 배럿은 마르크스주의 페미니즘의 분석이 전체적으로 실패에 가깝다는 사실을 인정했으며, "포스트모더니즘이 미래 페미니즘 이론의 형성에서 핵심 역할을 할 것(Barrett, 1988)"이라며 스스로 사회주의 페미니즘의 정치적 목표로부터 거리를 뒀다. 페미니즘은 마르크스주의와 화합을 이루어 내지는 못했지만, 후기 구조주의와 더불어 핵심 교리를 흔들어 놓았다. 마르크스주의의 결속이 깨지면서 사회주의 페미니즘의 결속도 더불어 무너졌다. 이제는 포스트모던과 포스트마르크스주의가 혼재된 페미니즘의 새로운 풍경을 거닐어야 할 차례다.

포스트페미니즘

앞서 살핀 대로 마르크스주의와 페미니즘은 모더니즘과 밀접한 관계를 맺고 있었다. '전통적'으로 이어져 내려온 성 역할과 불평등을 벗어나 남녀평등을 추구하는 '모던'한 움직임이 증거라고 할 수 있다. 모더니티와 자본주의의 발전은 한때 절대 변하지 않을 것이라고 여겨지던 사회관계를 붕괴시키는 결과를 가져왔다. 페미니즘의 고전이라고 할 '제1의 물결'을 다룬 문서들은 이 과정을 반영하고 있었다. 모더니티는 낡은 질서의 독단적인 권위로부터 지배권을 빼앗았다. 평등의 추구를 의미하면서 '전통'이나 종교가 절대적인 권위를 보장하지 않는다는 사실을 보여 준다. 페미니즘도 계몽주의와 근대 정치의 핵심인 '보편 이성'의 개념을 바탕으로 전개됐다. 무엇보다도 페미니즘은 계몽주의의 핵심이라 할 '자율'과 '해방'에 집중하고 있었다. 페미니즘은 "모더니티의 불완전한 구상(Habermas)"을 추구하는 정치 흐름에 합류했으며, 모더니즘과 계몽주의에 의문을 제기하는 급진적 포스트모더니즘과는 자연스럽게 거리를 뒀다. 그러나 오늘날 페미니즘과 포스트모더니즘 사이에는 특정한 유사점이 발견되고 있다.

포스트모더니즘은 오랜 시간 동안 세상을 이분화해 바라보던 계몽주의 시각의 근간을 흔들어 놓았다. 계몽주의는 지식의 주체와 객체를 나눔으로써 남성적 지식을 향하는 페미니즘의 비판을 강화하고, 모든 지식은 해석에 따라 왜곡될 수 있다는 인식을 심었다. 포스트모더니즘은 논리와 비논리를 구분하는 계몽주의의 이분법 사고가 '합리적 인간'에 대한 페미니즘의 비판을 키웠다고 주장했다. 계몽주의 담론은 자연과 문화를 대립적인 요소로 바라보는 시각에 여성과 남성의 관계를 대입하곤 했다. 역시 포스트모더니즘의 공격 대상이었다. 모더니즘의 핵심인 합리주의 철학에 제기되는 비판은 페미니즘이 남성 우월주의적 학문에 제기한 비판에도 동일하게 적용됐다. 포스트모던 페미니즘은 세상을 이분법으로 구분하는 합리적 인식론을 해체하기에 적합한 위치에 있다. 수잔 헤크만Susan Hekman은 다음과 같이 주장했다. "포스트모던 페미니즘은 합리주의가 가지는 남성 우월주의 편향을 부정하면서도 페미니즘 편향으로 대체하려는 움직임을 보이지는 않는다. 대신 포스트모던 페미니즘은 남성 우월주의를 유일한 진리로 받아들이지 않고 다양한 가능성을 열어 놓았지만, 그 무엇도 두드러지게 성적 우위를 점하지는 못했다(1992)." 이러한 태도는 페미니즘 운동을 저해하지는 않을까?

포스트모더니즘은 참과 거짓에 관한 믿음을 흔들어 놓았을 뿐 아니라, '여성'이라는 통합된 개념 자체를 무너뜨려 페미니즘의 정치적 성격을 약화시켰다. '여성'을 바라보는 포스트모더니즘(혹은 후기 구조주의)의 시각은 여성을 인류의 '본질'로 받아들인다는 점에서 '본질주의'적이다. 크리스 위던Chris Weedon은 "인문주의 담론은 각각의 인간이 가진 독특하고 일관적이어서 변화하지 않는 본질을 전제로 하며, 여성의 존재를 특별하게 만든다(1987)"고 이야기했다. 결론적으로 급진적 페미니즘은 '여성성의 본질'을 강조했으며, 자유주의 페미니즘은 합리성에 근거해 여성을 배척하는 정치적 의식을 이야기 했고, 사회주의 페미니즘은 자본주의로 인해 소외된 '진정한 인간의 본성' 개념을 바탕으로 사상을 구축했다. 포스트모더니즘은 인류를 보편화된 객체로 인식하는 사고에 대항하여 정체성과 주관성이 빚어내는 갈등에 유연한 대처를 보이고자 했다. 모더니즘이 가진 일률적인 관점을 해체하여 다양화하는 것에 초점이 맞춰졌다. 결과적으로 '여성'이라는 단어가 품고 있는 다양성이 표면에 드러났으며, 사회는 차이점을 수용하기 시작했다. 페미니즘 운동의 전개에 있어 계몽주의의 관념적 보편성이 미치는 영향은 줄어들었고, 덕분인지 몰라도 1980년대 발생한 여성 운동은 꽤나 성공적이었다는 평가를 받고 있다.

포스트모더니즘이 통합 서사에 의혹과 함께 비판을 제기하면서 사회주의 페미니즘은 어떠한 정치적 변화를 겪었을까? 디 스테파노 **Di Stefano**는 "페미니스트들이 포스트모더니즘을 진지하게 수용했다면 페미니즘은 어떠한 정치적 영향력도 가지지 않았을 것(1990)"이라는 견해를 드러냈다. 포스트모더니즘이 표방하는 상대주의와 정치적 허무주의를 잘 나타낸다. 상대적 우위를 점한 서구의 백인 남성들이 여성의 주체 중심적 정치를 거부하는 사실은 그리 놀랍지 않다. 포스트모더니즘이 급진적, 사회주의적 페미니즘의 움직임에 힘을 실어 줄 잠재력을 가졌다는 사실 역시 무시해서는 안 된다. 해방의 대서사는 억압이라는 이면을 가지고 있으며, 여기에 편재된 그릇된 보편성은 극도로 자기 민족 중심이었다. 성별을 사회 이론을 결정하는 주요한 변수로 받아들이는 전통 페미니즘은 이항 대립 문제의 해결에 애를 먹고 있었다. 포스트모더니즘은 여성의 본성을 찾으려는 헛된 노력으로부터 페미니즘을 구원했다. "사회 정체성을 다양한 요소가 결합돼 형성된 복잡한 개념으로 보는 포스트모더니즘은 여성과 여성성을 하나의 개념으로 통합하려는 시도를 대체하고 계급, 인종, 민족성, 나이, 성적 성향과 더불어 성별을 수많은 요인들 중 하나로 받아들였다(Fraser and Nicholson, 1990)."

기존 페미니즘이 지닌 정치적 일관성이 무너지고 포스트모던 페미니즘이 부상하면서 흑인 페미니즘과 제3세계 페미니즘이 급격히 성장하기 시작했다. 마르크스주의가 성별 문제에 무관심했던 만큼 1970년대 페미니즘은 인종 문제에 무관심했다. 이전까지 '여성'은 서구의 백인 중산층만을 포함하는 듯했다. 1991년 벨 훅스Bell Hooks는 이와 같은 현상에 부당함을 토로하며 여성 운동의 근본적인 문제를 지적했다. 훅스는 "흑인 여성의 의견은 지배적 담론에 힘을 실어 줄 때만 목소리를 낼 수 있다(1991)"며 당시의 상황을 지적했다. 타고난 성별 차이는 최우선 문제로 인식되는 반면, 인종 차이는 항상 후순위로 밀려 있었다. 자유주의 페미니즘이 제기하는 평등의 개념 자체부터 명료성이 떨어졌다. 백인 여성이 백인 남성과 평등한 존재인지, 흑인 여성이 백인 여성과 평등한 존재인지 알 수 없었던 것이다. 백인 페미니즘에 제기된 흑인의 비판은 단지 그릇된 보편화의 오류에 머무르지 않았다. 백인 여성으로 대표되는 이상적인 여성성에 관한 이념 영역으로 확장해 나갔다. 이것을 인종 차별에 제기되는 단순한 비난으로 받아들여서는 안 되는데, 백인 이론가들이 전면에 나서 인종 차별 문제를 자신들의 방식대로 '처리'할 가능성이 있기 때문이다. 흑인이 제기한 비판은 백인 위주의 서구 페미니즘의 지배권을 약화시키는 요소로 작용해야만 한다.

1990년대에 들어 성별 문제는 학계에서 필수 연구 과제로 자리 잡았다. 찬드라 모한티가 주장했듯, "1990년대 페미니즘 담론의 주요한 목표는 다양한 형태를 띠는 페미니즘의 구축과 검증, 제도화이다(1992)". 흑인 페미니즘과 제3세계 페미니즘은 기존 페미니즘의 통합성과 보편성에 문제를 제기했고, 더 나아가 정치적 개혁을 통한 차별화를 요구했다. 로빈 모건**Robin Morgan**을 비롯한 여성 운동가들이 추구하던 "국제적 자매애(Morgan, 1984)"는 절대 이루어질 수 없는 헛된 꿈이었다. 그들은 문화를 초월한 여성의 결속을 바랐지만, 문화의 초월 자체가 불가능했다. 제3세계 페미니즘은 서구 페미니즘과는 전혀 다른 방향으로 발전해 왔다. 서구 페미니즘이 '개인 정책'에 초점을 둔 반면, 제3세계 페미니즘은 민족성과 농촌성, 민족주의 위주로 진행됐다. 이어 등장한 흑인 페미니즘과 노동자 계급 페미니즘은 서구 페미니즘 내에도 세분화된 영역이 존재한다는 사실을 보여 줬다. 이와 같이 다양한 모습을 지닌 페미니즘을 서구 기준에 맞춰 단순히 '자유주의적', '급진적', '사회주의'라는 포괄적인 분류로 식별해서는 안 된다. 수많은 종류의 페미니즘 사이에는 쉽게 좁힐 수 없는 간극이 존재하여 사상을 비교하는 기준 이상의 역할을 했다.

초기 서구 사회의 백인 페미니즘은 '제3세계 여성'이라는 획일화된 범주를 통해 식민지 여성과 독립을 이루어 낸 국가의 여성을 보잘것없는 존재로 인식했다. 제3세계 여성을 하나로 뭉뚱그림으로써 그들이 가진 차이점을 무시하는 결과를 낳았다. 찬드라 모한티는 서구 페미니즘의 관점에서 제3세계 여성에 관해 남긴 글들이 문화 특성을 뛰어넘어 "남성 지배와 여성 억압(1993)"을 보편화하는 다양한 방법론을 제시했다는 사실을 상세히 서술했다. 제3세계 국가의 여성들은 남성의 폭력에 노출된 무력한 피해자이자 성별, 인종, 계급 관계의 약자로, 가정과 종교 이데올로기의 수하로 인식됐다. 제3세계 여성들은 수많은 억압에 노출되어 목소리를 잃고, 행동의 자유를 박탈당하고, 역사에서 소외되어 고통받는 듯 보였다. 최근 성별을 바라보는 새로운 지평이 열리고, 발전이 진행되고, 포스트모더니즘이 등장하며 노골적인 민족 중심주의는 흔들리는 실정이다. 오랜 시간 계몽주의는 '비서구권' 국가의 가부장주의를 다뤄 왔다. 그러니 서구 페미니즘이 미친 영향력 역시 엄청났다. 그러나 제3세계의 여성들이 자신들의 의견과 입장을 내세우기 시작했고, 페미니즘을 견고히 하는 결과를 낳았다(다양성을 통한 결속이 이루어졌기 때문이다).

흑인 페미니즘과 제3세계 페미니즘의 부상은 여성 운동의 확장과 세분화의 과정에 속했다. 모던 페미니즘이 '평등'을 강조한 반면, 새롭게 등장한 포스트모던 페미니즘의 담론은 '차이'를 강조했다. 선험 이성에 대한 믿음은 문화적 측면에서 각자의 입장과 가능성을 이해하는 길을 열어 놓았다. 정치 개혁을 꾀하는 거대한 규모의 학술, 정치 프로젝트는 신뢰성이 떨어졌고, 심지어 대중의 관심조차 끌지 못했다. 1980년대 페미니즘 이론이 겪은 변화의 일부였다. 얼마 지나지 않아 이러한 변화가 야기한 그릇된 양극성과 이항 대립이 분열만을 초래한다는 사실이 밝혀졌다. 조앤 스콧Joan Scott은 평등과 차이점을 대립하는 요소로 바라보는 관점은 차이점을 기반으로 획득된 평등을 부정한다고 주장했다. "평등과 차이의 대립은 두 요소의 상호 의존 관계를 무시한다. 평등의 추구가 차이점의 배척을 뜻하지는 않으며, 차이점이 존재한다고 해서 평등의 추구가 불가능해지는 것은 아니다(1990)."

1960년대와 1970년대 초반 페미니스트들은 '개인적인 것이야말로 정치적인 것'이라는 슬로건을 대대적으로 내세웠다. 새로운 '정치적 정체성'의 형성은 "여성이 가진 공통점이 많지 않다는 사실을 밝혔으며, 여성 운동에 가장 '적합'한 목소리를 가진 인물을 찾고자 하는 안타까운 시도를 확산시켰다(Whelan, 1995)"며 부작용을 드러내기도 했다. '각자의 입장'이라는 새로운 개념은 계급과 인종 차별, 호모포비아를 포함한 다양한 형태의 억압에 맞서야만 하는 이유를 무력화했다. 다음과 같은 미국 여성 단체의 주장으로 새로운 분위기가 생성됐다. "우리에게 가해지는 억압에 맞춰진 초점은 정체성 정치의 개념으로 나타났다. 우리는 가장 급진적인 형태의 정치는 그들에게 가해진 억압을 벗어나기 위한 다른 누군가의 노력이 아닌 우리의 정체성으로부터 탄생한다고 믿는다(Comabhee River Collective, 1981, cited in Adams, 1994)." 1980년대에는 신우익의 등장으로 극단적인 개인주의가 만연한 사회 분위기가 형성됐지만, 동시에 본질주의가 되살아나면서 '경험'은 확실하고 명백한 요소로 떠올랐고, '올바른' 정치적 흐름이 자연스럽게 자리 잡을 것이라는 기대가 생겨났다.

이제는 필연적으로 '평등'과 '차이점'을 비롯한 대립을 넘어서야 할 시기가 도래했다. 포스트모더니즘 관점에서 '평등'은 동등함을 전제한다는 점에서 문제시됐는데, 이 전제는 페미니즘을 남성적 기준으로 동화시킬 가능성을 지니기 때문이다. '평등'이 '순수'하지 않다는 주장은 페미니즘이 정의에 등을 돌렸음을 의미하지 않는다. 평등을 추구하는 영미 페미니즘에 반발해 차이를 강조하는 페미니즘의 지류까지도 "각자가 중요하게 여기는 가치가 무엇이 됐든 나름대로의 정의를 형성한 동등한 권리가 주어진다(Buck and James, 1992)"며 정의 구현을 위해 노력했다. 이러한 관점에 따르면 성별에 따른 차이는 성적 평등이라는 단순한 개념 아래 종속되어서는 안 되며, 성적 중립은 결코 정의를 가져올 수 없다. 실제로 차별화되지 않은 평등과 차별화되지 않은 차이 모두 정의 구현의 충분조건으로 작용하지 않았다. 제3세계 페미니즘을 포함한 다양한 페미니즘의 관점으로부터 평등의 해체를 이루어 내야만 하지만, 모이라 게이튼스 Moira Gatens의 말대로 "'차이점을 추구하는 페미니즘'을 '평등을 추구하는 페미니즘'에 대립하는 개념으로 이해해서는 요점을 놓칠 수밖에 없다(1992)". 차이점이 지닌 다양성을 인식하면 다원적 정책으로 향하는 개혁의 문이 열린다.

이전 사회주의 페미니즘의 전형을 흔들어 놓은 가장 혁신적인 발전은 '퀴어 페미니즘'의 등장이었다(see Floyd, 2009). 퀴어 페미니즘은 1970년대 급진적이지만 다각도에서 문제를 바라본 동성애자 해방 전선Gay Liberation Front과 하나의 문제에 집중한 동성애 활동가 동맹Gay Activists Alliance이 분열한 틈을 타 탄생했다. 동성애 활동가 동맹은 이론적, 정치적 지평을 넓히는 과정에서 마르크스에게 등을 돌리고 푸코의 사상을 채택했다. 이와 같은 움직임으로 성적 소수자의 '자율'을 중시하는 정책이 도입됐고, 정치적 동맹에서 벗어나 사회 개혁을 추구했다. 1980년대에 접어들며 성별을 바라보는 푸코의 구성주의 관점(성별은 선천적으로 주어진 요소가 아니다)과 퀴어 네이션Queer Nation과 같은 급진적 정체성 정치 단체는 점차 융합을 이루어 내기 시작했다. 수많은 마르크스주의자 입장에서는 경이로운 발전이었다. 역사적으로 마르크스주의자들은 모든 형태의 성차별과 동성애 혐오를 반대해 왔다. 그렇다고 '일반적인 사람들'을 적으로 바라보는 입장을 취한 것은 아니다. 이제 '퀴어 마르크스주의'는 북대서양에서 하나의 문화로 자리 잡았지만, 전통 마르크스주의가 가진 성별과 성 정체성의 개념을 한층 더 혼란스럽게 만들었다.

급진적 페미니즘은 페미니즘 '제3의 물결'을 일으키기 위한 노력을 계속했다. 포스트모던 페미니즘은 주디스 버틀러Judith Butler의 연구에 많은 영향을 받았다. 버틀러는 "성별의 표현 이면에는 정체성이 존재하지 않는다. 오히려 정체성은 그 결과라고 받아들여지는 '표현'으로 인해 수행적으로 구성된다(Butler, 1990)"는 말을 남겼다. 버틀러에게 '남성으로서의 존재'나 '여성으로서의 존재'는 본질적인 개념이 아니다. 내재적으로 불안정하고 양면성을 지닌 문화 양식이었다. 이러한 관점에서 성 정체성이 표면화됐고, 양성적 특질은 일그러진 남성 우월주의의 내재 요소로 받아들여졌다. 매키넌MacKinnon은 "페미니즘이 추구하는 성 정체성은 마르크스주의적으로 작용한다. 성 정체성은 무엇보다도 개인적인 소유지만, 무엇보다 쉽게 빼앗기곤 한다(MacKinnon, 1982)"고 설명했다. 넓은 관점에서 바라보면 포스트모던 페미니즘, 혹은 페미니즘 제3의 물결은 1990년대 문화 전환을 가져온 하나의 내재 요소였다. '여성'이라는 분류의 해체는 이 시기에 이루어 낸 업적 중 하나였으며, 탈유럽주의적 페미니즘의 발전을 촉구했다.

사회주의 페미니즘은 학계의 중심에서 벗어나긴 했지만, 금융 위기 이후 이론 측면과 정책 측면에서 어느 정도 위상을 되찾았다. 문화 전환이 일어나면서 여성의 삶을 구성하는 물질 조건에 가해지는 사회적 비판이 일절 사라졌다는 의견도 존재한다. 스테비 잭슨Stevi Jackson은 "유물론적 분석은 항상 그렇듯 오늘날에도 유효하다. 전통 마르크스주의는 성별 분리에 관해 많은 기록을 남기지 않았지만, (중략) 마르크스가 남긴 분석 기법은 여전히 유용하다(Jackson, 1999)"고 이야기했다. 여성과 노동, 여성과 교육, 여성과 복지 개선을 다룬 안건은 신자유주의가 정점에 올라서며 점차 줄어들기 시작했다. 새로운 국제 질서를 구성하는 것에 있어 성별은 생산과 재생산을 통합하는 혁신적인 방안을 제시했다(see Peterson, 2003). (푸코의 주장에 따르면) 권력은 분산적이지만 조직화된 권력 관계는 여전히 '성별', '인종',

‘계급’의 차이에 따라 체계적인 형태의 억압을 탄생시키고 있다(see
Walby, 2009).

—

상부 구조의 귀환 :
마르크스주의와 문화

—

마르크스주의는 문화가 경제라는 '하부 구조'에 의해 결정되는 종속적 '상부 구조'의 일부라고 주장해 왔다. 시간이 지나며 마르크스주의 문화 연구의 중심으로 자리 잡았으며, 포스트모더니즘의 영향을 받아 새로운 마르크스주의의 한 형태로 재탄생했다. 6장은 카를 마르크스가 문화와 이데올로기에 어떠한 사상을 제시했는지, 그의 모호한 사상이 어떠한 영향을 남겼는지를 다루며 시작한다. 소비에트의 프롤렛쿨트를 비롯해 러시아 혁명 이후 사회주의 문화를 형성하기 위한 마르크스주의 문화 이론가들의 시도가 소개된다. 마르크스주의 담론이 가진 모호함은 계급 투쟁에 맞서기 위해 문화 요소를 끌어들이며 사라졌다. 이탈리아 무솔리니Mussolini의 감옥에 갇힌 그람시는 문화를 바라보는 마르크스주의의 결정론적 관점에서 벗어나기 시작했다. 마르크스주의는 문화주의 성격을 가지게 되었고, 그 영향은 오늘날까지도 유효하다. 마지막으로 정통 마르크스주의에서 문화를 분리시킨 포스트모더니즘과 후기 구조주의가 등장한다. 이처럼 '상부 구조'는 앙금을 풀었지만, 오늘날 사회에서 문화에 관한 연구는 어디로 흘러가고 있을까?

마르크스와 이데올로기

마르크스는 교양을 갖춘 사람이었다. 당대의 문화, 그중에서도 특히 문학에 꽤나 깊은 조예를 가지고 있었다.

마르크스는 문학이 삶을 아름답게 만들고, 일상에 생동감을 불어넣으며, 존재의 가치를 높인다고 지속적으로 이야기해 왔다. (중략) 그는 자녀들과 함께 이야기와 시를 즐겼으며, (중략) 여러 가지 언어로 시와 희극을 낭송하곤 했다. (중략) 그는 주변 사람들에게서 문학 등장인물의 특징을 찾아 별명을 붙어 주었고, (중략) 공인으로서 작가이자 연설가였던 마르크스는 자신이 존경하는 작가의 작품을 자주 인용했다. (Prawer, 1978)

실제로 S. S. 프라워S.S.Prawer는 카를 마르크스와 세계 문학 사이의 끈끈한 관계를 다룬 444페이지짜리 글을 쓰기도 했다. 직접 집필 활동을 하던 마르크스는 창작 과정을 잘 이해하고 있었으며, 문학을 인간미 없는 경제적 결정 요소로 치부하려는 생각은 전혀 없었다. 마르크스는 꽤나 고전적인 문학 취향을 가지고 있었는데, 아마 라틴아메리카의 '마술적 사실주의' 기법을 좋아하지는 않았을 것이다. 마르크스는 결코 문학을 하나의 수단으로 대하지 않았으며, 환원주의적 접근 방식을 보여 주는 일도 없었다. 문제는 문학, 넓은 범위에서 문화가 부르주아 사회의 발전을 논하는 마르크스의 사상에서 어떠한 자리를 차지하는지에 있다.

마르크스주의 체제에서 문화는 '이념'이라는 분야에 속해 있었다. 1859년 마르크스는 《정치경제학 비판을 위하여Kritik der politischen Ökonomie》의 '서문'에 다음과 같은 유명한 주장을 남겼다. "생산의 경제적 조건은 자연과학의 정확성에 의해 결정되는데, 이와 같은 조건이 겪는 물질적 변화와 법, 정치, 종교, 미학, 철학 사이에는 뚜렷한 구분이 있어야만 한다. 즉, 인간의 의식을 고양하는 이데올로기 형식과 그를 쟁취하기 위한 실제 행동을 구분해야만 한다(Marx, 1968)." 마르크스는 이데올로기를 폭넓게 개념화했으며, 선언문과도 같이 느껴지는 마지막 문장은 새롭게 등장한 문화 정책에 얽힌 문제를 미리 보여 주는 듯하다. 여기에서 이데올로기는 단순한 오해나 환상, 혹은 부르주아의 영악한 계략 이상을 나타낸다. 그러나 마르크스가 제시한 이데올로기에 관한 이론은 보편적이고 지속적인 의견의 합일을 이루어 내지 않았으며, 현실을 바라보는 불완전한 관점으로 여겨지는 경우도 있었다(see Larrain, 1983). 위의 구문에서 확인할 수 있듯, 한 가지 분명한 점은 마르크스가 과학과 지식을 이데올로기보다 광범위하게 바라봤다는 사실이다. 마르크스주의는 과학과 지식을 구상하며 경험적으로 실증되지 않은 가설(사적 유물론이 대표적)을 내세웠다.

푸코는 과학과 이데올로기에 관해 이루어진 난해하고 방대한 마르크스주의적 논의를 몇 줄 안 되는 글로 요약했다.

이데올로기라는 개념은 세 가지 이유로 내게는 활용성이 떨어진다. 첫째로, 이데올로기는 진리라 여겨지는 무언가에 항상 반대하는 입장을 취한다. 나는 어떠한 문제가 항상 과학화된 진리의 범주 안에서 이루어진다고는 생각하지 않으며, 다른 범주 내에 속하는 경우도 존재한다고 믿는다. 그러나 참과 거짓을 가르는 담론 속에서 진리가 어떠한 효과를 낳았는지를 역사적으로 바라보려고 한다.(Foucault, 1980)

과학과 이데올로기라는 대구對句는 생명 공학처럼 밀접하게 중첩된 자연과학 분야들이 추구하는 정책과 이념 영역만을 살펴보더라도 상당히 모호하다는 느낌을 준다. 물론 푸코가 제기한 이의는 백인 남성 마르크스주의자들이 선점한 특권과 유리한 위치를 뒤집어 놓는다는 점에서 보다 본격적이다. 실제로 인식론의 추방은 푸코가 인터뷰에서 큰 고민 없이 내뱉은 말처럼 단순하다고 할 수는 없으나, 마르크스주의의 기본 이론을 흔들어 놓은 비판이었다. 푸코의 발언은 특히 마르크스-레닌주의의 과학적 합리성 주장에 큰 타격을 입혔다.

이쯤에서 루이 알튀세르가 "예술이 이데올로기 사이에 자리 잡을 수 있는지, 보다 명료하게 말하자면 예술과 이데올로기가 완전히 동일한 것인지에 관한 고민(1984)"을 시작했다는 점을 떠올려 볼 필요가 있다. 다행스럽게도 그는 다음과 같은 결론을 내렸다. "예술은 이데올로기와 매우 밀접하고 특별한 관계를 지녔지만, 나는 진정한 예술을 이데올로기와 동일 선상에 놓지 않기로 했다(1984)." '진정한' 예술은 '평균 혹은 보통'과 같은 잣대에 흔들리지 않았으며, '과학 지식'을 대체하기보다 사람들이 작품을 '보고', '감상'하는 것에 도움을 줬다. 알튀세르에 따르면 우리가 작품을 보고 느끼며 받아들이는 감상은 비인기 예술에서 탄생한 이데올로기였다. 알튀세르는 톨스토이를 비판적으로 분석한 레닌에게 경의를 표했는데(테리 이글턴 Terry Eagleton은 '위대하다'고 표현했다), 특히 문학 '거장'들이 특정 정치 색채에서 벗어나 정치 성향으로부터 분리될 수 있다는 사실에 기쁨을 나

타냈다. 사람과 이데올로기 사이의 '살아 있는 관계'를 강조한 알튀
세르의 이데올로기 개념은 기계적 마르크스주의를 넘어섰다. 하지
만 과학과 이데올로기의 이항 대립에서 예술을 제외시키려 한 알튀
세르의 노력도 성과를 거뒀다. 넓은 범위에서 보면 알튀세르는 여전
히 상부 구조와 하부 구조를 나누는 정통 마르크스주의의 구조주의
에서 벗어나지 못하고 있다.

　　레이먼드 윌리엄스Raymond Williams는 자신의 저서 《마르크스주의
와 문학Marxism and Literature》에서 "문화적 측면을 다루는 마르크스
주의 이론에 관한 모든 현대적 접근은 일단 지배력을 지닌 하부 구
조와 하부 구조에 의해 결정되는 상부 구조를 나누면서 시작된다
(1977)"는 글을 남겼다. 마르크스는 생산 관계가 "사회의 토대를 구성
하는 경제 구조를 구성하며, 그 위에 법과 정치와 같은 상부 구조가
생성된다(Marx, 1968)"고 이야기했다. 이렇듯 전형적인 로고스 중심주
의는 한쪽에 경제, 실체, 물질, 선순위, 지배 요인을 두고 다른 한쪽
에는 비경제, 정신, 결정 요인을 두고 있다. 마르크스의 의도가 무엇
이었든 하부 구조와 상부 구조의 구분은 마르크스주의의 핵심 요소
로 자리 잡았으며, 특히 문화 분석에 관련되어서는 더욱 그러했다.
테리 이글턴이 기계적 마르크스주의에 관해 남긴 다음과 같은 글은
의심의 여지 없이 사실로 받아들여진다. "예술은 마르크스주의가 이
야기하는 사회의 '상부 구조'에 속한다. (뒤에 자격을 논하겠지만) 이것은
사회 이데올로기의 일부이다(1976)." 이 자격에 관해 논의가 뒤따랐
고, 경제적 하부 구조가 '최후'의 지배 요인이라는 주장으로 바람 잘

날이 없어 보였다.

알튀세르는 하부 구조와 상부 구조라는 개념에 관한 논의를 한층 더 발전시켜 경제가 '최후'의 지배 요인이라는 엥겔스의 표현(마르크스는 표현한 적이 없다)에 이의를 제기했다. 알튀세르가 보기에 마르크스주의가 흔히 상부 구조라고 묘사하는 분야들은 명백히 '상대적 자율성'을 가지고 있었다. 알튀세르는 '지배 구조', '발화', 그리고 '과잉 결정'과 같은 개념을 발전시켰는데, 사회 현상이 복잡한 원인들로 인해 야기되며 단순히 '하부 구조'라는 단일 원인으로 설명할 수 없다는 주장을 내포하고 있다. 이때부터 한때 알튀세르의 추종자였던 폴 허스트Paul Hirst는 인과와 자율이라는 개념 전체를 내려놓았다. 전체주의를 기반으로 이론을 구축한 전통 마르크스주의에 가해진 알튀세르의 비판은 보편적 문화 연구는 물론 문학과 영화학에 상당한 영향을 끼쳤다. 미셸 배럿이 이야기했듯, 문제는 "알튀세르가 마르크스의 재구성을 이루어 냄으로써 마르크스주의는 논리적으로 진출 가능한 범위 이상까지 나아갔다(1991)"는 점에 있다. 그의 '학술적' 의도와는 관계없이 알튀세르가 마르크스주의에 개입하면서 마르크스주의는 문화를 단순히 경제적 생산 관계의 '반영'이라고 바라보던 제2인터내셔널의 구속으로부터 자유를 얻었다.

하부 구조와 상부 구조라는 지형학적 비유로 마르크스주의 문화 이론의 가능성이 받은 피해를 과대평가하기란 쉽지 않다. 단순히 문화 사업의 축소와 같은 경제적 환원주의 문제에 그치지 않고, 문화와 물질적 사회생활의 관념론적 분리가 내재적으로 재생산되는 현상까지 나아갔다. 레이먼드 윌리엄스가 말했듯, "사회의 구성 과정으로서 문화의 개념은 특수한 차이점을 지닌 '삶의 방식'을 창조해 냈다. ⒳중략⒴ 일원화된 보편주의에 가려 오랜 시간 동안 찾아볼 수 없는 현상이었다(1977)". 대부분의 마르크스주의자들은 레이먼드 윌리엄스처럼 '문화 유물론'으로 돌아서는 대신 예술, 관습, 종교 등 문화 개념을 이론화하려는 시도를 줄이고 단순히 하나의 '견해'로 받아들였다. 그런 점에서 차후 마르크스주의 문학 비평가들이 펼친 복잡하고 정교한 마르크스주의 문화 이론들이 문학 연구 분야에 지대한 영향을 미쳤음에도 불구하고 윌리엄스의 진취적인 태도가 마르크스의 비판 정신과 더욱 유사한 방향성을 지녔다고 여겨진다.

마르크스의 이데올로기 개념과 상부 구조 개념의 해체가 일어나면서 마르크스(주의)의 문화 이론은 어디로 향하게 될까? 마르크스는 별개의 문화 이론을 발전시키지 않았지만, 문화에 관한 간단한 언급만으로도 꽤나 끔찍한 결과를 낳았다. 현대 마르크스주의 문학 비평가인 테리 이글턴의 말에 따르면, 1930년대 영국의 마르크스주의 비평가로 활동하던 크리스토퍼 코드웰**Christopher Caudwell**이 "눈에 띄게 열악한 조건에서 마르크스주의 미학을 구성하려는 패기를 보였다(19769)". 코드웰은 저서 《쇠락하는 문화에 관한 연구**Studies in a Dying Culture**》에서 예술과 철학부터 생물학과 물리학까지 '부르주아 문화'의 모든 분파가 근본적인 위기에 봉착했다고 주장했다. 코드웰에게 존경을 표하던 이들조차 그의 대표작인 《환상과 현실**Illusion and Reality**》이 다소 허황되고 논리성이 떨어진다고 이야기했다. 코드웰은 예술을 노동 과정에서 탄생한 하나의 경제적 활동으로 바라보는 이론을 구축하려고 했다. 그의 주장에 따르면 셰익스피어Shakespeare와 워즈워스Wordsworth의 시는 개인 작품이 아니라 인류의 산물이었다. 코드웰은《낭만과 리얼리즘Romance and Realism》에서 '사회주의 리얼리즘'의 영역으로 진출했고(다음 장에서 다룰 예정이다), 여기에서 '동료 여행자'들이 혁명적 진리에 다가가지 못하고 있다는 주장을 펼쳤다. 그는 스티븐 스펜더Stephen Spender가 "사회 개혁을 위해 꼭 필요한 방안은 예술에도 동일하게 적용되어야 한다"는 사실을 깨닫지 못한 채 소비에트 연방의 "작가에게 주어진 자유에 걱정과 불안을 표시"했다고 비난했다(Caudwell, 1970). 코드웰은 스페인에서 파시즘에 맞서 싸우다 목숨을 잃었고, 그의 죽음은 스탈린주의의 흥망성쇠를 상징한다.

이글턴은 "마르크스의 미학적 과점과 보편적 이론을 다룬 강력하고 독창적인 연구"를 진행한 또 다른 인물로 1930년대에 활동하던 작가인 미하일 리프쉬츠Mikhail Lifschitz를 꼽았다(1976). 러시아 비평가였던 리프쉬츠는 생산력의 발전과 생산 관계 사이에 자리한 모순을 다룬 마르크스의 분석과 "사회 생산력의 발전과 그에 따른 예술적 성취, 기술과 예술, 과학과 시, 어마어마한 문화적 잠재력과 정신적 삶 사이에 자리한 모순(Lifschitz, 1973)"이 갖는 공통점을 도출해 내고자 노력했다. 리프쉬츠가 생각하기에 마르크스주의는 단순히 정신노동과 육체노동의 상충, 억압하는 자와 억압받는 자의 갈등 등의 해결에 그치지 않고 누구에게나 동등한 보편적 문화의 창조를 추구했다. 리프쉬츠는 예술과 문화의 발전을 바라보는 마르크스주의적 관점을 다음과 같이 표현했다. "예술적 창조의 타락은 부르주아 문명과 불가분의 관계이다(1973)." 그러나 마르크스와 엥겔스는 "예술 발전을 가져오는 새로운 주기는 프롤레타리아가 승리를 거두어야만 시작되며, (중략) 이를 통해 자본주의의 억압에 지친 모든 요소는 자유를 되찾을 것이라는 사실을 이미 잘 알고 있었다(Lifschitz, 1973)". 기본적으로 리프쉬츠는 마르크스의 사상을 분석하면서 새로운 사회의 창조를 통해 프롤레타리아가 인류의 문화 발전이 가진 모순을 해결할 것이라고 주장했다.

테리 이글턴이야말로 문학에 관해 가장 일관성 있는 현대 마르크스주의 문학 이론을 제시한 장본인이라고 할 수 있다. 다음과 같은 글에서 이글턴의 견해가 잘 드러난다.

> 리어왕, 《던시어드The Dunciad》, 《율리시스Ulysses》를 깊이 이해하기 위해서는 (중략) 작품 내에 녹아 있는 상징을 해석하고, 문학의 역사적 배경을 연구하고, 사회적 현실에 관한 각주를 다는 것만으로는 충분하지 않다. 무엇보다도 먼저 작품의 바탕에 깔려 있는 복잡하고 미묘한 관계와 그들을 구성하는 이념 체제를 이해해야만 한다.(1976)

마르크스주의 문화 비평가들은 문화 요소의 부흥을 가져오는 역사 조건을 살펴볼 필요가 있다. 문학이나 문화를 하나의 이데올로기로 바라보는 시각과는 같지 않다. 이글턴은 이런 형태의 '저속한 마르크스주의’ 비평을 몰아내고 싶어 했다. 이글턴은 “예술 분야에서 이데올로기의 전달은 추상적인 내용이 아니라 작품이 가진 형태에 의해 이루어진다(1976)”는 루카치의 주장을 따랐다. 소설 같은 문학 형태의 발전은 문화와 사회의 관계와, 사회 현실을 인식하는 새로운 방법을 이끌어 내는 이데올로기의 전환으로 받아들여진다. 테리 이 글턴이 마르크스주의와 문학 비평에 관해 남긴 날카로운 마지막 몇 문장은 하루의 끝에 맞이하는 마지막 순간과도 같았다. “마르크스주의 비평은 《실낙원Paradise Lost》이나 《미들마치Middlemarch》의 해석을 대체하는 기법 이상이다. 억압의 해방이기에 논의할 가치를 지닌다(1976).”

프롤렛쿨트

레닌은 다음과 같이 생각했다. “스스로를 예술가라 여기는 모든 예술가는 어떠한 상황에도 상관없이 자신의 이상에 따라 자유로운 창작을 할 권리를 가진다. 그러나 우리 공산주의자들은 가만히 서 서 혼돈이 커져 가도록 내버려두어서는 안 된다(Solomon, 1979).” 마르 크스가 문화를 바라보는 관점이 자유로웠던 반면, 레닌은 기능적 측 면을 굉장히 중시했다. 예를 들면, “마을의 일반 학교들을 유지할 자 금도 충분하지 않은데(Solomon, 1979)” 무엇 때문에 볼쇼이 극장에 어 마어마한 금액을 보조금으로 지급해야 한단 말인가? 혁명 이후 러시아에 만연한 사회 분위기 속에서 프롤렛쿨트라 불리는 문화 운동이 일어나 부르주아의 전유물을 몰아내고 순수한 프롤레타리아 문화를 탄생시켰다. 1920년 절정기를 맞이한 프롤렛쿨트는 회원 수만 해도 8만 4,000명 남짓에 다다랐다. 막강한 영향력을 가진 논평지인 〈프롤레타리아 문화Proletarian Culture〉를 발간했고, 전국에 걸쳐 300여 회가 넘는 글쓰기 워크숍을 개최했는가 하면, 소도시와 작은 마을들에 자리한 수천이 넘는 아마추어 극단과 극장을 통제하기도 했다. 문화의 '볼셰비키화'는 얼마나 성공적이었을까? "노동자 계급이 일으킨 공산주의 혁명은 훨씬 넓고 높은 바탕 위에 있는 예술의 새로운 부흥을 위한 필수적인 기반을 제공한다(1973)"는 리프쉬츠의 발언은 옳았을까? 만약 아니라면 그 이유는 무엇일까?

1917년 러시아 혁명이 일어나고 문화적 영역은 격동의 세월을 겪었다. 미래파를 대표하는 이론가 중 한 명이었던 오시프 브리크 Osip Brik는 새롭게 등장한 예술 형태가 부르주아 예술을 완전히 깨부수고 이전에 존재하지 않던 새로운 무언가를 탄생시킬 것이라는 글을 남겼다. 미래파와 프롤레타리아는 손에 손을 잡고 행진을 시작했다(Struve, 1972). 위대한 시인 마야코프스키Mayakovsky는 프롤레타리아 혁명과 운명을 같이하기로 결심하고 경외하는 시를 썼다. 레닌은 마야코프스키의 반서구 성향을 드러낸 풍자 작품의 일부와 반관료주의를 보여 주는 몇몇 장편 서사시에 관심을 나타냈지만, 전체적으로 푸시킨Pushkin을 비롯한 고전 작가들의 작품을 선호했다. 미래파와 더불어 프롤렛쿨트는 프롤레타리아 문학의 부흥을 일으키고자 했다. 선두에는 혁명 이전 레닌과 유명한 철학적 논쟁(《유물론과 경험비판론》)을 벌였던 보그다노프Bogdanov가 있었다. 보그다노프에게 문화적 행동은 사회주의 구축을 위한 필수 구성 요소였다. 소비에트 정권의 첫 교육 인민위원이었던 아나톨리 루나차르스키는 미래파와 프롤렛쿨트 운동에 호의를 가지고 있었지만, 1919년 과거의 문화를 완전히 부정하고 대체하려는 태도를 가져서는 안 되며, 단순한 예술적 흐름을 두고 정부를 대변하려는 움직임을 보여서도 안 된다고 극좌 세력에게 경고했다(Struve, 1972).

볼셰비키 정권의 헤게모니 다툼에 이의를 암시하는 마지막 구절은 레닌과 여타 볼셰비키 지도자들의 분노를 잠재웠다. 1920년 소비에트의 공산당 중앙 위원회는 프롤렛쿨트에 대해 다음과 같이 이야기했다. "프롤렛쿨트는 '프롤레타리아 문화'를 가장하여 노동자들에게 철학적 측면에서 부르주아적 견해(마하주의Machism)를 심었고, 문화적 분야에서는 비정상적이고 터무니없는 취향(미래파)의 인기를 키우기 시작했다(Vaughan James, 1973)." 새로운 '프롤레타리아 시인'들은 상징주의에서 파생된 새 기법을 선보였고, 낭만주의적 영웅 이야기를 엄청나게 강조했지만, 이 정도는 온통 포위당한 국가 상황에서는 문제라고 보기도 어려웠다. 문제는 중앙 위원회가 이야기했듯 미래파의 '타락'한 '이상주의자'와 '퇴출'당한 이들이 프롤렛쿨트를 좌지우지하려는 움직임을 보였다는 것이다. 그들은 "지속적으로 '자립'을 이야기해 왔지만, 이제는 소비에트 정권으로부터의 '자립'을 의미했다(Vaughan James, 1973)". 트로츠키는 공산당이 예술을 통제한다는 현실과

'프롤레타리아' 문화라는 특정한 개념에 반발심을 드러냈다. 트로츠키가 마르크스주의와 문화에 가진 견해는 꽤나 기계론적이었다. 트로츠키는 예술을 단순히 사회 질서의 소극적인 반영이라 생각했으며, 언제가 될지 모르는 미래에 발전 수준을 '따라잡고' 계급을 철폐하고 난 이후에야 문화적 발달을 추구해야 한다고 주장했다.

1925년 결성된 러시아 프롤레타리아 작가 동맹**RAPP, Russian Association of Proletarian Writers**은 '고전으로부터의 교훈'을 강조하는 프롤렛쿨트에 대항해 러시아 문학의 '프롤레타리아화'에 집중했다. 의지와 관계없이 러시아 소작농들이 집산화되었듯, RAPP는 문화적 영역에서 프롤레타리아의 패권을 보장하고자 했다. RAPP의 정신적 지주였던 레오폴드 아베르바크**Leopold Averbakh**는 오직 프롤레타리아만이 새로운 삶의 방식과 조화를 이루는 예술을 창작할 수 있다고 생각했으며, 따라서 외진 시골에서 계급 투쟁이 일어나듯 문화적 영역에서도 계급 투쟁이 필요하다고 주장했다. 1929년 스탈린은 RAPP가 '동료 여행자(공산주의를 따르지는 않지만 호의를 가진 문화적 노동자들)'와 친밀한 관계를 구축하길 장려했고, 문화적 영역에서 '비프롤레타리아적' 요소를 몰아냈다고 격려했다. 문학은 5개년 계획의 일부로 포함됐다. 작가들은 '특별 작업대'로 여겨졌다. 공산당은 이런 '과한' 대응을 뒤늦게 비난하고 나섰고, 결국 1932년 RAPP의 해체를 결의했다. 문화의 '인민 전선' 정책이 적용되는 듯 보였으나, 실제로 공산당의 통제는 더욱 심화됐다. 그러면서 문화와 관련된 마르크스주의의 안타까운 일화들이 탄생했다.

　1905년 망명 중이던 레닌은 언론 보도와 정당의 기본 방침을 작성한 작가들에 관한 글을 남겼다. 레닌의 글은 굉장히 단정적이었다. "문학은 프롤레타리아에게 주어진 상식의 일부가 되어야만 하며, 사회민주주의라는 거대한 기계의 '톱니와 나사'로 작용해야만 한다. (중략) 당에 속하지 않은 작가들을 타도하라! 문학계의 초인을 타도하라!(cited in Vaughan James, 1973)." 사회주의 프롤레타리아는 '당 문학'만을 요구하며 '부르주아적 개인주의'에 주어지는 모든 배려에 반발을 표했다. 그렇다고 모든 예술 작품을 검열해야 한다는 의미는 아니었다. "진정하라(레닌이 말했다)……! 지금 우리는 당에 종속되어 통제를 받는 당 문학에 관해 이야기하고 있다. 누구나 자신이 원하는 내용을 쓰고 말할 권리를 가지며, 어떠한 제한도 가해지지 않아야 한다(cited in Vaughan James, 1973)." 레닌이 이 정책에 어떤 반응을 보였을지는 확인할 길이 없지만, 1928년과 1929년 즈음 볼셰비키 정당은 레닌의 발언을 내세워 무방비 상태의 문화 노동자들을 정당의 강권 통치 아래 포함시켰다. 1932년에 마지막 근로자 단체가 당이 내린 법령에 따라 '청산'됐고, 국가가 운영하는 단일 조직인 소비에트 작가 연맹이 결성됐다. 이는 러시아 작가들을 직업적으로, 이념적으로, 도덕적으로 규제하는 결과를 낳았다.

　'마르크스-레닌주의' 정당은 문화적 영역을 장악하려는 움직임을 보였고, 목표를 달성하기 위해서는 '동료 여행자'들을 규제할 필요가 있었다. 1929년 N. 추작N.Chuzhak이 편집한 저서《사실의 문학 Literature of Fact》은 문학에 '구체성'과 '활기', '합리성'을 더하는 사실에 근거한 문학 작품들과 대조적으로 허구 소설이 '민중의 아편'으로 작용한다고 주장했다(Struve, 1972). 예술은 영감에 의해 탄생하지 않으며, 단순한 기술에 불과하다고 여겨졌다. 제1회 소비에트 작가 회의에서 카를 라데크Karl Radek는 비꼬는 기색 없이 담담한 어투로 다음과 같이 이야기했다. "나는 소설을 쓰지 않지만, 만약 소설가였다면 조이스Joyce가 아닌 톨스토이Tolstoy나 발자크Balzac에게 소설 쓰는 법을 배웠을 것이다(cited in Struve, 1972)." 이 시기 러시아에는 '사회적 명령'이라는 표어가 떠오르고 있었다. 예술이 사회적 현실을 '반영'하고 사회주의 개혁을 '고무'해야 한다는 의미를 가지고 있었다. 명망 있는 작가였던 고르키Gorky는 스탈린이 관습법을 어긴 범죄자들과 정치범을 강제 노역에 동원해 발트해와 백해를 연결하는 운하를 완공한 것을 '기념'하는 작품 중 하나인 《공장과 제조소의 역사Histories of Factories and Plants》의 편찬을 지지했다. 이러한 새로운 분위기가 창의성과 문화적 자유에 미친 영향은 드라마틱한 결과를 가져왔다.

문학은 국가의 시녀가 되었고, 문화 인민위원들의 어깨는 높아져 갔다. 1934년 제1회 소비에트 작가 회의에서 새로운 문화 위원장 즈다노프Zhdanov는 "우리 소비에트 문학은 편향적이라는 비난이 두렵지 않다. 그렇다. 소비에트 문학은 편향적이다. 계급 투쟁이 만연한 이 시대에 계급을 다루지 않고 비편향적이며 정치에 관심을 가지지 않는 문학은 존재하지 않으며, 존재할 수도 없다(cited in Struve, 1972)"고 당당하게 발언했다. 위대한 '스탈린 동지'의 지휘 아래 사회주의는 승리를 거머쥐었고, 소비에트 문학은 전 세계에서 가장 진취적이라는 평판을 얻었다. 소비에트 문화는 프롤레타리아의 계급 상승을 이야기했다는 점에서 상당히 '낙관적'이라고 할 수 있다. 즈다노프는 문화 노동자들이 영웅적이고 희망찬 이야기를 들려주고, 사람들이 실현 불가능한 유토피아로 눈을 돌리지 않도록 '인간 정신을 위한 엔지니어'가 되어야 한다고 이야기했다. 새로운 문화철학인 사회주의 리얼리즘의 탄생이었다. 사회주의 리얼리즘은 사실을 '객관적으로' 그려 내고 대중이 역사와 역사 속에서 자신들이 맡은 역할을 이해할 수 있도록 도움을 주고자 했다. 1934년에 열린 소비에트 작가 회의는 붉은 군대의 전투 의지 고양을 위해 '국방 문학'의 필요를 강조했다. 문학은 대중, 정당, 군대를 위한 예술로 거듭났다.

한 가지 분명한 점은, 소비에트의 문학적 테러리즘을 좌파 입장에서 바라보는 비평가들조차 통제권을 장악하려는 움직임의 저변에 깊게 깔린 성 심리를 파악하고 있었다는 사실이다. 메이나드 솔로몬Maynard Solomon은 "1934년 즈다노프와 라데크가 제안한 사회주의 리얼리즘이 자유로운 낙태권의 박탈이나 이혼법의 갱신과 같은 시기에 부상했으며, 동시에 동성애에 반대하는 강력한 법안이 발효되었고, 수많은 지식인들이 동성애와 룀Röhm의 나치스에 동조했다는 죄목으로 체포되었다(Solomon, 1979)"는 현실을 직시한 비평가 중 한 명이었다. 즈다노프주의는 모든 형태의 '비합리'에 반대하는 단단한 방어막으로 작용했고, '정상적인 인간의 감정'에서 벗어난 어떠한 요소도 용납하지 않는다는 뜻이었다. '편집증 환자', '조현병 환자', '깡패'뿐 아니라 '포주', '오입쟁이', '쇼걸', 심지어는 '아웃사이더'까지 핍박의 대상이었다. 1934년 작가 회의에서 카를 라데크는 제임스 조이스가 좁은 시야에서 삶을 바라보며, "주마등같이 정신없는 묘사"와 "제정신이 아닌 듯한 헛소리"를 늘어놓았다고 비난하면서 조이스의 작품에는 "특별한 사건도 없고, 특별한 사람도 없으며, 특별한 아이디어도 없다"며 "벌레가 우글거리는 똥 무더기"에 불과하다는 말까지 했다(cited in Struve, 1972). 사회주의 리얼리즘은 이렇게 세계 문화에 한 획을 그었다.

스탈린주의는 소비에트 사회를 장악하며 문화와 그와 관련된 모든 분야의 통제권을 손에 넣었다. 1946년과 1948년 사이 집권당이 내놓은 칙령은 다음과 같은 의미를 지녔다.

소비에트의 창조적 지식인들은 오랜 시간 공포에 떨며 살아왔으며, 작가들에게 가해진 과도한 정치적 제재는 문학의 선전 가치까지 파괴시켰다. 사회주의 리얼리즘을 따르던 인물들은 전후 소비에트의 냉혹한 현실을 무시하도록 조장했으며, 대신 물질적 풍요와 사회 조화가 이루어진 아름다운 그림을 그리도록 요구했다.(Hayward, 1983)

사회주의 리얼리즘은 국가가 행정적으로 문화를 통제할 수 있는 직접적인 도구로 사용됐다. 냉전 시대에 감도는 적대감을 감안하더라도 소비에트가 국가적 차원에서 작가들을 통제한 사실은 암울하기 그지없었으며, 마르크스가 문화에 관해 남긴 사상을 터무니없이 변형시켰다는 비판이 뒤따랐다. 예술을 주제로 고르키의 자택에서 개최된 사교 파티에 참석한 스탈린은 '사회주의 리얼리즘'이라는 용어를 언급했다. 스탈린은 '프롤레타리아 리얼리즘', '편향성 리얼리즘', '기념비적 리얼리즘'의 지지자들과 토론을 정리하기 위해 개입하며 다음과 같은 말을 남겼다. "만약 예술가들이 우리의 삶을 제대로 그려 내고자 한다면 틀림없이 사회주의를 이끄는 원동력을 발견하여 작품에 녹여낼 것이다. 그것이 사회주의 리얼리즘이다(Vaughan James, 1973)."

소비에트 문화가 쇠퇴기에 접어들자 수많은 급진적 옹호자들이 '트로츠키파'나 '시온주의자'로 몰려 숙청당했다. 그 결과 문화적 테러에 비난의 목소리를 낼 만한 인물은 얼마 남지 않게 됐다. 해외의 '동료 여행자'들은 그저 사회적 분위기에 동조하는 것이 최선이라고 생각했다. 1950년대에 루카치는 교묘한 비판을 제기했다. 정권이 불평등한 발전을 바라보는 마르크스의 시각을 반대로 받아들여 안타깝게도 문화가 경제적 발전을 따라가지 못하고 뒤처지고 있다는 것이다. 그러나 앙리 아르봉Henri Arvon이 이야기했듯, "루카치는 곧바로 자신의 발언을 철회해야만 했다. 더구나 그는 치욕스럽게도 소비에트 문학을 제대로 이해하지 못한 탓에 그릇된 판단을 내렸다고 해명해야만 했다(1973)". 1946년 중앙 위원회가 문학에 다음과 같은 선언을 발표하면서 국가가 문화를 통제하고 이데올로기가 예술 학파와 예술 형태, 기법까지 통제하는 실태는 막을 내리는 듯 보였다. "소비에트 문학은 국가의 젊은이들을 올바로 교육하는 기능을 가진다. (중략) 이것이 '예술을 위한 예술'을 장려하는 모든 요소가 (중략) 소비에트 문학과 이질적인 이유이며, 소비에트 국가와 국민들의 이해에 악영향을 끼치는 이유이다. (cited in Arvon, 1973)."

그래도 우리는 전후 러시아를 문화계의 발전을 저해하는 척박한 공간으로만 바라보아서는 안 된다. 1960년대 후반에 들어서야 1920년대 초반에 활동하던 언어이론학자 미하일 바흐친Mikhail Bakhtin과 V. N. 볼로쉬노프V. N. Voloshinov의 재발견이 이루어졌으나, 그들이 대화를 통한 소통이라는 영역에 미친 영향력은 엄청났다. 이들은 문화를 소통이라고 받아들였다. 1975년 출간된 바흐친의 《대화적 상상력The Dialogic Imagination》은 이종어, 대화론, 크로노토프 chronotope라는 개념을 처음으로 소개했고, 현대 문학 연구에 상당한 기여를 했다. 바흐친은 언어가 가진 맥락(이종어)과 언어의 혼종(다중어), 텍스트 간 관계(상호 텍스트성)로 의미가 형성된다고 이야기했다. 한때 지배적이었던 페르디낭 드 소쉬르Ferdinand de Saussure의 언어와 권력의 관계를 바라보는 관점을 바꾸어 놓은 주장이었다. 마크 스미스Mark Smith는 "이러한 접근은 지식의 역사적, 사회적 위치 구속성을 인지하고 언어가 한정된 물질적 조건을 가진 특정한 청중들을 위한 메시지를 구축할 수 있다는 사실을 알고 있었다(2000)"고 말했다. 따라서 1970년대 문화 유물론으로 향하는 다리 역할을 했다.

1920년대 후반과 1930년대 초반 바흐친 계열은 언어가 단순히 현실의 반영이라는 전통 마르크스주의적 관점을 약화시켰다. 그들은 언어가 이미 존재하는 현실의 반영 이상이라고 주장했다. 그들이 생각하기에 언어는 사회적 현실 구축에 중요한 역할을 맡고 있다며 한발 앞서 현대적 담론의 분석을 이끌었다. 그러나 그들이 의미를 형성하고, 담론을 지휘하고, 언어의 '사회적 강조'를 생성함에 있어 사회 갈등의 문화적 역할에 주안점을 두었다는 점은 다분히 마르크스주의적이다. 바흐친 계열은 사회적 행위자의 외부에 있는 추상적인 체제로부터 의미를 찾는 추상적 객관주의와 소쉬르에 비판적인 태도를 취했다. 스탈린은 바흐친 계열을 해산했지만, 1960년대에 들어 다시 활기를 되찾았다.

그람시적 계기

이제 지나치게 거북했던 즈다노프주의에서 벗어나 문화에 관한 마르크스주의 논의에서 안토니오 그람시가 어떤 역할을 했는지 살펴보도록 하자. (거의 성공적이었던) 폐쇄를 위한 노력에서 눈을 돌려 (결과적으로 성공적이었던) 개방을 살펴보자는 이야기이다. 모든 형태의 경제 지상주의와 환원주의에 반대하던 그람시는 개방적이고, 유연하고, 덜 '필연론적'인 마르크스주의를 상징한다. 물론 감옥에 있는 동안 그람시가 노트에 마구 써 내려간 암호처럼 난해한 글들이 '그람시적' 사상 체계를 구성하지는 않는다. 이 점에서 나는 그람시의 '연구 프로그램'이 "마르크스주의의 문화적 이론을 확정짓기 위함 (Holub, 1992)"이었다는 르네이트 홀럽Renate Holub의 주장에 동의하지 않는다. 그람시의 사상은 온갖 종류의 그람시를 파생해 냈지만, 모두가 환영받지는 못했다. 그람시는 특정한 정치적, 문화적 입장을 정당화하기 위한 목적에 '이용'되기도 했다. 그러나 모든 형태의 그람시주의는 고전 마르크스주의가 문화를 도외시했으며, 사람들이 살아가는 방식과 삶에 가해지는 억압에 저항하는 방법을 기계론적인 관점에서 받아들였다는 전제를 바탕으로 하고 있었다. 아래 본문에 언급되어 있듯, 그람시의 마르크스주의가 가지는 유연성은 포스트마르크스주의로 향하는 디딤돌 역할을 했다.

안토니오 그람시는 사회 변화를 상부 구조와 하부 구조의 작용으로 설명하는 기계론적 마르크스주의를 단호하게 부정했다. 그람시는 "모든 정치적, 이념적 변화가 구조적 변화의 즉각적인 반영이라는 주장은 사적 유물론의 필수적 토대를 구성하는데, 미발달된 유아증과 같은 이론과 비견되며 현실과는 충돌을 일으킨다(1971)"고 이야기했다. 그람시는 부하린의 〈인민 지침Popular Manual〉에 언급된 사적 유물론을 공공연히 비판하며 마르크스의 '과학적' 사상과 권위를 부정하기까지 했다. 그람시는 '마르크스주의-레닌주의-스탈린주의'로 이어지는 새로운 실증 철학을 전형화해 마르크스의 사상에서 이른바 '법칙'을 찾으려는 단순한 노력에 조소를 보냈다. 필요성과 자결권이라는 용어는 그람시를 만족시키지 못했다. 특히 경제 지상주의를 강하게 거부하던 그람시는 부하린의 글을 다음과 같이 맹렬하게 비난했다. "〈인민 지침〉에서 찾아볼 수 있는 구식 형이상학의 가장 노골적인 흔적은 모든 요소를 하나의 최종적 혹은 마지막 원인으로 축소하려는 시도이다(1971)." 그람시는 사회의 경제적 기반(또는 구조)에 의해 '마지막 순간' 결정이 이루어진다는 주장을 '신을 찾고자' 하는 시도의 연장선상으로 바라봤다.

이데올로기의 개념과 관련해 마르크스의 모순적인 해석 하나를 발전시킨 그람시는 이데올로기를 바라보는 '비판적' 관점과 대조적인 '긍정적' 특징으로 유명세를 얻었다(see Larrain, 1983). 그람시는 이데올로기를 하나의 '환상'이나 단순한 경제적 과정의 '반영'으로 받아들이지 않았다. 그람시에게 이데올로기란 정치적 갈등이 빚어지는 투쟁의 장이었다. 그는 이데올로기를 두 가지 종류로 분류했다. 먼저 세상을 구성하는 일련의 조직화된 개념으로 이루어진 '철학'이 있다. 또한 특정 사회 계급과 집단의 생생한 문화를 보여 주는 '상식'이 이데올로기의 한 부분을 차지한다. 이데올로기는 더 이상 경제적 '하부 구조'로 인해 발생한 사건의 단순한 반영이 아니었고, 그람시는 아이디어와 문화를 두고 발생한 정치적 갈등을 전면에 내세웠다. 미셸 배럿은 다음과 같이 설명했다. "그람시는 오늘날 일반적으로 '이데올로기 갈등'이라 불리는 현상이 정치에 실질적 영향을 끼치는 중요한 요소라고 생각했다(1991)." 그람시가 '상식'과 대중문화를 이해하는 방식은 상당히 미묘했다. 그는 여기에 (부정적인 의미에서) '이데올로기적 요소'와 '분별력'이 포함되어 있다고 생각했다. 이러한 투쟁의 장에서는 다양한 작용에 의해 새로운 요소가 등장하는데, 어떠한 요소가 탄생할지는 예측할 수 없다.

'헤게모니'는 그람시의 핵심 개념 중 하나로 엄청난 영향력을 가졌다. 그람시는 어떠한 지배 계급도 강압만을 통해서는 지배를 유지할 수 없다는 사실을 잘 이해하고 있었다. 간단히 말해, 그람시에게 헤게모니란 사회의 동의로 이루어지는 사회적, 문화적 구성이었다. "만약 지배 계급이 완전한 의견의 일치를 이루어 내지 못한다면, '지배' 계급이 아니라 강압적 물리력을 행사하는 '우세' 계급으로 전락하고 만다. 이것은 민중이 전통적 이데올로기에서 멀어졌음을 의미한다(Gramsci, 1971)." 특정 사회단체의 헤게모니가 사회 전체를 장악하기 위해서는 학교, 교회, 언론, 더 나아가 노동조합까지 시민 사회의 넓은 범위에 걸쳐 영향력을 행사해야만 한다. 현대 자본주의 사회의 개념은 국가 권력의 강압적 요소에 집중하던 레닌의 시각이 가진 불균형을 바로잡았을 뿐 아니라, 문화 프로그램과 사회 개혁을 위한 바탕을 마련했다. 레닌의 통치를 받던 러시아가 '계책 전쟁'을 치르고 있다면, 그람시의 이탈리아는 '입지 전쟁'을 치르고 있었다. 어떤 이는 정치적 측면에서 공권력의 장악이 참호전과 유사하다며 옹호하려 했지만, 후자는 현대 자본주의 사회에서 '대중의 호감'을 얻는 방법을 세심히 분석하고, 개혁을 위해서는 대중의 합의가 필수적이라는 사실을 강조했다.

그람시의 아이디어는 '민족-민중'의 관계를 설명하면서 가장 창의적인 형태를 취했다. 이 대구는 다양한 모습으로 발전했지만(see Forgas, 1984), 일반적으로는 민족과 민중의 열망을 하나로 통합하는 '역사적 블록'의 형성을 지칭한다. 역사적 블록은 사회 개혁을 위한 문화 정책과 '계급 이후' 등장할 민중 민주 투쟁의 보다 직접적인 정치 전략의 바탕을 구성한다. 결과적으로 역사적 블록에 기초해 부르주아 헤게모니가 작용하고 민중 헤게모니가 구축되는 것이다. 예를 들어, 그람시는 가톨릭교를 이해하기 위해서는 복잡성을 받아들여야만 하며, 세속적이고 사회주의적인 헤게모니의 추구라는 단순한 이유로 거부해서는 안 된다고 이야기했다. 또한 그는 "이탈리아에서 파시즘은 퇴보하는 민족 민중 문화를 '헤게모니화'하고, (중략) 민중의 지지를 기반으로 여기에 대항하는 민족적 움직임을 가져오는 역할을 한다(Hall, 1996b)"는 사실을 잘 이해하고 있었다. 이처럼 미묘하고 무제한적인 민족과 민중의 관계를 두서없이 설명하는 그람시의 헤게모니 이론을 기반으로 스튜어트 홀Stuart Hall은 '대처주의Thatcherism'에 관한 독창적인 분석을 내놓았다. 스튜어트 홀은 대중성이라는 개념의 일부를 받아들였으며, '허위의식' 혹은 경제적 개혁의 '반영'이라는 손쉬운 결론을 거부했다.

그람시는 오늘날 '문화 연구'라고 불리는 왕성한 분야의 탄생에 분수령 역할을 했다. 스튜어트 홀은 1970년대 문화 연구의 부상을 설명하며 그람시가 마르크스주의에 문제를 제시했다고 이야기했다. "문화 연구에 있어 그람시는 (중략) 마르크스주의 유산의 일부를 급진적 사상으로 대체했다는 중요성을 갖는다(Hall, 1996a)." 우리는 정치, 이데올로기, 문화 영역의 자율성을 이해하는 방식과 상부 구조와 하부 구조를 구분하던 기계론적 문화 이론을 부정하는 태도에서 그람시의 사상이 초기 마르크스주의와 얼마나 동떨어져 있는지 알 수 있다. 새로운 문화적 패러다임은 특정 사회 조직의 '삶의 방식'과 이들이 가진 '상식', 감정에 집중했다. 알튀세르는 이데 올로기가 사회 '문제'에 던진 '질문'이라고 주장했지만, 리처드 존슨 **Richard Johnson**이 상기시켜 주듯 '문제'는 결코 겉으로 드러나지 않는 다. "구조주의적 글의 바깥에서 일원화되고, 원초적이고 원시적이며 문화가 없는 '외로운 시간'은 '결코 도래하지 않는다.' 이데올로기는 언제나 바탕이 되는 기반 위에 세워지며, 이 기반이 바로 문화이다 (1979)." 1980년대 후반에 들어 일상화된 문화 연구에서 정치색이 사 라졌지만(see Davies, 1995), 문화가 이데올로기의 중심을 구성한다는 사실을 상기시키고 문화와 사회를 바라보는 마르크스주의적 시각 을 이해하는 데 큰 역할을 했다.

그람시는 탈식민주의 연구라는 분야의 성장을 가져왔다(see Ashcroft 외, 1995). 그 기원은 서구가 동양을 지식 전파와 지배의 대 상으로 바라보게 된 이유를 설명하는 에드워드 사이드**Edward Said**의 1985년 작품 《오리엔탈리즘**Orientalism**》으로 거슬러 올라간다. 《오리 엔탈리즘》은 서구 문화권에서 다른 문화를 받아들이는 방식을 보 여 준다. 서구에서는 동양을 지배하고 통제할 방법을 찾고자 했다 (Said, 1985). 《오리엔탈리즘》의 중심에는 그람시의 '헤게모니' 개념과 이를 구축하고 재생산하는 지식인의 역할이 자리하고 있다. 사이드 가 제시한 오리엔탈리즘은 '문화적이고 정치적인 사실'의 지배권을 장악한 서구적 제도였다. 그는 《오리엔탈리즘》을 통해 "정치라는 진 흙탕 속에서 문화를 찾으려는 시도는 대부분 인습 타파적(1985)"이 라는 의견을 밝혔지만, 후에 《문화와 제국주의**Culture and Imperialism**》

에서 두 분야 사이에 자리한 엄청난 격차를 좁혀 나가기 시작했다. 《오리엔탈리즘》은 과하게 획일적이고 전체적이며, 지배적인 관점을 형성하여 행위자의 저항을 무시하거나 경시한다는 비판을 받았다. 그럼에도 사이드의 작품은 탈식민주의를 비판적 문화 연구라는 새로운 분야의 전면으로 내세우는 업적을 이루어 냈다.

또 다른 '그람시적'인 연구 분야로는 '서발턴subaltern 연구'가 있다. 인도에서 시작된 서발턴 연구는 라틴아메리카에서 큰 영향력을 행사했다. 서발턴 연구 집단은 그람시의 서발턴 개념이 "계급, 인종, 나이, 성별, 직업과 관련해 남아시아 사회의 종속으로 나타난 보편적 결과를 지칭"한다고 이야기했다(Guha, 1982). 식민 역사는 민중의 정치적 움직임과 서발턴의 활동을 무시했다. 서발턴 연구는 문화 의식과 문화의 자율성, 진실성을 강조했다는 점에서 그람시적 전통을 따른다고 볼 수 있다. 특히 라나지트 구하Ranajit Guha는 서발턴 연구를 언급하며, 인도의 대중문화와 민중의 저항이라는 측면을 살펴봤을 때 영국의 식민 지배 아래 놓였음에도 인도가 완전히 패권을 장악당한 적은 없다고 이야기했다. 가야트리 스피박Gayatri Spivak은 서발턴 연구에 비판을 제기하며, 지식과 권력에 집중된 기존의 관점에서 벗어나 성별 문제를 연구의 중심으로 가지고 왔다. 해당 분야에 큰 영향을 미친 스피박의 저서《서발턴은 말할 수 있는가?Can the Subaltern Speak?》는 서발턴의 주체로서 식민주의와 전통 가부장제 아래 지배받는 남아시아 여성에게 초점을 맞추고 있다.

전 세계적인 범위에서 살펴보면 (학술적 측면과 대조적으로) 정치적 측면에서 그람시의 사상은 라틴아메리카에 가장 큰 영향력을 행사했다. 스페인이 그람시를 일찍이 수용한 탓도 일부 있겠지만, 역시 그람시가 다루던 문제 상황들이 라틴아메리카의 현실과 '맞아떨어진' 이유가 가장 큰 비중을 차지한다. 호세 아리코José Aricó와 후안 카를로스 포르탄티에로Juan Carlos Portantiero의 연구는 그람시의 사상이 라틴아메리카의 진보에 있어 정교한 정치적 도구로 사용된 예라고 할 수 있다. 사회적, 정치적, 역사적 요구의 전 범위에 걸쳐 그람시가 제시한 수동적 혁명, 역사적 블록, 헤게모니와 시민 사회 등의 개념이 길잡이 역할을 했다. '포스트모던'이라는 이름 아래 삐뚤어진 라틴아메리카의 근대화 과정은 그람시의 사상을 적용하고 발전시키기에 적합한 바탕을 가지고 있었다. 마찬가지로 문화 분야에서도 그람시는 엄청난 영향을 미쳤다. 네스토르 가르시아 칸클리니Néstor García Canclini가 '혼성 문화'를 주제로 진행한 연구를 하나의 예시로 꼽을 수 있다. 정치적 실천은 이제 국가 중심 모델을 벗어났으며, 그람시 사상이 가진 영향력도 더욱 강력해졌다. 오늘날 발전과 민주 시민 사회를 위한 환경을 조성함에 있어 문화 영역의 중요성이 점점 커지면서 직접적, 간접적으로 그람시의 사상을 바탕에 둔 새로운 논의가 다양하게 등장하고 있는 실정이다.

마르크스주의 문화 연구에서 그람시의 사상이 미친 영향력에 관한 논의를 마무리하며, '문화주의'와 '구조주의'를 두고 일어난 논쟁을 다시 한 번 떠올려 봐도 좋다(E. P. 톰슨처럼). 마르크스의 사상을 따르는 '문화주의자'들은 '스스로 역사를 만들어 가는' 민중의 모습을 강조한 반면, 구조주의자들은 '스스로 역사를 만들어 갈 수 없는 환경'을 강조했다. 톰슨은 영국 노동자 계급의 '형성'에 관한 역사를 이야기하며, 계급 형성 과정에서의 역동성과 이를 가능하게 한 의식적 주체의 존재를 강조했다. "노동자 계급의 부상은 정해진 시간에 해가 떠오르듯 발생하지 않았다. 그들은 스스로를 만들어 나갔다(1970)." 그러나 구조주의자들은 계급의 문화 발전을 바라보며 노동자 계급의 크기와 구성 요소 같은 부분에서 부족함을 찾았다. 구조와 주체(혹은 자발성과 결정론) 사이의 명백한 '변증법적' 상호 작용을 언급하며 논의를 단축할 수도 있지만, 한 가지 분명한 사실은 톰슨(과 레이먼드 윌리엄스)이 전통 마르크스 이론의 공백을 밝히는 큰 역할을 했다는 점이다. 문화와 가치, 아이디어에 관한 톰슨의 사상과 문화를 '삶의 방식'으로 바라보는 윌리엄스의 관점은 마르크스주의 전통을 한층 높은 단계로 끌어올렸다. 다음 부분에 언급하겠지만, 문화주의자들이 이러한 변화를 가지고 올 동안 구조주의자들은 '후기 구조주의자'로 거듭나고 있었다.

문화적 전환

그람시가 마르크스주의에 문화라는 요소를 정면으로 끌어들였다면, 포스트모더니즘은 문화를 지지대로 삼았다고 할 수 있다. B. 애덤B.Adam과 S. 앨런S.Allan이 말했듯, 포스트모더니즘 이후 문화를 이론화하려는 새로운 시도와 관련해 모든 것이 지나가 버린 이 시기에 "'문화'라는 단어는 (중략) 어디에나 스며들어 있는 듯 보였으며, 단어가 가진 의미는 비문화적 요소들을 심각한 곤란에 몰아넣는 지경까지 이르렀다(1995)". 마르크스주의를 비롯한 수많은 사회과학 분야가 문화를 무시했던 반면, 포스트모더니즘을 따르는 이들은 사회에 죽음을 고하고 문화의 지배를 선언했다. 포괄적인 하나의 개념으로서 문화는 확장을 계속해 왔으며, 개념의 팽창은 어쩌면 예견된 수순일지 모른다. 문화는 비판적 사회 분석에서 중요한 위치를 차지했고, 심지어는 문화가 '전부'라고 주장하는 극단적인 목소리가 등장하기까지 이르렀다(보드리야르Baudrillard가 그중 한 명). 한 가지 눈에 띄는 현상은 레이먼드 윌리엄스나 스튜어트 홀과 대조적으로, 포스트모던의 측면에서 진행한 문화 연구가 정치와 거리를 뒀다는 사실이다. 그러나 포스트모던 문화 연구를 그저 '문화주의'와 '비정치'로 특징 짓기란 적절하지 않아 보인다. 마르크스주의는 반사적으로 '포스트모더니즘에 반대'하는 움직임을 보였는데(대표적인 인물로 캘리니코스 Callinicos가 있다), 마르크스주의를 저해하고 포스트모더니즘으로 하여금 과거로 돌아가려는 풍조를 가져왔다.

1980년대에 나타난 문화적 움직임은 경제 지상주의에 대한 반발이자 사회주의의 쇠락, 정보 기술의 부상으로 도래한 새로운 세상의 변화에 따른 반응이었다. 급진적 태도를 취했던 사람들은 점차 안정적 정치 성향으로 돌아섰고, 마르크스주의가 제시하던 경제 지상주의는 이제 많이 사그라진 것 같았다. 새로운 자본주의 질서 곳곳에는 차이와 선택, 풍부한 지식과 같은 요소들이 스며들며 문화적 변화가 일어났다. 이제 일터는 단순히 문화적 자아('노동자 계급 문화')가 형성되는 장소를 넘어 소비자 시장을 형성하는 공간으로 거듭난 듯했다. 커져 가는 문화의 영향력은 마르크스주의(보다 넓은 범위에서 사회과학)가 강조하던 유물론의 자리를 대체했고, '소프트soft 자본주의'가 떠올랐다. 레이Ray와 세이어Sayer는 다음과 같은 말을 남겼다. "문화적 전환은 수많은 긍정적인 효과를 가지고 온다. 우리는 문화의 전환을 통해 문화를 받아들임에 있어 보다 주체적인 태도를 취하고, 문화를 단순한 유물론적 현상의 반영이라고 바라보는 입장에서 벗어날 수 있다(1999)."

우리는 1990년대 들어 국제화, 정보화된 세계 질서 아래 일어난 자본주의의 '문화적 전환'과 현대 자본주의를 바라보는 연구 관점을 구분할 필요가 있다. 경제 논리를 고려하지 않은 채 자본주의가 문화와 담론으로 환원될 수 있다는 생각은 이치에 어긋난다. 문화적 관점을 취함으로써 우리는 현상이 가지는 의미와 상징을 한층 더 깊게 바라볼 수 있다. 그러나 과거 문화가 하부 구조로 받아들여지지 않았듯, 모든 사회 과정이 '상징적 실천'으로 이어지지는 않는다. 지금껏 이어져 온 논의가 무색하게 현실 세계에서 '경제'와 '문화'는 분명히 구분되지 않는다. 경제 관계는 문화 요소를 품고 있으며, 문화 행위는 경제 관계로부터 단절될 수 없는 경우가 대부분이다. 실제로 우리는 최근 문화의 정치경제학이 현대 자본주의의 복잡성을 바라보는 하나의 관점이자 경제, 정치, 사회, 지리, 문화 현상의 상호 작용을 이해하는 도구로 사용되는 현실을 어렵지 않게 찾아볼 수 있다.

포스트모던 문화 이론이 제시하는 내용을 간단히 요약하기란 불가능하며, 이론이 가진 특징을 잡아내기란 더욱 불가능하다. 다만 몇 가지 주요 사상만은 분명히 드러난다. 무엇보다도 포스트모더니즘은 부의 창출이나 노동자 혁명 같은 '통합 서사' 또는 거대 서사에 불신을 드러낸다. 과학을 바탕으로 한 모든 발전 패러다임도 회의적으로 받아들여진다. 포스트모더니즘은 진리와 보편 지식을 부정하며 개방성과 불연속성, 성찰을 강조하는 형태를 지닌 '지역적' 지식이나 현실에 기반을 둔 지식으로 눈을 돌렸다. 포스트모더니즘은 현대주의의 전형으로 생각되는 객관적 표현 방법도 거부했다. 세상은 그저 제자리에서 '객관적 현실'로 표현되기만을 기다리고 있지 않기 때문이다. 보인Boyne과 라탄시Rattansi는 "예술적, 철학적, 문학적, 사회과학적 언어를 통해 객체를 정의하고, 보전하고, 개조하는 등 한 물간 표현 방식은 더 이상 유효하지 않다(1990)"고 이야기했다. 객체와 언어의 경계는 사라진 듯 보였고, 이제 우리는 '원근법적' 관점에서 현상을 바라보는 것에 익숙해졌다. 계몽주의의 초석이라고 할 합리성은 막다른 골목에 다다라 결국 상대주의에 흡수되고 말았다.

문화적 측면에서 포스트모더니즘은 예술을 창작자의 번뜩이는 독창성을 바탕으로 한 유일무이한 작품으로 바라보는 관점을 부정했다. 특히 보드리야르는 세상에 독창적 실재란 존재하지 않으며, 오직 모사를 통한 시뮬라시옹simulation뿐이라고 주장했다. 마르크스주의가 비판을 논하며 자주 거론했던 '순수' 예술과 대중 예술 사이의 경계는 사라졌다. 현실과 이미지 사이의 경계도 무너졌다. 모사된 이미지는 그 자체로 하나의 생명을 지녔다. 포스트모더니즘 역시 성별에 큰 비중을 둔 전통적 문화 이론을 해체하고, 신문하고, 반대하는 등 완전히 자유롭고 이질적이지만은 않았다. 문화적 거대 담론은 권력의 편향성과 편견을 감추는 가면으로 받아들여져 왔다. 그러나 이러한 요소는 포스트모더니즘이 "지각 방식의 심미화와 일상의 심미화(1991)"를 가져온다는 마이크 페더스톤Mike Featherstone의 말처럼 인식을 바꿔 놓기에 충분했다. 뻔뻔하게도 소비자 사회에서 전쟁과 성폭력, 기아가 지닌 이미지는 어엿이 상품화되어 돈을 벌어들이고 있었다. 정치와 전쟁(예를 들어 걸프전)은 하나의 이미지로 전락했다. 미학은 새로운 지배적 패러다임으로 우뚝 섰으며, 모든 요소들이 문화이자 담론이자 현실로 다가왔고, 억압과 정의는 사라졌다. 포스트모더니즘의 문화 이론은 앞선 문화 이론을 뒤흔들어 놓았지만, 다른 모든 사상이나 이론과 마찬가지로 한쪽으로 치우쳐 있다.

안토니오 그람시는 전통 마르크스주의가 무너졌다고 인식되기 이전에 이미 마르크스주의와 '포스트마르크스주의'를 이어 주는 다리 역할을 했는데, 굉장히 드문 경우였다. 에르네스토 라클라우(와 샹탈 무페)는 1970년대 중반 들어 그람시의 연구를 독창적이고 활발하게 발전시키며 계급 환원주의를 탈피하기 시작했다. 급진 민주주의를 강조하던 라클라우와 무페의 사상은《헤게모니와 사회주의 전략 Hegemony and Socialist Strategy》에서도 드러난다. 앞서 살펴봤듯, 그람시는 이데올로기를 비환원주의적 개념으로 발전시켰으며, 헤게모니에 관한 그의 이론은 경제 지상주의 타파에 일조했다. 그러나 그람시는 이데올로기가 계급에 '소속'되어 있으며, 비계급적 정치 이데올로기의 개념을 발전시킴에 있어 포스트마르크스주의가 시험대에 오를 것이라는 사실을 무비판적으로 수용했다. 그람시는 이데올로기와 문화가 경제라는 하부 구조로 환원되거나 설명될 수 없다고 이야기했다. 이데올로기와 문화는 항상 정치 갈등과 계급 투쟁의 일부로 작용하고 있었다. 미셸 배럿은 다음과 같이 이야기했다. "라클라우와 무페에게 그람시는 중심이 되는 인물이었다. 그는 마르크스주의가 가진 이론적 한계의 범위 내에서 도달할 수 있는 가장 먼 범위까지 사상을 발전시켰다(1991)." 라클라우와 무페로 하여금 (인식의 일원화된 객체로서) '사회의 불가능성'을 깨닫도록 했으며, 계급 본질주의로부터 벗어나 성별과 인종 차별, 평화, 환경 등 '새로운' 사회 운동에 관한 다원적인 요구에 관심을 가지도록 유도했다.

우리는 이미 마르크스주의 문화 연구에서 그람시와 더불어 푸코가 어떠한 영향을 미쳤는지 살펴봤다. 푸코는 과학과 이데올로기의 대립에서 벗어나 지식과 권력의 대립에 집중했다. 푸코는 지식의 '고고학'과 그가 제시한 담론의 개념을 적용해 과학과 비과학의 구분을 무력화했다. 푸코에게 담론이란 역사적 한계 내에서 쓰고 말하는 내용에 제약을 가하거나 허가를 내리는 존재였다. 그는 상부 구조와 하부 구조를 구별하는 전통 마르크스를 대체하고자 했다. '모든 것을 담론화'하려는 움직임이 아니라 언어를 기계적이고, 단일적이고, 계급적으로 존재에서 분리할 수 없다는 것이었다. 푸코는 마르크스주의를 '통합화된 담론'으로 바라봤으며, 과학화라는 주장을 지배를 위한 도구로 생각했다. 다른 인물들과 마찬가지로 푸코 역시 거대 서사와 거대 이론, 대진리를 부정하고 지역적으로 파편화된 서발턴적 지식에 초점을 맞췄다. 사람들이 어떻게 살아가고, 생각하고, 말하는지에 관련해서 문화는 푸코 사상의 중심을 형성했다. "우리는 지배를 가능하게 하는 거대한 원시 조건을 전제해서는 안 되며 한쪽에는 '지배자'가, 다른 한쪽에는 '피지배자'가 자리하는 이분법 구조를 받아들여서도 안 된다(Foucault, 1980)"는 푸코의 글은 문화적 저항이 갈등에서 탄생함을 암시한다.

푸코의 사상은 구조주의 마르크스주의자에게도 영향을 미쳤다. 권력을 주제로 한 니코스 풀랑저스의 마지막 작품을 예로 들 수 있다. 데리다의 영향력은 보다 깊숙하게 파고들어 보다 객관적인 지표를 제시했다. 데리다는 다음과 같은 유명한 말을 남겼다. "텍스트 밖에는 아무것도 존재하지 않는다." 사실 그가 제시한 의견은 '사회'가 그 자체만으로는 유효한 담론의 대상이 되지 않는다는 라클라우와 무페의 주장과 일맥상통했다. 사회가 상부 구조와 하부 구조가 통합된 하나의 자립적인 전체라는 사상은 마르크스주의의 핵심이었다. 데리다는 제1원리를 기반으로 한 사상 체계는 형이상학적이며, '이항 대립'은 언제고 무너질 수 있다는 사실을 증명했다. 데리다는 이 세상에 직접적이고 명백하고 분명한 지식이란 존재하지 않는다고 이야기했다. 마단 사럽Madan Sarup은 "데리다는 (자연 발생에 반대되는 개념으로) 문화적으로 생산된 사상과 관점을 강조했다(1993)"고 자신의 생각을 드러냈다. 의미는 절대적이지 않으며 상황에 따라 변화한다. 의미가 불변이라는 전통적 신념은 무너졌다. 여기에서 상세하게 풀어 나갈 수는 없지만, 윤리적 선택의 거부와 불합리성, 혹은 허무주의적 정치 전망을 보여 준 포스트모더니즘에 반발하며 후기 구조주의적 해체 이론을 제시한 데리다의 사상은 간단하게라도 살펴볼 가치가 있다.

포스트모더니즘이 가진 특징을 가볍게 살펴봤으니, 이제는 포스트모더니즘이 '무엇'인지에 관한 논의로 돌아가 보겠다. 포스트모더니즘을 '후기 자본주의의 문화적 논리'로 바라본 1984년 프레드릭 제임슨**Fredric Jameson**의 에세이는 논의를 시작하기에 가장 적합하다. 제임슨은 후기 자본주의의 문화적 전환은 체제가 가진 깊은 논리를 보여 준다고 이야기했다. 시장 자본주의는 리얼리즘을 탄생시켰고, 독점 자본주의는 모더니즘을 탄생시켰으며, 후기 자본주의 또는 소비 자본주의는 문화적 표현으로 포스트모더니즘을 탄생시켰다. 사회 전 범위에 걸쳐 재화의 생산이 일어나고 지속적으로 생산이 증가하면서 덩달아 미학적 혁신과 "구조주의의 본질적 기능과 입지의 개선(Jameson, 1991)"이 일어났다. 새롭게 지배적, 헤게모니적 위치를 차지한 문화 논리는 '피상'과 제임슨이 '다중 정신의 강도'라고 표현한 개념으로 특징지어졌다. 이 개념은 문화 충격으로 인한 이미지와 상징의 분열과 개인 정체성의 와해를 의미한다. 제임슨은 자신이 '차별화된 언어'를 사용한다는 사실을 알고 있었으며, 문화가 더 이상 ‘제한적 자치권’으로 특징지어질 수 없다고 주장했다. 문화는 “하나의 폭발로 여겨져야 한다. 사회 영역에서 문화의 엄청난 팽창을 가져오는 현상으로 인해 우리의 일상 구석구석은 (중략) 이론화되지는 않았지만 독창성을 지닌 ‘문화적’인 요소들로 채워졌다고 할 수 있다(1991).”

제임슨이 포스트모더니즘을 무책임하게 대했으며 마르크스주의를 옹호했다는 주장은 꽤나 흥미롭다. 자본주의는 부정적 결과를 가져오지만 체제 내부에는 긍정적인 잠재력이 있다는 마르크스의 의견을 제임슨이 노골적으로 지지했으니, 이와 같은 현상은 그다지 놀랍지 않다. 제임슨이 제시한 (개괄적) 자본주의의 시대 구분과 (꽤나 설득력 있는) ‘헤겔주의’는 이보다 훨씬 명료하다. 그러나 제임슨은 발전 논리에 따라 역사를 냉정하게 바라봤으며, 그의 주장에 따르면 문화와 사회는 빈틈없이 맞물려 있다. 아울러 포스트모더니즘(혹은 현대 사회)이 분열된 것은 사실이나, 그렇다고 하나로 통합된 과거의 황금기와 대조된다고 할 수는 없다. 오늘날의 발전된 산업 사회 곳곳에 문화가 스며들어 있다고 해서 과거의 사회나 발전되지 않은 사회가 문화적으로 뒤처진 것은 아니기 때문이다. 제임슨은 우리가 살아가는 시대에 적합한 새로운 문화정치학을 발전시키기 위해 노력했지만, 단순히 후기 자본주의의 문화적 논리로서 포스트모더니즘이 지나치게 환원주의적이고, 지나치게 숙명론적이며, 끊임없는 변화를 통해 전례 없이 분열되는 시대에서 우리에게 주어진 선택권을 제한하고 있다는 사실을 ‘폭로’하기 위한 이유에서였다.

나는 식민 지배가 막을 내린 포스트모더니즘 시대의 중요성을 강조하고자 한다. 새로운 시대로 인해 서구에 집중되어 있던 중심은 분산되었으며, 식민 지배가 사라진 세상에서 서구의 문화적 역할은 점차 약해져 갔다. 정치는 지휘권을 되찾았고, 허무주의에 빠진 상대론은 급진적인 포스트모더니즘 안에서 입지를 잃어 갔다. 서발턴 연구 집단은 서구 계몽주의가 공간의 상대성을 받아들이며 유럽에서 '지방화'의 물결이 일어났다고 이야기했다. 이제 문화 분야가 점차 중요하게 받아들여지며 문화적 복잡성과 혼종성, 융합성이 덩달아 중요한 구성 요소로 받아들여졌다. 제국주의 담론의 전형이라고 할 수 있는 중심과 주변부를 구분하는 이항 대립의 해체를 가져온 탈식민주의 프로젝트는 포스트모더니즘이 유럽 문화의 거대 서사를 분열하려는 시도에 큰 영향력을 미쳤다. 그러나 보편화를 추구하는 포스트모더니즘의 특정한 추세(유럽-아메리카 중심주의)에 탈식민주의는 식민지를 대변하는 목소리를 냈으며, 물질적인 제국주의 사상을 전복시킬 방법을 찾으려 애썼다. 이러한 시도는 인종과 성별, 성 정체성, 종교, 가족 관계와 같이 문화 형성에서 중심축 역할을 하는 다양한 요소들의 발견을 통해 마르크스주의 이론이 가진 제국주의에 관한 경제 중심주의를 흔들어 놓기도 했다.

탈식민주의 '운동'은 문화적 저항과 복원의 잠재적 근원이라 할 수 있다. 하지만 현상을 전체주의적으로 바라본다는 심각한 비판이 뒤따랐다. 대부분의 '제3세계' 국가에서 식민주의는 이미 끝났는데, 그럼에도 식민주의를 논의의 중점에 둔 이유는 무엇인가? 라틴아메리카는 탈식민주의 관점을 취하고 있나? 북아메리카는 어떠한가? 아이자즈 아마드Aijaz Ahmad는 탈식민주의가 타인의 역사를 구조화하는 과정에서 식민주의를 포괄적으로 받아들이는 특권을 취했다고 이야기한다. 제국주의의 역사를 해체하지 않는 '탈식민주의'라는 개념은 유럽의 역사적 시간을 되돌아보며 은근슬쩍 식민주의를 끌어들였다. 분명 '탈식민주의'라는 단순한 이름표 아래 '비유럽' 문화권이 겪은 과거를 균질화할 위험이 있다. 우리는 포스트모더니즘 관점에서 수많은 탈식민주의 이론이 가지는 차이를 구별하고 모순적인 특성을 이해해야만 한다. 알리 라탄시의 글을 인용하자면 결국 "포스트모더니즘과 서구 모더니티의 탈식민주의 비판, 계몽주의의 권력/지식 관계 사이에는 공통점이 존재하지만, 탈식민주의는 포스트모더니즘의 반대 담론으로 작용함으로써 모더니티는 물론 포스트모더니즘의 관점까지 탈식민화해야만 한다(1997)".

앞서 언급했듯, 일부 비평가들의 의견에 따르면 문화적 전환은 마르크스주의를 문화 연구로 환원시켰다. 단순히 학술 논쟁뿐 아니라 오늘날 사회 변화를 이끄는 주체에게까지 영향을 미치고 있다. 주디스 버틀러는 자신이 "신보수주의적 마르크스주의자(1998)"라 부르는 인물들이 새로운 사회 운동(동성애자 권리 보장 등)을 '문화' 영역에 귀속시켜 자본주의에 맞서는 투쟁을 부정함으로써 문화적 전환에 반기를 들고 있다고 주장했다. 버틀러는 "인종과 성별 문제는 '진짜' 정치 문제에 밀려났으며, 문화 연구와 마르크스주의를 분리하고, 수많은 문화적 특수성 사이에서 중요한 지식을 판별하려는 노력이 일어났다(1998)"고 이야기했다. 우리는 이 논쟁을 미국의 과열된 '문화 전쟁'에 관한 학술 토론의 일부로 바라볼 수도 있겠지만, 보다 포괄적인 범위에서 마르크스주의와 문화라는 주제로 진행되는 논의가 가지는 정치적 중요성을 이해해야만 할 것이다.

낸시 프레이저는 주디스 버틀러의 주장에 자신의 의견을 분명히 밝혔다. 요점은 '경제'와 '단순한 문화'를 대립되는 요소로 바라보기보다 경제와 문화의 구분 자체를 해체하는 것에 있었다. 프레이저는 항상 재분배와 인정을 구별 지었지만, 버틀러가 동성애자 권리 투쟁과 관련해 이야기했듯 인정이 비물질적, 비경제적이라는 주장에는 반대 의견을 드러냈다. 프레이저는 "(동성애자의 권리 문제처럼) 잘못된 인식으로 인해 발생한 불의는 부적정한 분배로 인해 발생한 불의만큼이나 물질적(1998)"이라고 말했다. 호모포비아는 인식과 평가라는 요소에 뿌리를 두고 있을지 모르나, 그 결과는 동성애자들의 경제적, 정치적 참여를 제한함으로써 권리를 저하시킨다는 점에서 틀림없이 물질적이라고 할 수 있다. 우리는 한 걸음 앞으로 나아가기 위해 경제와 문화 사이의 구분을 이해하고 동시에 무너뜨려야만 한다. 그러나 사회의 어떠한 현상도 전통 마르크스주의가 이야기했듯 '순수하게 경제적'이거나 '단순히 문화적'이라고 할 수 없으며, 그렇기에 포스트마르크스주의나 후기 구조주의 비판을 면밀히 살펴봐야만 할 것이다.

제7장

—

까다로운 대화 :
마르크스주의와 국가

—

수많은 작가들은 민족주의의 언급을 마르크스주의의 가장 큰 역사적 실패로 봤다. 7장에서는 그 이유가 무엇인지를 알아보고자 한다. 먼저 마르크스와 엥겔스가 민족주의를 두고 당대에 던진 질문과 함께 논의가 시작된다. 공산주의 운동과 민족주의의 상호 연관성도 간단하게 언급하기로 한다. 레닌과 로자 룩셈부르크는 '민족 문제'를 두고 첨예한 정치적 대립을 이루며 열띤 토론을 벌였는데, 단순히 원칙을 따지며 난해한 용어를 가지고 벌이는 입씨름 이상이었다. 마르크스주의와 문화의 관계를 다루며 살펴봤듯, 안토니오 그람시 역시 민족주의를 혁신적인 시각으로 바라본 인물 중 하나였다. 7장에서는 세기의 민족 문제를 전개하며 부분적으로 정통 마르크스주의를 무너뜨리는 중요한 역할을 했지만 다소 평가 절하된 오스트리아의 마르크스주의자 오토 바우어가 지난 세기의 전환기에 어떤 영향을 미쳤는지에 중점을 둘 예정이다. 마지막으로 마르크스주의가 어떠한 제약을 가지고 민족을 바라보았는지를 포스트모더니즘의 관점에서 살펴볼 것이다. 우리는 민족 문제와 관련해 자유주의와 더불어 마르크스주의에 깊게 뿌리내린 유럽 중심주의와, 오랜 시간 동안 민족 문제 발생에 암시적으로 작용했던 남성 중심주의를 살펴볼 필요가 있다.

마르크스주의의 맹점

톰 네언Tom Nairn은 "민족주의 이론은 마르크스주의의 엄청난 역사적 실패를 대표한다. 물론 다른 실패 사례들도 존재하고 그중 일부는 많이 논의되었지만, (중략) 그 무엇도 (중략) 이론적으로나 정치적으로 민족주의가 가진 문제만큼 중요하지도, 본질적이지도 않다(1981)"는 유명한 말을 남겼다. 네언의 발언은 마르크스주의를 따르는 작가와 따르지 않는 작가 모두에게 진리로 받아들여졌다. 민족주의는 상당히 원초적이라 마르크스주의 같은 정치 이데올로기로는 가늠할 수 없다는 주장이 제기되기도 한다. 마르크스주의에 내재된 환원주의(경제적 토대로 상부 구조가 결정)와 실재론적 계급론은 민족주의의 이해를 방해했다는 주장도 제기됐다. 이러한 주장은 모두 전통 마르크스주의의 특정한 성질을 바탕으로 하고 있다. 먼저 마르크스와 엥겔스가 '민족 문제'를 두고 어떠한 논의를 펼쳤는지를 살펴보고 오늘날의 정치에 미친 영향을 알아보기로 하자. 시대를 대표하는 인물이라 할 두 사람을 분리해서 인식하기란 쉽지 않으며, 이들은 정치가이지 사회학자라 할 수도 없다.

19세기 중반 유럽에서는 "통합, 자치, 독립을 위한 민족주의 열망을 지지함으로써 제국과 절대주의에 맞서 대중의 자유를 이룩한다(Benner, 1995)"는 목소리가 들려왔다. 당시 민족주의의 아이콘이었던 마치니Mazzini는 민족 국가의 부상이 곧 민주주의를 의미한다고 주장했다. 1914년이나 1989년 사건 이후 등장한 민족주의의 부정적인 표현은 아주 조금이라도 나아질 기미가 보이지 않았다. 실제로 마르크스와 엥겔스가 당시의 수많은 민족 문제에 취한 차별적인 태도는 상당히 드문 경우였다. 마르크스와 엥겔스는 규범적 접근을 통해 당대의 민족주의를 논하며, 민족주의가 민주주의와 더 나아가 국제주의의 본보기가 될 것이라고 이야기했다. 사실 그들은 민족주의를 일관성을 가진 하나의 통합된 실체로 분석하는 것에 큰 관심을 보이지 않았다. 에리카 베너Erica Benner의 글을 통해 알 수 있듯, 그들은 새로운 형태의 민족 정치와 민주 정치의 차이점을 파악하지 못했으며, "민족 운동을 상이한 사회적 이해를 바탕으로 한 다양한 정책의 줄기가 아닌 하나의 특수한 현상으로 바라보았다(1995)". 우리는 이처럼 민족주의에 대한 차별적이고 해체론적인 접근을 개괄적으로 살펴볼 필요가 있다.

마르크스와 엥겔스는 독일의 통합을 열렬히 지지했지만, 그렇다고 독일 민족주의자였다고는 할 수 없다. 마르크스와 엥겔스는 민족의 통합을 독일의 민주 혁명을 위한 최우선 과제로 바라봤다. 그들은 이탈리아에서 일어나던 민족 통합 과정에도 똑같이 호의적인 태도를 보여 줬다. "폴란드인을 제외하고는 이들만큼 주변 강국의 억압에 치욕을 받은 민족은 없으며, 자신에게 가해진 억압을 떨쳐 내기 위해 이들만큼이나 용기 있게 나선 민족도 없다(Marx and Engels, 1977b)." 여기에서 우리는 마르크스주의를 창시한 마르크스와 엥겔스에게 민족주의는 무조건적인 요소가 아니었다는 사실을 엿볼 수 있다. 오히려 민족주의가 오스트리아-헝가리와 러시아 제국을 중심으로 한 당시의 무력 외교에 얽매어 있다고 생각했다. 마르크스와 엥겔스는 언어와 전통의 공유나 지리적, 역사적 동질성만으로는 민족을 정의할 수 없다고 이야기했다. 민족을 구성하기 위해서는 특정한 수준의 경제적, 사회적 발전을 이루어 내야 한다며 보다 큰 집단에 우선순위를 뒀다. 예를 들자면, 마르크스와 엥겔스는 1848년 슐레스비히와 홀스타인 지역이 덴마크에 넘어간 사건을 두고 독일이 혁명적이고 진보적인 태도를 취해야 한다며 덴마크를 상대로 한 전쟁을 지지하고 나섰다.

역사적으로 위대한 국가의 국민들은 통합과 독립을 위해 투쟁을 거듭했고, 그 결과 자립적인 강대국을 이룩해 냈다. 마르크스와 엥겔스는 이런 국가들이 진보와 문명화를 이끈다고 생각했다. 국가적 사회 다원주의의 한 형태라고도 할 수 있다. 그러나 매력적인 집단에 들어가려면 정치 상황도 무시할 수 없었다. 따라서 1851년 엥겔스는 마르크스에게 "폴란드인은 행운의 민족(Marx and Engels, 1982)"이라는 글을 써서 보냈고, 1864년 폴란드인을 "압제자에 맞서 끊임없이 영웅적으로 투쟁하여 마침내 민족 자결권과 자주권이라는 역사적 권리를 성취해 낸 민족(Marx, 1974)"이라는 평가를 내렸다. 폴란드의 재통일은 제1인터내셔널 노동자 계급의 중심이 되는 목표였고, 마르크스와 엥겔스는 열렬히 지지했다. 국가가 가지는 민족 자결권은 마르크스와 엥겔스가 이야기하던 절대성과는 거리가 멀었다. 오히려 국제 정치 정세와 국가 내부에서 일어나는 계급 투쟁에서 많은 영향을 받았다. 물론 그들은 현실적인 정치가들이었으며, 이론보다는 실질적 상황을 많이 고려하여 민족 문제를 다루었다.

엥겔스는 독일 같은 위대한 '역사적 국가'와 비교되는 '비역사적' 인간에 관한 헤겔주의 개념을 발전시켰다. 엥겔스는 "국가의 유물은 역사의 흐름에 자비 없이 짓밟히며, 헤겔이 이야기했듯 그 과정에서 살아남은 인간들은 완전히 자취를 감출 때까지 반혁명 운동의 광신적인 추종자로 활동한다(Marx and Engels, 1977a)"고 이야기했다. 체코, 슬로바키아, 세르비아, 크로아티아를 포함한 남부 슬라브족은 역사가 없는 민족이었으며, 그들에게는 결코 독립을 이룰 만한 실행력이 없었다. 물론 국가적, 민족적 조직이 1848년 혁명의 물결로부터 거리를 두거나 반혁명 동맹에 가담한 이유가 반동적 '천성' 때문은 아니었다. 결국 바스크족이 돈 카를로스와 동맹을 맺은 이유는 스페인의 절대주의 체제로부터 그들의 민주 자치(자주권)를 보호하기 위함이었다. 게다가 '민족 생존'의 개념은 본질적으로 형이상학적이며, 민주적 기준과는 거의 일치하지 않는다. 어떠한 민족도 반혁명이라는 이유로 역사의 쓰레기통에 버려질 수 없으며, 어떠한 민주 정치도 엥겔스가 그러했듯 "가장 강압적인 방식으로(Marx and Engels, 1977a)" 그들의 소멸을 주장해서는 안 된다.

역사적 민족과 비역사적 민족을 나누는 안타까운 분류는 마르크스와 엥겔스가 유럽을 벗어난 세계에 관한 글을 쓰는 데도 영향을 미쳤다. 1845년 시작되어 1847년까지 이어져 온 미국과 멕시코 사이의 전쟁이 끝나고, 멕시코는 패전의 대가로 어마어마한 영토를 미국에 빼앗겼다. 엥겔스는 이 전쟁이 '게으른' 멕시코인들을 '문명화'

하기 위한 노력이라고 주장했다. 엥겔스는 프랑스의 알제리 정복을 "강도 민족인 베두인족(Avineri, 1969)"에게 문명의 진보를 가져다준 다행스러운 사건이라고도 이야기했다. 이후 엥겔스는 프랑스의 식민 지배에 저항하는 알제리에 훨씬 호의적인 태도를 취했다. 인도의 경우를 두고 마르크스와 엥겔스는 식민 지배에 긍정적이기도, 부정적이기도 한 미묘한 반응을 보였다. 둘은 식민 지배가 자본주의의 발전을 가져오는 동시에 인도 문명을 파괴한다고 생각했다. 마르크스와 엥겔스는 상당히 보편적인 관점을 취했다. 유럽 밖의 세상을 단순히 유럽의 연장선상으로 여겼으며, 타 대륙 국가들의 내부 사정을 이해하려는 노력은 보이지 않았다. 마르크스는 라틴아메리카에 관한 글을 쓰며 라틴아메리카 해방의 영웅이었던 시몬 볼리바르**Simón Bolívar**를 곱지 않은 시선으로 바라봤다. 라틴아메리카는 애초에 비합리적이고 부조리하며 무질서한 대륙이라는 헤겔의 의견을 받아들인 듯했다. 마르크스는 라틴아메리카 내부에서 일어나는 계급 투쟁을 보지 못했으며, 볼리바르를 나폴레옹 3세의 보잘것없는 제3세계 버전으로 치부했다.

마르크스와 엥겔스는 아일랜드의 사례를 다루며 역사적 민족과 비역사적 민족의 이항 대립에서 벗어나는 모습을 보여 줬다. 1867년 마르크스가 엥겔스에게 보낸 편지에 '아일랜드 사태'에 관한 생각이 분명히 드러나고 있다. "이전까지 나는 영국으로부터 아일랜드의 독립이 불가능하다고 생각했다. 이제 나는 아일랜드 독립이 필연적이라 생각한다(Marx and Engels, 1971)." 마르크스는 아일랜드의 독립과 보호 관세의 도입, 농지 개혁의 필요성을 주장했다. 엥겔스는 다음과 같은 글에서 훗날 '종속 이론'이라 불리는 이론이 탄생할 징조를 보여 줬다. "아일랜드가 산업적으로 발전할 기회를 가진 순간마다 좌절되고 다시 순수한 농업 국가로 돌아왔다(Marx and Engels, 1971)." 무력으로 아일랜드를 차지한 영국은 산업 혁명을 지지해 줄 농경지로 아일랜드를 사용했으며, 아일랜드인을 예비 노동력으로 여기고 있었다. 마르크스와 엥겔스는 독립을 쟁취하기 위한 아일랜드의 민주 운동을 지지하고 나섰다. 둘의 입장은 짧지만 설득력 있는 한 문장으로 설명된다. "다른 국가를 억압하는 모든 국가는 스스로를 동여매는 쇠사슬을 만드는 것과 같다(Marx and Engels, 1971)." 마르크스와 엥겔스는 억압당하는 입장에서의 민족주의와 공격적으로 세력을 키워 나가며 억압을 가하는 민족주의의 근본적인 정치적, 계급적 차이를 깨달은 듯 보였다.

아일랜드의 사례는 마르크스와 엥겔스가 국가적 투쟁과 계급적 투쟁에 얽힌 복잡한 관계를 이해하고 받아들인 전환점을 상징한다. 독립 아일랜드의 제1인터내셔널 가입을 놓고 벌어진 분쟁에 엥겔스는 "아일랜드와 같은 경우 진정한 국제주의를 이루어 내기 위해서는 명백히 민족적인 조직을 기반으로 해야 한다. (중략) 아일랜드 지방의 (중략) 아일랜드인들은 민족의 독립을 이루어 내겠다는 의무를 지니고 있다(Marx and Engels, 1971)"며 분명히 자신의 입장을 밝혔다. 그러나 아일랜드의 민족 독립을 위한 민주적 권리를 지지하는 내용을 담은 강력한 선언조차도 결국 아일랜드 자체가 가지게 될 권리보다는 영국과 유럽 혁명에 미칠 영향에 중점을 두고 있었다. 전반적으로 나는 다음과 같은 조르주 하우프트Georges Haupt의 의견에 동의하는 바이다. "아일랜드의 사례는 지배권을 가진 국가와 억압받는 국가의 원칙적 입지를 정의하고, 민족 운동이 새로운 역할을 하도록 이끌었으며, 혁명 이론을 의구심 없이 받아들이며 민족적 특성을 통합하고 일반화하는 행위를 부정했다(1974)." 아일랜드는 마르크스와 엥겔스가 민족 문제와 관련해 전개할 수 있는 가장 발전된 영역까지 논의를 이끌었고, 전통 마르크스주의가 민주적, 혁명적 측면에서 민족주의에 가지고 있던 이해의 한계를 넘어서도록 했다.

결과적으로 마르크스와 엥겔스가 민족 문제와 관련해 남긴 유산은 무엇이란 말인가? 여기에는 분명히 논쟁의 여지가 존재하지만, 민족주의는 지금껏 그려진 것과 달리 마르크스주의의 '가장 큰 역사적 실패'가 아니라고 생각한다. 마르크스와 엥겔스는 민족주의 시대에 살고 있었지만, 국제주의를 설파하며 세계의 균질화라는 목표를 달성할 수 있을 것이라는 기대를 품었다. 게다가 폴 제임스Paul James가 이야기했듯, "마르크스의 글에서 민족주의와 같은 이념은 종종 현실 세계의 허구적인 반영으로 환원되는 경우가 많았다(1996)". 잘 알고 있겠지만 마르크스에게 종교는 '민중의 아편'이었고, 민족주의는 진정한 계급 투쟁을 보지 못하도록 그릇된 의식을 조장함으로써 민중의 눈을 가리는 베일이었다. 계급 문제가 어떠한 이유로 객관적이고 유물론적인 범주에 속한 반면, 민족주의는 주관적인 범주로 분류됐다. 그러나 마르크스는 민족적 특성을 경제적 토대에 귀속시키지 않고 유연한 방법론을 적용해 민족적 전통과 문화, 조직의 분석을 진행했다. 민족의 '진보'에 부정적인 잣대를 들이대는 규범도 있었지만, 마르크스와 엥겔스는 각각의 민족주의 운동이 가지는 정치적 중요성을 이해하기 위해 민주주의를 시금석으로 사용했다.

공산주의와 민족주의

공산주의와 민족주의가 '같은 호수에서 물고기를 낚으려 애쓰는' 정치 라이벌이었다는 사실은 종종 잊히곤 한다. 한 사상은 '과학적'이고, 대조적으로 다른 한 사상은 '원시적'이며 비합리적이라는 생각을 버려야만 한다. 마르크스주의가 선호한다고 믿은 민족주의에 대해 '잘못된 주소 이론'을 전개한 어네스트 겔너Ernest Gellner의 재치 있고 적절한 분석을 우리는 고려해 볼 수 있다.

극단적 시아파 무슬림의 주장에 따르면, 천사장 가브리엘이 실수로 알리에게 전달되어야 할 계시를 무함마드에게 전달했다고 한다. 마찬가지로 마르크스주의자들은 역사 정신이나 인간의 의식이 끔찍한 실수를 저질렀다는 생각을 가진다. 깨달음을 주는 편지는 계급을 위한 것이었으나, 끔찍한 배송 실수가 일어나며 민족에게 전해졌다. 혁명 운동가들은 잘못된 수신자에게 편지를 돌려받아 애초 계획대로 정당한 수신자에게 되돌려 주고자 노력했다.(Gellner, 1983)

엄밀히 말하자면 정확한 분석이라고는 할 수 없으나, 대부분의 마르크스주의자에게 깊게 뿌리내린 민족적 현상의 몰이해와 적대감을 어느 정도 날카롭게 포착해 냈다. '여성 문제'와 마찬가지로 공산주의자들은 마르크스주의 이론을 도입함으로써 자신들이 이해하지 못하고 다루기 힘들다고 생각하는 사회 현상을 해결할 전략을 찾아낼 수 있을 것이라고 생각했다.

다양한 민족으로 이루어진 소비에트 연방을 이끌던 레닌은 민족주의적 마르크스주의 이론을 발전시키기로 결심했다. '국가에 속한 민족들의 자결권'을 보장하기 위한 레닌의 노력은 마르크스-레닌주의 체제 내에서 체계화됐다(see Lenin, 1963a). 국가에 속한 민족들의 자결권이라는 개념은 1903년 '민족주의' 성향을 지닌 유대인 노동자 조직인 분트Bund에 볼셰비키가 보인 반응의 일부였다. 1905년 러시아 혁명이 일어나면서 민족 문제는 볼셰비키 정치의 중심 과제로 자리 잡았다. 레닌은 유대인(과 우크라이나인)이 민족 문화 자치권을 요구하자 반발했으며, 민족주의 억압을 비판하던 로자 룩셈부르크와 그녀의 편에 선 일부 볼셰비키와 대립했다. 근본적으로 레닌은 우세를 잡은 민족에게 억압당하는 소수 민족이 민족 자결권(분리 독립도 포함된다)을 보장받아야 한다는 입장을 지지했다. 마르크스가 이야기했듯, 레닌도 경제 발전을 도모하기 위해서는 거대한 경제 주체가 나서야 한다고 생각했다. 보다 넓은 시각에서 보면, 민족주의 운동의 지지는 레닌이 '민중의 감옥'이라고 생각한 러시아 차르 정권의 기반을 약화시키고자 하는 전략을 바탕으로 두고 있었다. 정작 볼셰

비키가 권력을 잡자 소수 민족의 '권리'에 관한 이야기는 유야무야
되었다.

레닌주의가 민족 자결권에 관해 제시한 '원칙'에는 논의의 여지
가 상당히 많다. 톰 네언은 "마르크스주의적 통설은 민족 운동을 지
지하는 동시에 지지하지 않을 수 있는 타당한 논리를 찾고자 했다.
재빨리 입장을 번복함으로써 모든 선택지가 가진 가능성을 열어 두
는 방식이었다. 레닌이 택한 방식이었다(1997)"는 신랄한 글을 남겼
다. 레닌은 정치 행동에서 민족 문제가 가지는 전략적 중요성을 잘
알고 있었다. 심지어 레닌은 민족 억압의 특이성을 논하면서 전통
마르크스주의가 제시한 계급 환원주의를 넘어서는 움직임까지 보
였다. 다음과 같은 레닌의 글에서 확인 가능하다. "자본주의가 사회
주의로 전환되는 과정에서 프롤레타리아는 민족 억압을 소멸시킬
가능성을 탄생시킨다. 그러나 그 가능성은 '오직' 완벽한 민주주의
가 사회 전반에 스며들어 (중략) 분리 독립의 자유를 쟁취해야만 현
실이 될 수 있다(Lenin, 1970)." 사회주의로 향하는 길목에 자리한 국가
와 사회의 완벽한 민주화는 민족 공동체의 민주적 권리가 보장되어
야만 가능하다. 안타깝게도 러시아는 민족적, 문화적 자결을 이룩하
기 위해 상당한 노력을 들였음에도 '민중의 감옥' 신세를 벗어나지
못했다.

로자 룩셈부르크는 민족 문제에 기회주의적 의도를 가진 접근 일
체를 근절하기 위해 정치적인 노력을 기울였다. 룩셈부르크는 민족
자결권의 '인정'이 노동자가 금 쟁반을 먹어 치우는 행위만큼이나

어처구니없다고 생각했다. 룩셈부르크는 민족 자결권이 아무런 의미를 가지지 않는 단순한 용어에 불과하다고 이야기했으며, 민족 자결권이라는 개념이 사회주의자들에게 모든 민족의 염원에 응답할 무조건적인 의무가 있음을 암시한다면 분명 거짓된 오해라고 주장했다. 룩셈부르크는 1917년 러시아 혁명에 반색을 표했다. 그러나 그녀는 볼셰비키가 민족 자결권과 관련된 정책을 제시하여 러시아의 분열을 야기하고 결국 소비에트에 분란을 일으킬 것이라고 믿었다. 로자 룩셈부르크는 볼셰비키를 비판하며 민족의 독립 의지를 표시하는 주체가 누군가에 관한 적절성 문제를 제기했다. "그 '민족'이란 도대체 누구를 뜻하며, 누가 '민족'의 '권리'를 대변해 그들의 의지를 표현할 권한을 가지는가?(Davis, 1976)." 룩셈부르크가 레닌주의의 전위 정당 개념에 제시한 대표성 문제의 비판과도 일맥상통한다. 그녀는 (제국주의 연구를 진행하며) 비유럽 국가 국민들을 바라보는 관점에도 민감한 반응을 보여 줬다. "노동자 계급은 민족주의의 문화적, 민주적 요소에 관심을 가졌는데, 노동자들이 민족적 삶 내부의 문화와 민주주의의 자유 발전을 가져오는 정치 체제와 같은 이해관계를 공유하고 있었음을 의미한다(Davis, 1976)."

소비에트 마르크스주의가 러시아를 장악하기 시작하면서 혁명의 확산에 관심이 높아졌다. 정통 마르크스주의는 독일같이 발전된 서구 자본주의 국가의 프롤레타리아가 가지는 중요성을 강조했다. 반면 레닌은 "서구 프롤레타리아와 민족적, 민주적 가치의 밀접한 관계를 과소평가했다. 역사적으로 민족과 민주주의는 자본주의의 산물이었지만, 동시에 노동 대중에 의해 이룩된 결과이기도 했다(Claudin, 1975)". 서구 세계에서 좌절을 경험한 볼셰비키는 혁명의 불씨를 동쪽으로 옮겨 가 지대한 영향을 미쳤다. 1920년 바쿠에서 개최된 제1회 동방 민족 회의First Congress of the People of the East에서 민족주의가 전면에 제시됐다. 공산주의 인터내셔널(제3인터내셔널)의 지도자들은 마르크스주의라고 부르기조차 민망한 주장을 놓고 혁명적 민족주의 지도자들에게 지지를 호소했다. 지노비예프Zinovyev는 다음과 같은 발언을 남겼다. "형제들이여, 영국 제국주의에 맞서는 성전에 힘을 보태 주길 바라오!" 회의에 참석한 대표인단은 총칼을 허공에 휘두르며 '지하드'와 '동방 르네상스여 영원하라'를 외쳤다(Carrière d'Encausse and Schram, 1969). 실제로 공산주의가 동쪽 세계에서 현지의 특색을 가지고 새롭게 탄생했다는 점에서 부흥이라고 할 수 있으며, 공산주의자들을 선두로 일어난 반제국주의 운동은 세계사에 지대한 영향을 미쳤다.

대부분의 마르크스주의자와 공산주의자는 세계 혁명사에 엄청난 공로를 보탠 비유럽 국가 민중을 신중한 관점에서 바라봤다. 예를 들면, 아일랜드의 사례를 분석하면서 영국에 미친 영향력에만 초점을 맞췄다. 민족 문제는 여전히 유럽을 중심으로 전개됐다. 오스트리아-헝가리 제국을 구성하는 수많은 민족 집단을 어떻게 다룰지에 관한 논의가 이를 증명한다. 그러다 1922년에 개최된 제4회 공산주의 인터내셔널 회의에서 반제국주의 통일 전선의 결성을 예시하는 입장이 발표됐다. "대표인단을 통해 국가의 독립을 염원하는 민족의 다종다양한 의지를 완벽히 인지했고, ^(중략) 공산주의 인터내셔널은 제국주의에 저항하는 모든 민족 혁명을 지지하는 바이다(Degras, 1971)." 1928년부터 1934년까지 짧은 시간 동안 극좌파가 세력을 잡았고, 국제 공산주의 운동은 제3세계 민족주의 운동과 향방을 같이했다. 그러나 레닌은 인식론적 단절을 통해 소비에트 연방을 봉쇄한 제국주의에서 벗어날 방법을 찾고자 했다. 그 과정에서 레닌이 남긴 말을 기억하는 사람은 많지 않다. "마르크스주의는 민족주의와 조화를 이루어 가장 '정당'하고, '순수'하고, 고상하고, 문명화된 브랜드를 구축하지 못한다(Lenin, 1963b)."

공산주의자들은 민족주의의 '문명화'된 브랜드 구축 이상을 지지하고 나섰다. 일례로 소비에트로부터 군사적, 재정적 지원을 받던 터키의 무스타파 케말Mustafa Kemal이 공산주의 지도자들을 잇달아 처형하자 (일찍이 민족 문제에 있어 로자 룩셈부르크의 입장에 동의를 표했던) 카를 라데크는 차분하게 다음과 같이 자신의 의견을 알렸다. "우리는 터키 공산주의자들에게 그들의 첫 번째 의무는 민족 해방 운동의 지지라고 이야기했고, 조금의 후회도 없다(Carrière d'Encausse and Schram, 1969)." 그렇게 소비에트 국가 정책에 대한 제3세계 공산주의자들의 기나긴 '배신'이 시작됐다. 마르크스-레닌주의는 제3세계의 '비자본주의적' 발전의 촉진제 역할을 했다. 마르크스주의와 민족주의 사이의 경계는 흐려졌고, 신념이든 편의든 둘 사이의 결합이 이루어지는 경우도 종종 발생했다. 윤리적으로 비판을 제기하기 위함이 아니라, 적대감까지는 아니더라도 한때 거리를 유지했던 마르크스주의와 민족주의가 어떠한 경로로 거리를 좁혔는지 알아보기 위함이다. 이런 분위기는 1989년 국가 사회주의 또는 공산주의가 무너질 때까지 이어졌다.

소비에트 공산주의가 파멸을 향한 내리막길을 걷기 시작하면서 다민족 국가의 민족 문제가 다시 한 번 표면화됐다. 권위적인 공산주의의 가면은 벗겨졌지만, 오랜 시간 이어져 온 민족 정체성의 '원시적' 이미지는 여전했다. 마이클 이그나티에프Michael Ignatieff는 그의 저서《피와 속성Blood and Belonging》을 통해 자유로운 문명의 추구는 "인간의 본성 깊숙이 내재하고 있다(1994)"고 주장했다. 그는 공산주의의 종말을 무시무시하게 그려 냈다. 국가의 구조가 무너지고, 사건을 중재해 줄 제국이 사라지고, 수백에 달하는 민족 집단은 속수무책으로 남겨진다. 공산주의 규칙 아래 민주주의 담론과 중재를 맡은 정치 기관이 자취를 감추면 필연적으로 폭력이 모습을 드러낸다. 이그나티에프는 "민족주의는 기회주의적 표현을 통해 군사와 총잡이에게 자기 정당화를 가능하게 했고, 이로써 민족주의는 들불처럼 번지게 됐다(1994)"고 이야기했다. 그의 주장에 따르면, 민족주의는 피를 불러일으키는 강한 속성을 지니기에 '자유로운 문명'이 허락한다면 원시적이고 본능적인 모습을 드러낼 것이다.

민족주의의 타락은 이해할 만하나, '자유로운 문명(미국?)'은 '프롤레타리아 국제주의'의 해독제 이상의 그 무엇도 아니었다. 민족주의를 원시적 본능을 넘어선 정치사상으로 바라본다면 1989년 이후에 일어난 사건들을 보다 덜 갑작스럽고, 덜 놀랍게 받아들일 수 있다.

제국의 몰락은 민족주의를 온갖 사회적, 경제적 불만을 표현하는 매력적인 핑곗거리로 만들었다. 오늘날의 민족주의적 갈등은 '피와 속성'만을 의미하지는 않는다. 에리카 베너는 1989년 이후의 민족주의를 설득력 있게 전개하기 위해 마르크스와 엥겔스를 끌어들였다. "만약 극단적 민족주의가 과거 공산주의 국가에 강력한 힘을 실어준다면, 피 튀기는 살벌한 민족주의 독재는 과거에 머물지 않을지도 모른다(1995)." 민족주의 운동은 언제라도 폭발할 준비가 되어 있는 국민 정서의 단순한 반영이 아니다. 실상은 이보다 훨씬 복잡하다. 민족주의 정치는 마르크스와 엥겔스가 당시 관찰했듯, 사회와 경제 상황에 지대한 영향을 받으며, 불리한 상황이 닥치면 곧 민족주의의 강력한 부정적 내포로 이어진다.

결론을 이야기하자면, 이론적으로 공산주의와 민족주의의 만남은 그다지 생산적이지 않았다. 레닌은 민족주의를 사회주의로 향하는 역사적 길목에서 맞닥뜨린 일시적인 문제로 받아들였다. 비유럽 식민 국가의 등장으로 민족주의와 공산주의가 결합하며 새로운 사상이 부상했고, 더 나아가 마르크스주의는 민족주의의 일부로 흡수됐으며, 레닌주의는 발전 이데올로기로 이용됐다. 유럽의 마르크스주의자들은 여전히 민족주의를 과소평가하며 그릇된 의견을 고수했다. 1989년 에릭 홉스봄은 1780년까지 거슬러 올라가 넓은 시각으로 민족주의를 다시 바라봤다. "1945년 이후의 세계 정치는 기본적으로 혁명과 반혁명의 정치였으며, 그 사이에 등장하는 민족 문제는 주요한 흐름을 강조하거나 방해할 뿐이다(Hobsbawm, 1990)." 홉스봄은 언제나 레닌의 뒤를 쫓고 있었다. 홉스봄이 '민족주의를 붉게 물들이려' 했다는 의미가 아니라, 단편적인 시각으로는 세계 정치의 흐름을 이해하기 어렵다는 뜻이다. 만약 민족주의가 '역사적 실패'였다면 애초에 이론적인 논의로 이어져 행동 양식의 지침을 제시하지도, 전 세계를 민족주의 색채로 물들이지도 못했을 것이다.

오토 바우어의 새로운 시각

오토 바우어가 사회주의와 민족주의에 제시한 시각은 큰 주목을 받지 못했고, 그마저도 대부분이 레닌과 스탈린을 향한 신랄한 비평에 관한 관심이었다. 반면 가히 마르크스주의 역사의 움직이는 백과사전이라 할 수 있는 코와코프스키는 1907년 발간된 오토 바우어의 숨겨진 고전《민족 문제와 사회민주주의**The Nationalities Question and Social Democracy**》를 "민족 문제를 다룬 마르크스주의 문헌 중 최고의 논문이며, 마르크스주의 이론 전체를 통틀어서도 엄청난 중요성을 가진다(Kolakowski, 1981)"며 찬사를 보냈다. 뒤에 이유를 설명하겠지만, 정통 마르크스주의자들은 바우어의 접근을 납득하는 데 어려움을 겪었다. 바우어는 부분적으로나마 고전 마르크스주의에 내재된 환원주의를 무너뜨렸고, 최근 들어서야 이 사실이 세상에 알려졌다(cf. Nimni, 1991).

민족주의를 주제로 한 오토 바우어의 글은 다민족 국가인 오스트리아 사회민주주의에 큰 영향을 미쳤다. 오스트리아 마르크스주의라 불리는 정치사상의 형성에 일조한 바우어는 19세기에서 20세기의 전환기에 활발하게 활동했던 오스트리아 사회주의 운동가 중 하나였다(see Bottomore and Goode, 1978). 그들은 카우츠키가 이끌던 사회민주주의 운동인 '마르크스주의 중심'을 따랐으며, 제1차 세계 대전이 끝난 후에는 몰락한 사회민주주의와 새로운 공산주의 경향을 대체할 방안을 찾기 위해 애썼다.

합스부르크 제국에서 민족 문제의 긴장이 고조되며 노동자 운동의 통합은 고초를 겪었다. 20세기가 될 무렵까지 오스트리아의 사회민주주의자들은 바우어가 '세계시민주의'라 부르던 개념을 내세웠다. 세계시민주의는 민족주의로 인한 교란을 부정적인 시각으로 바라봤으며, 함께 어우러져 살아가는 세상의 중요성을 강조했다 (Bauer, 1979). 한편 체코의 노동자 운동은 민족주의로부터 지대한 영향을 받았고, 자연스레 합스부르크 제국 내(현재 오스트리아에 해당하는 지역)의 독일인들이 지배권을 쥐도록 하는 결과를 야기했다. 어느 비평가가 꼬집었듯, "정치적으로 사회민주당이 다민족 국가 내의 민족 갈등을 두고 어떠한 공통되는 요소도 분석해 내지 못했으며, 국제주의라는 애매모호한 사상을 내세웠을 뿐 통합을 위한 어떠한 지침도 제시하지 못했다(Loew, 1979)".

오스트리아의 사회민주주의자들은 민족을 중심으로 제국이 분열되는 상황을 원치 않았기에 민족주의가 큰 지지를 얻지는 못했다. 민족 운동은 국가 전체를 휩쓸던 개혁적 정치 활동의 장벽에 가로막혔다. 이 과정에서 오스트리아 사회민주주의는 오스트리아 왕정을 둘러싼 사건에 비유되며 'KUK Kaiserlich und Königlich, 황제와 왕' 사회민주주의로 불리기도 했다(Loew, 1979). 제국 내부에서 긴장감이 점차 고조되며 오스트리아의 사회민주주의자들은 민족 문제에 맞닥뜨려야만 했다. 오스트리아 사회민주당의 지도자였던 빅토어 아들러 Victor Adler 는 민족 문제가 일촉즉발의 위기를 가져올 수 있을 것이라고 주장했지만, 별다른 방도가 없었다. 카를 카우츠키에게 지대한 영향을 받은 1899년 브르노 프로그램은 사회민주주의를 구성하는 민족들이 가지는 각자의 문화적 요구를 인정하는 한편, 민족을 초월해 국가 차원에서 경제 갈등을 해결함으로써 민족 문제로 인해 고조된 갈등을 해결하고자 했다. 사회주의 운동의 일부로 1897년 오스트리아 의회에서는 6개의 국가 정당을 결성하기로 했고, 카우츠키는 이러한 움직임의 연장선상에서 민주적 개혁을 이루어 내야만 한다고 주장했다. 브르노 프로그램은 오스트리아의 언어 분열을 재구성해야 한다고 이야기했으며, 법적 허용 범위를 넘어서는 문화적 자율성을 요구하던 소수 민족에 반박하는 입장을 취했다. 브르노 회의의 논의를 통해 사회민주당 당원 사이에도 민족주의를 바라보는 시각이 다양하게 갈린다는 사실이 확인됐다. 셀리게르 Seliger 는 민족적으로 중립 입장을 취하는 인물들이 민족 문제의 해결을 위해 나서야 하는 상황이 가지는 역설을 이야기하며 논의를 시작했다. 그는 무엇보다도 민족주의 문제가 권력에 관한 문제가 되어서는 안 되며, 문화적 논의에 머물러야 한다는 점을 강조했다(Bernstein 외, 1978). 다신스키Daszyński 대표는 "경제적 배경 없이는 어떠한 민족 문제도 발생하지 않는다"며 반대 의견을 표명했다(Bernstein 외, 1978). 사회주의를 표방하는 루테니아 사람들은 지지를 보냈으나, 민족의 일부가 여전히 오스트리아 바깥의 러시아 지배 아래 놓인 우크라이나에 남아 있다며 현실을 상기시켰다. "우리는 다양한 민족이 스스로의 역사를 선택할 수 있어야만 프롤레타리아가 국제 사회에서 힘을 가진다는 의견에 동의한다. 우리는 사회적, 정치적 해방이 민족 해방을 전제한다는 사실을 잘 알고 있다(Bernstein 외, 1978)."

민족주의와 사회주의가 충돌하며 발생한 문제를 해결하기 위해 노력하는 과정에서 대부분의 대표인단은 노동 운동의 발전을 위해 먼저 민족 분쟁을 해결해야만 한다고 주장했다. 소수의 대표인단은 "민족 문제는 우리의 행동에 너무나 큰 제약을 가하고 있다"며 반대 의견을 제시했으며, 민족 문제를 앞세우지 않는 노동자들의 지지를 얻고자 노력했다(Bernstein 외, 1978). 이 문제는 폴란드 대표인단에 의해 가장 잘 설명된다. 폴란드 사회주의자들은 오스트리아 노동자 단체의 테두리 내에서 활동했으나, 동시에 "폴란드 민족에게 가해지는 심각한 부조리함을 뿌리 뽑기 위해 지속적으로 노력해 왔다(Bernstein 외, 1978)". 프롤레타리아 투쟁은 잔혹한 민족 억압과 국가의 분열을 무시할 수만은 없었다. 단순히 문화적 자율성을 인정하는 것만으로는 충분하지 않았다. 심지어 민족 문제를 외면하고자 했던 빅토어 아들러조차 국제주의자들도 훌륭한 애국자가 될 수 있다며 딜레마에서 벗어날 해결책을 찾으려는 노력을 보였다. 그렇게 국제주의의 애매한 입지는 민족주의에 조금이나마 지지를 보냈다.

바우어는 경제 발전 과정과 사회 구조의 변화, 사회를 구성하는 계급의 표현에서 민족주의가 유래했다고 자신이 제기한 이론의 강점을 찾았다(1979). 그의 연구는 주로 '민족'의 정의를 다루고 있었으며, 이후 대두된 논의들도 이 부분에 초점을 맞추는 경우가 대부분이었다. 바우어의 주장을 간단하게 요약하자면, "민족은 같은 운명을 지닌 인간들이 한데 모여 구성한 특징적인 공동체이다(1979:)". 이에 따르면 민족은 긴 역사 속에서 생존을 위해 함께 분투하며 그 산물을 나누는 인간들이 형성한 '운명 공동체'라고 할 수 있다. 운명 공동체라는 개념이 이상론에 불과하다며 조소를 보내기 전에 먼저 바우어가 "민족을 인간 정신의 집약체로 본 미스터리한 민족 강신론(1979)"에 지속적인 비판을 가했다는 사실을 생각해 볼 필요가 있다. 바우어는 민족의 심리학적 이론 역시 드러내 놓고 부정했다. 그는 다음과 같은 방법론적 상정을 통해 민족을 정의했다.

민족적 현상을 이해하고, 민족의 특이성을 구성하는 바탕이 되는 유일무이한 역사 흐름을 설명하고, 각각의 민족이 가지는 특성과 다른 민족과의 차별성을 살펴보면, 역사가 개인이 가진 민족성에 관여하고 있으며, 개인의 내부에 역사가 혼재한다는 사실을 알 수 있다.(Bauer, 1979)

바우어는 민족을 구성하는 요소를 밝혀내려는 노력을 통해 민족의 실재를 덮고 있는 그릇된 인식에서 벗어날 수 있다는 결론을 내렸다.

바우어는 민족이 역사의 산물이라고 굳게 믿었는데, 이유는 두 가지로 설명된다. 첫째는 "물리적 측면에서 민족은 역사적 현상이라고 할 수 있는데, 모든 구성원이 공유하는 민족 특성은 역사 발전에서 발생했기 때문"이며, 둘째는 "구조적 형성 측면에서 민족은 역사적 현상이라고 할 수 있는데, 역사 발전 과정에서 여러 경로와 방법을 통해 다양성을 지닌 수많은 개인이 하나의 민족이라는 긴밀한 관계를 형성했기 때문"이다(Bauer, 1979). '특성을 지닌 공동체'는 역사적 환경에 의해 탄생한다는 것이다. '특성을 지닌 공동체'는 시간의 흐름에 구애받지 않는 관념이지만, 시간이 흐름에 따라 변형을 거듭한다. 바우어는 민족 특성이 시대별로 특수성을 가지지만, 역사를 거슬러 올라가 기원을 찾을 수는 없다고 이야기했다. 또한 민족은 스스로가 가진 특성을 설명할 수 없기에 외부의 도움이 필요하다고 주장했다. 국제주의는 민족 특성을 단순히 무시해서는 안 되며, 역사 과정에서 도출된 결과를 설명해야만 한다.

바우어는 독창적인 원근법으로 사회주의 체제 아래에 있는 민족의 미래를 점쳤다. 마르크스와 엥겔스는 "시간이 지나며 민족적 차이와 그 사이를 감도는 적대감은 점차 사라지고 있다. (중략) 프롤레타리아가 우위를 점하며 이 현상은 가속화된다(1976)"고 주장했다. 그러나 바우어는 사회주의가 "민족의 차별성을 강화시키고 (중략) 특이성과 개별성을 부각시킬 것(1979)"이라고 이야기했다. 바우어는 사회주의가 진정한 민족 자결을 가져옴으로써 대중을 민족 문화 공동체로 통합하고, 마침내 개별 민족이 가지는 각기 다른 정신이 자유롭게 융성할 것이라 생각했다. 지금껏 지배 계급의 역사로 여겨졌던 민족의 문화적 역사를 이제 대중이 이어받아 민족이 가진 특성을 어떠한 제약도 없이 자유롭게 펼칠 것이다. 곧 "인터내셔널은 민족의 개별성을 평준화하는 것에 그치지 않고, 더 나아가 다양한 민족의 국제적 통합을 이루어 내야만 한다(Bauer, 1979)"는 의미를 지닌다. 노동자 인터내셔널은 민족의 다양성과 전통 문화의 특이성을 고려하지 않은 채 갈등 해결을 위한 해답을 찾아서는 안 된다. 카우츠키는 제2인터내셔널이 평화로운 시대의 도구로 사용됐다는 사실에 조용히 안타까움을 드러냈지만, 바우어는 평화로운 시대에조차 이해관계를 두고 아슬아슬한 줄다리기를 하는 강대국이 존재하는 한 제2인터내셔널이 국제주의를 위한 도구로써 역할을 효과적으로 수행하지 못한다는 현실을 알고 있었다. 바우어는 노동자 계급의 국제적 통합을 이룩하기 위해 애썼지만, 한편으로 "우리는 국제 계급 투쟁의 민족적 실체를 발견해야만 (중략) 부르주아 민족주의를 물리칠 수 있다. (중략) 그리고 반드시 민족주의의 영역 내에서 이루어져야만 한다(Bauer, 1978)"고 했다.

오늘날 바우어의 민족주의 이론은 거의 망각되었다고 해도 좋을 만큼 관심을 받지 못하고 있지만, 전성기에는 격렬한 논쟁 주제로 사용되곤 했다. 카를 카우츠키는 제2인터내셔널에 속한 민족 문제 '전문가'로 인정받았고, 그에게는 정설의 재언명이라는 과제가 주어졌다. 카우츠키는 먼저 "바우어는 민족과 국가의 언어가 가지는 중요성을 충분히 고려하지 않았다(Kautsky, 1978)"는 주장을 제기했다. 카우츠키에게 언어란 국가 발전을 대표하는 가장 중요한 역사적 요소였다.

바우어는 카우츠키의 주장에 자신이 민족을 '문화 공동체'로 보고 있고, 문화 안에는 언어의 발생과 변형, 제약까지 포함된다며 그럴듯하게 반박했다(Bauer, 1978). 카우츠키는 계속해서 바우어의 연구가 가지는 약점을 지적해 나갔다. 그는 바우어가 "민족적 요소를 지나치게 과장하고 있다(Kautsky, 1978)"고 이야기했다. 카우츠키가 생각하기에 이러한 문제는 민족에 비해 프롤레타리아가 본질적으로 훨씬 국제적 성향을 가진다는 사실을 바우어가 이해하지 못한다는 것에서 시작됐다. 카우츠키는 프롤레타리아가 민족 문화가 아닌 국제 무대로 향하고 있으며, 국제 무역의 증가는 세계 공용어의 등장을 가져왔다고 했다. 카우츠키의 의견에 바우어는 계급 투쟁과 민족 갈등이 끊이지 않는 현실을 내세웠다. 앞서 살펴봤듯, 바우어는 민족주의의 영역 내에서 민족주의를 논해야 한다고 이야기했다. "싸움의 기술은 적을 피하는 것에 있는 것이 아니라, 적을 우리 쪽 진지로 끌어들이는 것에 있다(Bauer, 1978)." 이 전략은 노동자의 세계적 결속에 에스페란토어의 발전보다 훨씬 큰 역할을 할 듯 보인다.

바우어의 연구 중 오늘날 가장 유의미하게 받아들여지는 부분은 아마도 계급 투쟁과 민족주의의 관계에 관한 내용일 것이다. 그는 "민족주의의 혐오는 계급 혐오의 변형된 모습(Bauer, 1979)"이라는 충격적인 글을 남겼다. 특히 바우어는 억압된 민족의 프티 부르주아가 인구 이동과 자본주의의 발전으로 야기된 여러 변화에 많은 영향을 받았다고 이야기했다. 보다 보편적인 시각에서 바우어는 계급 투쟁과 민족 갈등의 얽히고설킨 관계 전반을 다루고 있다. 체코 노동자에 관한 글을 하나의 예로 들 수 있다. "독일에 의해 그들은 노예로 전락했다. 독일은 소유자의 권리를 보호했고, 재산을 박탈당한 사람들을 수감시켰다. 독일은 사형 선고 내용을 빠짐없이 기록해 뒀다. 독일 정부는 배고프고 힘없는 노동자들이 일으킨 시위를 진압하기 위해 군사력을 투입했다(Bauer, 1979)." '비역사적' 민족에 속하는 노동자들은 주류 민족 프롤레타리아의 '고지식한 세계주의'에 대항하기 위해 '고지식한 민족주의'를 채택했다. 진정한 세계주의적 정책이 발전하기 시작하며 아주 조금씩 '차별'은 줄어들었고, 각기 다른 민족의 프롤레타리아의 특성이 받아들여졌다. 바우어는 사회주의 생산 양식에 있어 노동자 계급의 자주권을 보장해 줘야 한다고 주장했지만, "자본주의 사회 내에서 민족 자결권이란 다양한 민족으로 구성된 국가 내의 계급 투쟁을 옹호하기 위한 필수 요소(Bauer, 1979)"라는 의견을 덧붙였다. 민족 자결권은 '국가 보전'에 관한 이야기가 아니었으며, 모든 사람을 민족의 경계 내에 포함시키려는 프롤레타리아의 필수 목표라고 바우어는 주장했다.

바우어의 연구는 경제 중심주의에 엄청난 변화를 가져왔다. 정치와 이데올로기는 더 이상 경제적 과정의 단순한 '반영'이 아니었다. 오스트리아 사회민주주의는 문화적 다양성과 경제 발전의 사회적 과정에 유독 민감한 반응을 보였다. 민족 문제를 다룬 바우어의

논문은 제2인터내셔널 마르크스주의가 제시한 경제 결정론과 기본
적인 진화론을 부정했다. 바우어는 역사 과정의 일부로 민족 개념을
풍부하고 상세하게 다루는 것에 상당한 페이지를 할애했고, 큰 영향
을 미쳤다. 이제 민족은 자연 현상이 아닌 역사 현상으로 이해됐다.
바우어는 대부분의 현대 마르크스주의자가 수용한 마르크스와 엥
겔스의 '비역사적' 민족의 범주를 무너뜨렸다. 엄청난 파장을 일으
킨 그람시의 민족-민중 연구와 더불어 바우어의 분석은 민족과 민
족주의를 인류의 통합을 저해하는 '문제'로 바라보던 마르크스주의
의 진일보에 긍정적인 영향을 미쳤다.

탈민족주의

　마르크스주의와 마찬가지로 민족주의는 모더니티와 불가분의 관
계이다. 모더니티는 민족주의에 변수와 제한으로 작용했다. 세계화
의 시대에 접어들면서 케케묵은 대서사의 자리를 문화 경영이 대
신 차지한 포스트모던 민족주의가 화두에 올랐다. 오래된 전통은 점
차 모습을 감추고 새로운 전통이 수줍게 '발명'됐다. 폴 제임스는 어
떻게 "새로운 민족주의가 치명적인 취약성을 가졌는지" 쓰고 있다
(1996). 온갖 군사 사건과 스포츠 행사를 실어 나르는 대중 매체는 금
세 '민족됨nationness'을 창조해 냈고, 세계화의 시대도 이미 벌어진
민족 사이의 거리를 좁힐 수는 없었다. 민족과 민족주의를 바라보는

포스트모던 마르크스주의적 이해는 새로운 연구 과제를 제시했다. 사람들은 하나 이상의 정체성을 가지게 되었고, 그중에는 모순되는 성격을 지닌 정체성이 혼재하기도 했다. 현대적 현상으로서 마르크스주의와 민족주의는 변명의 여지 없이 유럽 중심적이었다. 이와 같은 사실이 탈식민 시대의 민족주의 이론에 어떠한 의미를 가지고 있을까? 또한 민족주의는 성별의 영역에 발을 들여놓았다. 민족주의를 다루는 대부분의 마르크스주의 이론이 성별 문제를 피해 가던 것과는 대조적으로 성별이 가진 이미지와 성별의 역할을 중심에 놓고 논의를 진행했다. 지금부터 민족주의를 주제로 한 마르크스주의 이론의 유럽 중심주의 문제와 남성 중심주의 문제를 간단히 다루도록 하겠다.

엘리 케두리Elie Kedourie는 "민족주의는 19세기 초반 유럽에서 지어낸 정책(1960)'이라고 주장했다. 케두리는 정책, 혹은 담론의 모든 구성 요소가 유럽에 기원을 두고 있다고 이야기했다. 유럽 밖의 세계에 존재하는 민족주의는 실존하지 않는 모방에 불과했다. 사실 다양한 방법으로 이 주장을 해체할 수 있다. 먼저 민족주의의 기원이 유럽에 있다는 주장부터 시작해 보자. 대륙을 구분하는 선이 그어져 있고 각각의 영역이 다른 색깔로 채워진 지도 한 장이면 충분하다. 지도의 중앙에는 유럽이 자리하고 있고, 아래 '남쪽'에는 제국주의 시대를 증명하듯 식민지들이 표시되어 있다. 조각조각 나뉜 아프리카가 대표적이다. 지도상에서 한 가지 변함없는 부분은 바로 사회적 구성이다. 마르크스주의는 유럽 중심주의의 개념과 민족주의를 연관 지어 바라봤다. 자유주의가 됐든, 마르크스주의가 됐든 식민지 국민들이 식민의 굴레에서 벗어나고자 애쓰는 행동조차 계몽주의의 관념적 도구를 통해 이루어진다는 것이다.

톰 네언이 제시한 민족주의의 두 가지 얼굴(앞과 뒤를 동시에 바라본다는 점)의 개념은 중요한 마르크스주의 이론으로 자주 인용된다. 유럽에서 민족주의의 기원을 찾은 네언은 다음처럼 이야기했다. “우리 모두는 민족주의가 서유럽에서 시작해서 대변동을 겪으며 세계 각지로 확산됐다는 사실을 알고 있다. 민족주의는 중앙 유럽으로, 동유럽으로, 라틴아메리카로, 그 외의 대륙으로 퍼져 나갔다(1981).” 네언은 제국주의와 반식민주의 사이의 갈등은 “냉철한 세계주의적 모더니스트들과 감정적인 민족 옹호자의 전투(1981)”라는 해석을 내놓았다. 네언은 유럽의 ‘역사적’ 민족에게는 어떠한 문제점도 없다는 전제를 바탕으로 논의를 시작했다. 이 민족들은 자주적 속성을 가진 역사적 주체로 여겨졌다. 그들은 ‘열망’하고 ‘행동’했으며, 심지어 비이성적 무의식을 드러내기까지 했다. 유럽 밖의 세계에 민족주의가 천천히 스며들었지만, 제국주의가 팽배한 현실에 대한 이해는 부족했다. 산발적인 시각을 지닌 네언의 이론은 아일랜드 민족주의의 사례를 적용하여 완전히 무너졌다. 네언은 프로테스탄트 정착민을 억압당하는 민족 집단으로 그려 내는 아주 기이한 구성을 보여 줬다.

베네딕트 앤더슨Benedict Anderson은 민족을 ‘허구의 공동체’ 개념으로 받아들였다. 앤더슨이 제시한 개념은 상당한 파급력을 보였으며, 다양한 분야에 관심을 유도하고 환원주의를 부정했다는 점에서 거대한 진보를 이루어 냈다고 할 수 있다. 앤더슨은 민족주의를 하나의 이데올로기이자 거짓 의식으로 바라보는 정통 마르크스주의 시각을 벗어나 민족주의에 막스 베버식의 '신성한' 역할을 부여했다. 언어, 문학, 언론은 우리가 '민족'이라고 부르는 독립체의 형성에 중요한 요소로 인식됐다. 그러나 여전히 유럽의 모더니티와 민족주의는 계몽주의에서 탄생했다는 믿음에는 변함이 없었으며, 식민 지배로 인한 약탈 역시 민족주의 탄생에 영향을 미쳤다는 의견을 추가했다. 앤더슨의 관점에 파르타 채터지Partha Chatterjee는 질문을 던졌다. "유럽 바깥의 민족주의가 유럽과 아메리카 대륙에서 이미 형태를 갖춘 특정 개념을 '조립'해서 허구의 공동체를 형성한다면, 그들은 어떠한 허구를 만들어 내야 하나(1996)?" 마치 유럽 민족만이 진정한 역사의 주체이며 세상의 나머지 부분에 해당하는 민족을 유럽의 단순한 모방이자 허수아비로 바라봤던 헤겔의 시각으로 퇴보하는 듯했다. 유럽 중심적 시각은 나머지 세상을 위와 같이 단순하게 받아들였으며, 유럽과는 차별화된 급진적 사상을 바탕으로 형성된 (이슬람을 포함한) 대부분의 제3세계 민족주의가 모방 그 이상이라는 사실을 보지 못했다.

민족주의는 국제주의 담론의 일부로 작용했지만, 사회적으로 엄청난 영향력을 미친 비유럽 국가의 민족주의가 유럽 민족주의의 파생물에 불과하다는 부정적인 의미는 아니었다. 탈식민주의 시대에 등장한 새로운 민족주의는 과거 민족주의의 모더니즘적 담론의 변화와 분열, 붕괴를 가져왔다(그 점에서는 마르크스주의이다). 또한 우리는 탈식민주의와 민족주의의 공인된 역사 속에서 '지워지고' '얼버무려진' 부분을 잊어서는 안 된다. 이 역사는 "민중과 민족을 탄압하기 위해 권력이 특별한 목표 없이 행사하는 미성숙한 힘에 맞서 싸우는 민족의 불평등한 항쟁(Chatterjee, 1986)"을 담고 있다. 민족주의가 이어 온 투쟁을 비판이라는 명목 아래 묻어서는 안 된다. 유럽 중심주의적 마르크스주의는 탈식민 시대를 구성하는 서구 사상의 일부일 뿐이었다. 서발턴의 투쟁은 민족과 종족 간의 갈등을 비롯해 지역, 종교까지 수많은 형태의 갈등을 낳았다. 마르크스주의가 전 세계적 영향력을 가지기 위해서는 이러한 갈등을 이해하고 단순히 '납득'하는 수준을 넘어 '진정한' 계급 투쟁을 앞세워야 할 것이다.

이와 같이 민족주의는 유럽 중심주의로 얼룩졌고, 유럽 중심주의만큼이나 남성 중심주의도 큰 비중을 차지했다. 민족을 여성으로, 전쟁을 남성의 자연스러운 욕구로 바라보던 민족주의 담론은 성별 문제의 연구에 관심을 보이지 않았다. 최근 들어서야 민족주의는 성별 문제와 전쟁, 시민에게 주어진 권리에 관심을 보이기 시작했다. 민족주의와 성별 문제의 관계에 관한 논의가 등장하며 "성별과 마찬가지로 민족성은 개인이 타고난 차별화된 정체성(Parker, 1992)"이라는 주장이 불거졌다. 민족성과 성별은 내재된 '본성'만큼이나 상대적 차이에 의해 결정되는 요소였다. 민족성과 성별은 차이점에 의해 구성됐으며, 이 점에서 둘은 분명히 상대적이었다. 민족을 여성적인 이미지로 정형화해서 표현하듯, 민족의 개념에는 성적인 의미가 내포되어 있다. 같은 맥락에서 민족 서사와 문화의 정체성에도 성적인 의미가 내포된다. 파시즘뿐 아니라 민족 방어의 의무가 남성에게 지워지는 대부분의 민족주의에 적용되는 공통점이다. 민족주의는 남성의 의무가 가지는 결속력을 강조하는 한편, 동성애를 차별적인 시각으로 보고 '여성과 어린아이'를 수동적 객체로 한정 지어 바라봤다.

이제 여성은 민족주의 투쟁의 역사에 새롭게 기록되었다. 쿠만 자야와르데나Kuman Jayawardena의 제3세계 페미니즘과 민족주의 사상은 페미니즘이 탈식민주의 세계로부터 파생한 단순한 움직임이 아닐뿐더러, 여성이 독립 투쟁과 민족 해방의 중심에 설 수 있다는 사실을 동시에 증명해 보였다. '여성인 나에게 조국은 없다'는 버지니아 울프Virginia Woolf의 발언에 큰 영향을 받은 서구 페미니즘은 제3세계 페미니즘의 역사에 불편함을 느끼기도 했다. 제3세계 국가의 여성들은 민족주의 투쟁에 적극적으로 나섰으며, 여성의 권리를 보장받기 위한 노력을 놓치지 않는 와중에 민족적 정체성을 지켰다. 제3세계 페미니즘은 유로 페미니즘이 주장하는 자매애 형성 모델에 부합하지 않았다는 사실은 큰 문제가 되지 않았다. 근대화된 자본주의 사회에서 여성은 평등한 사회 추구를 위한 환경을 조성하는 동시에, 문화의 제국주의적 침투에 대항하기 위해 전통 관습의 재구성과 복원을 장려하는 모순된 모습을 보여 줬다.

여성은 민족주의의 사회적 재생산에서 핵심 역할을 맡았다. 플로야 안티아스Floya Anthias와 니라 유발 데이비스Nira Yuval-Davis는 여성이 민족의 발전 과정에서 다음과 같이 특수하고 필수적인 역할을 수행했다는 분석을 내놓았다.

1. 민족 공동체의 생물학적 재생산
2. 공동체 경계의 재생산
3. 공동체를 구성하는 이데올로기와 문화의 재생산
4. 민족 간 차이점을 표시

(Anthias and Yuval-Davis, 1989)

상위 3가지는 '사회적 재생산'이라는 용어를 기능주의적으로 적용했다. 서로 밀접한 연관을 가진 민족주의의 재생산 과정에 여성이 중요한 역할을 수행한다는 사실을 보여 준다. 개인적으로는 마지막 역할이야말로 민족주의 담론의 성별 문제를 가장 잘 설명한다고 생각한다. 대부분의 민족은 유명한 여성을 민족의 상징으로 내세운다. 여성은 현실 정치 공동체의 핵심에 접근하지 못하고 가장자리에 머물며, 시민으로서의 영향력을 박탈당하는 동시에, 이상적 공동체의 형성으로 향하는 길을 제시하는 상징이자 민족의 아이콘으로 받아들여진다.

역치성의 개념은 성별과 민족, 정치적 관계에 얽히고설킨 상호 연관성을 설명하는 새로운 방법을 가져왔다. 역치성은 인식과 몰이해가 왔다 갔다 하는 상태를 의미한다. 역치적 관점에서 보면 민족 정체성과 민족에 대한 충성은 확실성을 가지지 않는다. 우리는 역치성을 민족적, 지역적, 사회적 요소에 적용해서 생각해 볼 수 있다.

앤 노튼Anne Norton은 이 분야를 연구하며 "국가 구조에서 여성의 역치적, 확정적 역할(1988)"을 분석했다. 그의 분석을 지금 우리가 전개하는 문제인 민족과 민족주의의 형성으로 확장시켜 살펴보도록 하겠다. 여성은 시민권을 거부당하는 등 민족의 가장자리에 겨우 자리했다는 점에서 역치적 존재였으나, 동시에 민족을 상징적으로 의인화하는 존재이기도 했다. 국가 정치로부터 배척당하는 여성과 민족성의 원초적 상징으로서의 여성은 대립을 이루었다. 성별과 민족, 중심과 가장자리의 교차에서의 중첩성 혹은 양면성은 역치성을 이해하기 위해 매우 중요하다. 앤 노튼의 주장에 따르면, "역치성은 약점을 강점으로 바꾸어 놓을 힘을 가졌다는 점에서 중요성을 가진다(1988)". 오늘날 시민권의 개념을 두고 전개되는 논의와 캠페인은 이러한 방향으로 이루어지고 있다.

앞서 우리는 민족주의를 하나의 이데올로기나 그릇된 의식처럼 단순히 물질적(경제적) 하부 구조에 의해 파생된 부수 현상으로 바라보던 '유물론적' 이론이 가지는 제한을 알아봤다. 이제 민족주의는 미셸 푸코가 이야기하던 '담론 구성체'로 이해되는 경우가 보다 일반적이다. 이 개념은 "분산된 체제와 같이 수많은 진술 사이에서 그 대상과 진술의 형태, 개념을 설명함으로써 (규칙과 상관관계, 위치, 작용의) 규칙성을 정의할 수 있다(Foucault, 1972)". 이러한 관점은 '악한(혹은 차별적인)' 민족주의에 맞서는 '선한(혹은 시민적인)' 민족주의를 찾으려는 이론의 한계를 드러내는 데 큰 도움이 된다. 크레이그 칼훈Craig Calhoun이 말했듯, "민족 정체성과 충성심의 긍정적, 부정적 표명은 모두 민족주의라는 공통된 담론에서 형성된다(1997)". 수많은 사회 갈등은 민족적인 형태를 취하며, 수많은 사회 불만은 민족주의에 의해 탄생한다. 민족주의가 가진 복잡성과 모순되는 현상을 하나의 담론 구성체로 이해함으로써 우리는 민족 문제에 있어 마르크스주의적 환원주의를 극복할 수 있다. 앞서 등장한 민족주의 이론을 모두 부정해야 한다는 이야기가 아니라, 세계화가 진행되는 오늘날의 상황 속에서 성별 문제와 탈식민주의를 비롯한 다양한 관점에서 민족주의에 접근할 필요가 있음을 의미한다.

마지막으로 민족주의와 부족주의의 영향에도 불구하고 '원만한 세상'이 도래했다는 주장이 제기되는 세계화의 시대에 탈민족주의가 어떠한 모습을 취할지 살펴보겠다. 최근 세계화와 현지화는 어느 정도 협력 관계를 구축했으나, 탈민족주의 질서가 지구 전 범위에 걸쳐 진행되고 있는 내·외부적 전쟁을 완화시킬 것이라는 희망의 불씨는 사라지지 않았다. 후기 구조주의 관점에서 상상 속에서만 존재하던 세계화된 새로운 세상은 현실로 다가오고 있었다. 일례로 민족을 초월한 이동은 초국가적 정체성과 인식을 탄생시켰다. 개별 민족 정부의 역할을 감소시키는 '지구 시민 사회'로의 추구는 이러한 과정의 일부였다. 아르준 아파두라이Arjun Appadurai는 "초국가적 사회의 형태는 탈민족주의에 대한 갈망을 생성해 내는 것에 그치지 않고 탈민족주의 운동과 조직, 공간을 만들어 낸다(Appadurai, 1993)"는 주장을 펼쳤다. 국민 국가의 종말을 이야기하는 이 예언은 잘못된 판단으로 인한 시기상조가 아닐까?

　‘지구 시민 사회’의 개념은 다분히 유럽 중심주의적이며(see Munck, 2007), 탈민족주의가 추구하는 미래가 탈식민주의 세계에 민주화를 가져오는 것이라는 긍정적인 역할을 전혀 고려하지 않고 있다. 게다가 폴 제임스가 이야기했듯, “실제로 탈민족주의를 지지하는 이들은 국가 민족주의(선)와 종족 민족주의(악) 사이에 보편적인 윤리적 잣대를 적용하는 민족주의 이론가들의 실수를 반복한다(James, 2006)”는 사실을 염두에 둬야 한다. 탈민족주의는 민족주의와 마찬가지로 여러 가지 형태를 취하고, 그로 인해 야기되는 영향력을 통해 존재감을 드러낼 수 있다. 저명한 학자와 정치가들은 국경의 의미가 퇴색된 오늘날의 탈민족주의적 세계에서 미국이 새로운 패러다임으로 자리하고 있다고 말한다. 온갖 민족이 한데 섞인 인종의 용광로인 미국은 세계 경찰 역할을 자처하며 탈민족주의를 전파하고자 한다. 어쩌면 환상에 불과할지도 모르지만, 더 많은 세계가 지지하는 형태로 국경을 뛰어넘은 국제적 연대를 구축할 수도 있을 것이다.

—

'민중의 아편':
마르크스주의와 종교

—

오늘날 세상에는 종교보다 중요하게 여겨지는 사회적이고 정치적인 힘이 존재하지만, 사회주의나 마르크스주의 연구는 여기에 큰 비중을 두지 않는다. 그 이유는 꽤나 심오한 듯하다. 테리 이글턴은 "유대교와 기독교의 경전은 죽음, 고통, 사랑, 자기 파탄 등 오랜 시간 좌파가 침묵을 유지했던 몇 가지 중대한 문제를 다루고 있다(Eagleton, 2009)"고 이야기했다. 극단적인 성격을 지닌 이슬람교를 주제로 진행된 논의에 환원주의적 정치 관점을 지닌 인물들은 지극히 편파적인 입장을 취했고, 레닌이 입에 달고 살던 '구체적 상황의 구체적 분석'은 이루어지지 않았다. 물론 세계 경찰을 자처한 미국이 세계에 공포를 뿌리고 다닌다면 좌파는 방어적인 반응을 보일 것이다. 나는 이 시점에서 마르크스주의(특히 마르크스)를 되돌아보고 오늘날 의심의 여지 없이 대중의 행동에 가장 큰 영향을 주는 요소인 종교를 보다 깊게 이해할 필요가 있다고 생각한다.

8장은 종교가 단순한 무신론보다 훨씬 복잡한 양상을 취하고 있다는 마르크스의 사상을 담은 '마르크스와 신념'에 관한 분석에서 출발한다. 마르크스의 연구 범위 확장과, 실체화와 소외 개념에 초점을 두고 종교 분석의 중요성을 논한다. 엥겔스를 포함해 일부 마르크스주의 사상가들이 종교를 어떻게 바라봤는지도 살펴보도록 하겠다. 물론 이탈리아의 종교 문제에 지대한 영향을 미친 안토니오 그람시도 등장한다. '사회주의와 종교'로 넘어가서는 소비에트 연방과 쿠바 같은 사회주의 국가가 한때 절대 권력을 손에 쥐었던 종교를 어떻게 다루었는지를 알아보겠다. 더 나아가 마르크스주의가 지닌 종교적 성격을 논할 예정이다. 뒤이어 등장하는 '해방신학' 부분에서는 1960년대 말 화해를 이루어 내 오늘날까지도 영향력을 미치는 마르크스주의와 기독교의 관계를 이야기하고 있다. 마지막으로 '종교의 귀환'에서는 전 세계적인 범위에서 정치적 힘을 행사하는 종교의 부활과 이에 관한 마르크스주의적 이해를 알아볼 예정이다. 실제 사례를 통해 급진적 성격을 띠는 현대 이슬람 정치를 개괄적으로 분석하며 8장을 마무리할 것이다.

마르크스와 신념

마르크스의 종교 사상을 이야기하면 카를 마르크스를 지지하든 반대하든 대부분은 〈헤겔 법철학 비판 서설**Zur Kritik der Hegelschen Rechtsphilosophie.Einleitung**〉에 기록된 한 문장을 떠올린다. "종교는 민중의 아편이다." 우리는 1850년대 런던의 아편 유통에 마르크스가 어떠한 입장을 취했는지는 알 수 없으나, 그가 종교적 신념을 마약 섭취와 동일하게 바라봤다는 사실만은 확실하다. 순수한 환상으로서 종교는 거부할 수 없는 메시지를 전달한다. 그러나 마르크스의 유명한 문장 앞에서 우리는 "종교적 고통은 현실적 고통인 동시에 현실적 고통에 대항하는 표현이다. 종교는 억압받는 민중의 한숨이자 냉혹한 세상의 심장이며, 영혼 없는 사회의 영혼이다(Marx, 1970)"는 글을 찾을 수 있다. 마르크스는 종교에 단순하게 접근한 무신론자로 그려져서는 안 된다. 실제로 그는 사회 구성원을 교인과 무신론자로 나누는 이분법에 반대했는데, 사회주의가 이러한 갈등으로 취할 이해가 없다고 생각했기 때문이다. 사회주의는 '신을 부정'하는 입장을 취할 필요가 없었다. "사회주의는 인간의 긍정적인 자의식이고, 종교의 폐지를 통해 더 이상 얻을 것이 없다(Marx, 1974)"는 것이 이유였다.

마르크스는 종교를 현실의 반영이자 실제적 요구의 표현이라고 생각했다. 비록 요구가 잘못 해석되는 일이 있더라도 마르크스의 생각에는 변함이 없었다. 종교는 단순한 환상이나 신화가 아니다. 종교는 결코 대중의 눈을 가리기 위한 성직자들의 모의로 야기된 결과가 아니다. 신도들은 가상의 세상에서 환상만을 바라보는 아편 중독자와는 달랐다. 데니스 터너Denys Turner는 "신도들은 현실 세계를 대신하기 위한 수단으로 허구의 세계로 달아나지 않으며, 신앙이라는 프리즘을 통해 현실 세계를 투과시켜 허구의 문장을 만들어 낼 뿐(Turner, 1992)"이라고 설명했다. 종교는 세상을 뒤집어 그려 냈는데, 실제 세상이 똑바르지 못하기 때문이었다. 이처럼 마르크스를 따르던 일부 인물들과 달리 마르크스는 종교를 '그릇된 의식'으로 치부하지 않았다. 어떤 형태로든 신을 믿는 사람들은 일그러진 형태의 사회관계를 유지했으나, 그들은 실존하는 사회적 요구를 실제 세계에 적용시켰다. 마르크스가 〈헤겔 법철학 비판 서설〉에서 이야기했듯, "그들에게 자신이 처한 상황에 대한 환상을 포기하라는 요구는 환상이 필요한 상황을 포기하라는 요구와도 같다(Marx, 1970)".

마르크스가 남긴 글을 간단히 훑어보기만 해도 우리는 그의 종교 분석이 보다 넓은 정치철학으로 반영된다는 사실을 알 수 있다. 자크 데리다는 "마르크스는 보편적인 이데올로기의 분석을 진행하면서 이데올로기를 종교이자 신비한 현상이자 신학으로 탈바꿈시키는 특별한 능력을 가졌다(Derrida, 1994)"고 말했다. 마르크스 이데올로기가 가진 종교와의 유사성으로 인해 자본주의 체제 아래 마르크스의 사상은 완전한 자율화를 이루어 낼 수 있었다. 마르크스는 같은 시대를 살아가던 반종교주의 사회주의자들이 종교적 전능에 제기한 비판에 반발심을 드러냈다. 막스 슈티르너**Max Stirner**와의 격렬한 논쟁에서 마르크스는 "슈티르너는 자신이 뇌가 그려 낸 환상과 허상만 파괴했을 뿐이라는 사실을 잊고 있다. 그는 실제 관계를 표현하는 것에 있어 이러한 아이디어를 전혀 건드리지 않았다(Marx and Engels, 1976)"고 주장했다. 마르크스는 천상의 비판을 지상의 비판으로 끌어내리기 위해 애썼다. 두뇌의 산물에서 벗어나 사회관계의 일부로 인식되는 상품의 물신성을 해체하려는 노력이 대표적인 예이다.

마르크스에게 종교란 이념적 자율성을 획득하기 위한 수단이었다. 혹은 데리다의 표현을 빌리자면, "눈에 보이는 현상을 유령 같은 환상에서 분리하기란 불가능"하며, 따라서 종교 영역의 이념은 "한계를 가늠할 수 없으며, 본질적으로 파괴될 수 없다(Derrida, 1994)". 결국 마르크스주의의 이념적 이론은 종교의 비판에 대한 마르크스의 비판 없이 성립되지 않는다. 오늘날의 지정학적인 상황 아래 우리는 사회학자의 시각에서 종교 문제를 시급히 재고해 봐야만 한다. 현대의 마르크스주의자들 대부분이 그러하듯, 종교의 귀환을 바라보는 시각은 지나치게 단순화된 무신론적 입장에서 이루어지는데 종교의 미학적, '근본적' 양상 모두에 적용된다. 이미 언급한 대로 마르크스는 종교를 냉철한 과학 지식을 통해 일소 가능한 반계몽주의적 요소로 바라본 일반적인 계몽주의의 입장과는 차별화된 접근을 보여 줬다(이 견해에 대한 현대의 대표자로는 도킨스Dawkins와 히친스Hitchens가 있다).

마르크스의 최종 목표는 자본주의 분석이었고, 종교와 자본주의의 부상에 관한 연구는 막스 베버의 유명한 프로테스탄트 윤리 이론에 앞선 분석을 내놓았다.《자본론》이전에 집필된 〈서설〉에서 마르크스는 다음과 같이 자신의 의견을 표현했다. "돈의 숭배에는 금욕주의와 절제, 자기희생적 절약 정신과 검소함이 전제되어 있으며, 잠깐 스쳐 지나가는 일상 쾌락을 향한 멸시와 영원한 보물의 추구가 혼재한다. 따라서 영국의 청교도주의, 혹은 독일 프로테스탄트주의와 수익 추구는 연관성을 가진다(Marx, 1973)." 베버와 마찬가지로 마르크스는 특정한 형태의 프로테스탄트주의와 새롭게 등장한 자본주의 생산 양식 사이에 '선택적 친화력'이 있다고 생각했다. 이는 마르크스의《자본론》에 분명하게 드러난다.

생산자들의 사회에서 보편적인 사회적 생산 관계의 특징은 생산자들이 생산물을 재화, 즉 가치로 바라본다는 사실에 있다. 이러한 물질적 형식은 그들의 개인적, 개별적 노동력을 인간의 노동력이라는 단일한 관계로 통합시키는데, 같은 맥락에서 인간을 위하는 종교인 기독교, 특히 그중에서도 프로테스탄트주의와 이신론 등 부르주아 발전의 손을 들어 주는 개념이야말로 이 사회에 가장 적합한 종교이다.(Marx, 1976)

재화의 생산(과 자율성)은 프로테스탄트주의가 가지는 일부 특징들과 맞아떨어진다. 그렇다고 가톨릭교와 이슬람교가 자본주의와 양립 불가능하다는 의미는 아니다. 전혀 다른 차원의 문제이다. 이러한 사회학적 통찰은 전혀 새롭거나 독창적이지 않다. 토스카노Toscano가 이야기했듯, 주요 쟁점은 "마르크스의 방법론적 혁명의 맥락 안에서 가치 형성과 추상적 노동 등의 실질적 관념을 바탕으로 한 사적 유물론의 관념적 연구의 체계화(Toscano, 2000)"에서 어떻게 풀어낼지에 있다. 발전된 교육학도, 호전적 세속주의도, 계몽주의의 빛나는 가치도 종교적 환상을 밀어낼 수는 없다. 마르크스는《자본론》제1권에서 "어떤 경우라도 현실 세계의 종교적 반영은 매일 반복되는 일상 속에서 인간과 인간, 인간과 자연의 실천 관계가 명백하고 합리적인 형태로 드러나지 않는 이상 사라지지 않는다(Marx, 1976)"는 글을 남겼다.

오랜 시간 마르크스와 함께 연구를 진행해 온 프리드리히 엥겔스는 종종 마르크스가 크게 주안점을 두지 않았던 주제들(군사 문제가 대표적)을 골라 심도 깊은 분석을 하곤 했다. 종교 역시 그런 주제 중 하나였다. 경건한 환경에서 자란 엥겔스는 종교, 특히 종교와 계급 갈등과의 관계에 마르크스보다 큰 관심을 보이는 듯했다. 항상 종교의 치열한 정치적 본성을 강조했던 그는 원시 기독교 신앙이 가난하고 억압받은 자들의 종교라고 생각했다. 엥겔스는 16세기 종교 개혁자이자 농민 전쟁의 지도자였던 토머스 뮌처Thomas Müntzer를 몹시 존경했다. 토머스 뮌처는 최대한 빨리 이 땅 위에 하나님의 나라를 건설해야 한다고 주장했으며, 17세기에는 영국에서 청교도 운동을 일으켜야 한다고 말했다. '마르크스주의의 교황'이라 일컬어지는 카를 카우츠키는 원시 기독교를 두고 흥미로운 연구를 진행했으나, 한편으로는 종교를 실제 계급 이익의 단순한 '죄수복'이나 '껍질'로 바라보기도 했다. 로자 룩셈부르크는 사회주의자야말로 초기 기독교가 강조하던 가치인 평등과 자유에 가장 충실한 모습을 보였으며, 자본주의와 부자의 편에 선 보수적 종교 질서는 오히려 그러한 가치와 거리가 있었다고 주장했다. 종교에 대한 진정한 정치적 접근이었다.

혁명가 레닌은 종교에 신경을 쓸 겨를이 많지 않았다. 레닌에게 '무신론은 마르크스주의와 분리할 수 없는 자연스러운 부분'이었다. 아래의 글에 레닌의 시각이 자세히 드러나 있다.

종교는 민중의 아편이다. 마르크스의 이 발언은 종교와 관련된 마르크스주의 이데올로기의 초석을 다졌다. 마르크스주의 시각에서 모든 현대 종교와 신전, 그리고 모든 종류의 종교 단체는 노동자 계급을 착취하고 정신을 마비시키기 위한 부르주아의 농간일 뿐이다.(Lenin, 1971)

레닌의 글에서는 마르크스의 미묘한 해석이 전혀 드러나지 않아서 논의의 여지도 많지 않다. 1905년 가폰Gapon 신부가 주도한 시위가 독실한 신앙을 지닌 대중의 힘을 보여 준 다음에야 레닌은 종교가 실질적인 영향력을 가진다는 사실을 마지못해 인정했다. 오토 바우어처럼 좌파 성격을 지닌 오스트리아 마르크스주의자들은 종교에 비교적 덜 호전적인 입장을 보여 줬다. 여기에는 종교가 다문화적으로 작용했다는 사실도 한몫했을 것이다. 심지어 그들은 철학적 신념으로서의 마르크스주의가 일부 종교와 비견할 만하다고까지 생각했다.

해방신학이 등장하고 미래를 내다보는 시각을 기르면서 몇몇 마르크스주의 이론가들은 종교에 이전과는 다른 태도를 취하기 시작했다. 1920년대 이탈리아의 국교였던 가톨릭교와 긴밀한 연관을 맺은 안토니오 그람시가 선두에 선 이론가 중 하나였다. 그람시는 종교의 역사가 아닌 현대 이탈리아 대중의 가톨릭교 수용에 초점을 맞췄다. 이탈리아 남부에서 유년기를 보낸 젊은 그람시는 기독교 사회주의에 호의적이었으나, 시간이 지나자 종교에 완전히 마르크스주의적이고 공산주의적인 관점을 보였는데, 특히 《감옥에서 보낸 편지Prison Notebooks》에서 잘 드러난다. 그람시가 예수회에 가진 혐오는 유토피아적 측면을 가진 다른 형태의 가톨릭주의에 대한 호감으로 상쇄됐다. 그람시는 다음과 같은 글을 남겼다. "종교는 역사상 존재해 온 (중략) 가장 거대한 유토피아를 제시한다. 따라서 인간은 언제나 평등과 조화, 자유에 관한 사상을 (중략) 특정한 형태와 특정한 이데올로기를 통해 급진적인 움직임으로 보여 줬고, 셀 수 없이 많은 요구를 제기해 왔다(Gramsci, 1971)." 그람시는 르네상스를 복고 운동으로 바라봤는데, 그람시가 르네상스에 반대하는 입장을 취한 루터와 칼뱅을 열렬히 지지했다는 사실 역시 잊어서는 안 된다.

에른스트 블로흐Ernst Bloch는 종교의 복잡성을 처음으로 적절히 이해하고 발전시킨 사상가라고 해도 좋을 만한 인물이다. 블로흐는 마르크스주의적 시각과 방법론에 철저히 충실하면서도 종교를 단순히 계급 간의 이해관계를 가리는 '망토'로 생각하지 않았다. 블로흐는 부와 권력을 가진 이들의 공식적 신권주의 종교와 억압당하는 이들의 불온하고 이단적인 신앙이라는 정치 이념적 구분의 형성을 사실로 상정하고 있다. 미카엘 뢰비Michael Löwy가 말했듯, 블로흐는 "저항과 반항이라는 형태에서 종교는 유토피아적 사고를 형성하는 가장 중요한 요소이자, 희망의 원리를 표현하는 가장 풍부한 요소(Löwy, 1996)"라고 생각했다. 이로부터 가난한 이의 종교가 가지는 현대적 선택권의 근본이 형성됐다. 1950년대 중반에 들어 뤼시앵 골드망Lucien Goldmann은 《숨은 신The Hidden God》을 통해 종교가 사회 계급의 이해관계로 환원되어서는 안 되며, 특정한 종교적 세계관을 나타내는 사회 조직 전체의 실존적 조건과의 관계에서 종교를 바라봐야 하는 수많은 이유를 찾으려 노력하는 모습을 보여 줬다. 계급 본질주의에 맞서는 움직임은 여기에서 시작되었다고 생각한다.

사회주의와 종교

레닌은 종교에 관한 섬세한 분석으로 유명한 인물은 아니었다. 초기에 러시아 혁명은 전체 인구의 3분의 1 이상이 기독교나 이슬람교 신앙을 가지고 있었음에도 불구하고 어떠한 형태의 조직적 종교 활동과도 타협할 수 없다며 적대감을 내보였다. 당시 인구의 절반 정도는 무신론자였으며, 공산당 당원 전체가 여기에 속했다. 1949년 혁명 후 중국 공산당은 외세의 압력과 식민주의의 상징으로 받아들여지는 종교에 적대적인 입장을 취했다. 문화 혁명 이후 태도는 누그러졌고, 어느 정도 제약이 가해지긴 했으나 1978년 헌법에는 '종교의 자유'가 보장된다는 내용이 올랐다. 중국 공산당은 여전히 무신론적 입장을 고수했으나, 1990년대 들어 불교와 도교 사원의 대대적인 복원 작업에 돌입했다. 무신론을 주장하는 국가 사회주의는 알바니아까지 진출했는데, 권력을 잡은 엔베르 호자Enver Hoxha는 어떠한 종교도 알바니아 문화에 부합하지 않는다며 종교 탄압을 선포했다.

마르크스는 무신론자였음에도 종교가 가지는 중요성을 잘 파악하고 있었다. 종교가 단순한 환상으로 치부되어서는 안 된다는 사실을 이해하고 종교 이론을 발전시키는 작업에 반영했다. 마르크스는 종교를 현실 탄압의 왜곡된 표현이라고 이야기했다. 종교는 역사적으로 수많은 민중 봉기의 원인이 되는 이데올로기로도 작용했다. 그러나 국가의 권력을 장악한 마르크스주의(혹은 마르크스-레닌주의 등 마르크스주의에서 파생된 사상)는 종교를 단순히 하나의 경쟁 이념으로 인식했다. 레닌과 대부분(전부는 아니다)의 볼셰비키 당원들이 종교를 치명적 반계몽주의의 한 형태이자 반동 세력을 감추기 위한 위장으로 바라봤다는 사실에는 의심의 여지가 없으나, 서발턴 계급에 영향을 미친다는 점에서 국가 사회주의에 경쟁 이념으로 작용하는 일체를 뿌리 뽑으려는 움직임을 보이기도 했다. 민족주의와 더불어 마르크스주의와 사회주의는 이론적 입장을 취했지만, 종교(와 민족주의)가 일반 대중으로 하여금 문제의식을 제기하도록 유도함으로써 자신들에게 위협을 가할 힘을 지녔다는 사실을 인지하고 있었다. 그런 점에서 현실 정치의 영향에서 벗어날 수 없었다.

1917년 이후 정도의 차이가 있긴 했지만, 국가 사회주의 정권 아래에서 마르크스-레닌주의(와 마르크스주의 분파들)는 하나의 국교 형태로 자리 잡았다. 이것 말고는 국가 이념이 유물론적 실천에 따라 의식적으로 생산되고 재생산되는 현상을 설명할 길이 없다. 여기에 반대하는 이들은 '정통성'이라는 명분 아래 처벌됐는데, 종교적 관점에서 스페인 이단 심문을 비롯한 종교 숙청이나 잠재적 종교 숙청의 피해자였다. 대부분의 국가 사회주의 정권에서 지도자를 신격화하는 현상이 발견됐다. 지도자의 전능함을 강조하고, 고위층이 옳고 그름을 판단할 권리를 가진다는 신념을 전파하면서 점차 심화됐다. 물론 1930년대 스탈린의 탄압 정책은 왜곡된 마르크스주의적 권위주의의 전형이라고 할 수 있으나, 진리는 오직 하나뿐이라는 생각은 사회주의 정권과 사회주의 운동 전반에 만연해 있었다. 심지어 반대하는 입장을 취하는 이들마저도 자신이 속한 조직의 정치적 입장만이 옳다는 독단적인 신념을 공유했다. 종교는 이러한 형태의 신념과 가장 큰 유사성을 가지고 있다.

사회주의 지도자와 지배적 사회주의 이데올로기가 어떠한 방식으로 숭배되었는지를 살펴보면 이에 비견될 만한 신념 체제는 오직 하나, 종교밖에 없다는 사실을 쉽게 알 수 있다. 신념을 따르지 않는 이들에게는 이단이라는 낙인을 찍었고, 총살하거나 구금하지는 않았지만 결코 용인하지 않겠다는 의사는 분명했다. 1960년대 유고슬라비아의 반체제 지식인들(질라스Djilas가 대표적)은 보편적으로 받아들여지는 통념에 저항했고, 그들의 움직임이 어느 정도 용인된 것과 같이 정권이 완화되는 이례적인 순간들도 존재했다. 그러나 정권 자체가 소비에트 연방에 등을 돌리기 시작했기 때문이었다. 심지어 1960년대 초반 쿠바에서는 체 게바라Ché Guevara 같은 인물들이 소비에트의 경제 대책을 공공연히 비판하고 나서기까지 했다. 당시의 쿠바는 정치적, 사회적, 종교적으로 반기를 든 인물들을 가혹하게 탄압하기로 유명했다. 따라서 진리와 오류 사이에 애매한 영역은 존재하지 않으며, 사회주의로 향하는 진정한 길은 오직 하나뿐이고, 지지 세력의 이견조차 용납하지 않는다는 점에서 국가 사회주의는 하나의 종교 형태로 받아들여진다.

레닌이 정권을 잡은 이후부터 소비에트는 중앙아시아의 무슬림에게 훨씬 수용적인 태도를 보여 줬다. 일례로 중앙아시아의 정치적, 이념적 지도자였던 술탄 가리에브Sultan Galiev는 민족 문제 측면에서 중요한 볼셰비키 일원이 되었다. 레닌은 동방에서 일어난 혁명이 상당히 짙은 민족적, 종교적 색채를 띠고 있다고 생각했다. 이러한 입장은 어떠한 오류를 범하고 있든 간에 신도들을 자극할 필요는 없다는 볼셰비키의 신념을 나타냈다. 그들을 억압할수록 신앙을 바탕으로 한 이념에서 탄생한 종교적 광신을 심화시킬 뿐이라는 이유였다. 동방에서 일어난 혁명은 이와 같은 실용주의로부터 혜택을 받았고, 사회 개혁을 위한 진정한 민족-민중 운동이 시작됐다. 그러나 스탈린이 권력을 차지하면서 관용은 사라졌다. 술탄 가리에브는 1927년 체포되어 결국에는 처형당했다. 마르크스주의와 이슬람교의 화합은 조금의 지체도 없이 끝나 버렸다.

1920년대 초반 소비에트 연방은 러시아 정교회(와 신도)가 볼셰비키를 몰아낼 제국주의 권력을 등에 업고 백군을 지지한다는 전제를 깔고 있었다. 모든 정교회 수도원과 교육 시설은 국가에 압류됐다. 수많은 종교인들은 목숨을 잃었고, 신도들은 박해에 시달렸다. 이 과정에서 소비에트 정권은 기적을 봤다는 증언을 부정하는 등 관념적 측면에서도 억압을 가했다(신도들은 피나 눈물을 흘리는 예수 조각상을 보지 못했다고 이야기하라고 강요받았다). 볼셰비키는 전투적 무신론자 동맹을 결성해 무신론 캠페인을 벌이고, 신도들로 하여금 자신이 저지른 오류를 인정하도록 회유했다. 그러나 종교에 반대하는 국가적 캠페인 자체는 결코 선순위가 아니었으며, 헌법상으로는 표현과 믿음의 자유가 보장되는 등 공식 국가 입장과는 모순되는 경우도 적지 않았다. 결국 국가 사회주의와 종교의 관계는 국가 정치의 문제였고, 마르크스주의 이념과는 큰 접점이 없었다.

1930년대 스탈린 정권은 강제적 집단화 시대의 도래를 알렸고, 반대하는 공산당 내부의 의견을 묵살했다. 이것은 스탈린이 가진 목표 달성에 힘을 보태 줄 강력한 영향력을 지닌 조직과의 동맹을 막지는 못했다. 그렇게 1930년 정교회 지도자였던 세르기우스Sergius 대주교는 정권으로부터 평화를 약속받았다. 세르기우스 주교는 기회를 놓치지 않고 정권과 평화 유지 협약을 맺었으며, 소비에트 정권은 이제 세르기우스 주교가 제시한 조건을 따르지 않는 정교회 신도들만 탄압했다. 문제는 주로 교회의 '사회적 원조' 활동의 금지와 지정된 예배 장소를 벗어난 곳에서 열리는 기도회로 인해 발생했다. 현대 언어로 다시 표현하자면, 불필요한 '시민 사회'로의 접근은 허용되지 않았다. 1940년대 들어 소비에트 정권은 종교적 신념이 1920년대에 생각했던 것보다 훨씬 뿌리 깊게 자리하고 있다는 사실을 깨달았다. 과학적 무신론의 권좌는 해체되었고, 종교를 대하는 사회 분위기는 점차 완화됐다. 그럼에도 1940년대에 80퍼센트까지 달했던 종교 인구의 비율은 1970년대 들어서며 시골은 75퍼센트로, 도시는 50퍼센트로 감소했다.

쿠바와 종교의 관계는 상당히 흥미로운데, 특히 라틴아메리카 신학이 가지는 국제적 중요성에서 더욱 그러하다. 1959년 피델 카스트로Fidel Castro가 혁명에 성공하며 수립된 새로운 정권은 직장과 대학교에서의 종교 행위를 제한하는 법안을 빠르게 통과시켰다. 수년이 채 지나지 않아 가톨릭교와 개신교 사제의 4분의 3은 쿠바를 떠나 미국으로 향했다. 수많은 중산층과 전문 인력은 재산권 제한을 가져온 공산주의 혁명을 피해 섬을 떠나기로 했고, 종교인의 탈출은 거대한 과정의 일부였다. 신도들은 반혁명 인사를 은닉하고 있다는 의심을 받았다. 1961년 피그스만 침공을 전후로 신도의 숫자는 급격히 감소했다. 혁명 초기에 해당하는 1960년대와 1970년대에 종교 의례는 빠르게 모습을 감췄고, 국가는 공공연히 무신론을 장려하고 나섰다. 풀뿌리 주민 조직도 예배 참가를 저지했다.

1980년대에 들어 피델 카스트로와 브라질의 저명한 해방신학자 프레이 베토Frei Betto의 대담을 담은 책《카스트로, 종교를 말하다Fidel and Religion》의 출간을 기점으로 종교를 대하는 쿠바의 태도는 달라졌다. 피델 카스트로는 이미 1977년 자메이카의 개신교 신도들을 향한 연설에서 종교와 보다 개방적인 관계를 맺어야 할 필요성이 있다고 이야기했다. 프레이 베토와의 대화를 통해 카스트로가 기독교 집안에서 성장해《성경》에 정통하며, 예수 그리스도를 혁명적 인물로 바라보고 있다는 사실을 확인할 수 있다. 직접 이야기한 대로 카스트로에게는 '신앙'이 없었지만, 기독교와 사회주의가 같은 방향을 바라보고 있다는 생각에는 변함이 없었다. 1979년 일어난 니카라과 혁명에는 수많은 사제들이 힘을 보탰고, 교회는 반란군에 축복을 내렸다. 이 혁명으로 피델 카스트로는 해방신학에 보다 개방적이고 호의적인 태도를 가지게 됐으며, 교회를 시민 사회를 구성하는 하나의 어엿한 단체로 바라보게 되었다.

1990년대와 2000년대에 걸쳐 쿠바는 가톨릭교회와 점차 긴밀한 관계로 발전했다. 2013년 쿠바는 법률상 위반되지 않는 범위 내에서 모든 국민은 종교적 신념을 표현하고 그에 따라 행동할 권리를 가진다고 공식적으로 인정했다. 1991년 소비에트 연방이 붕괴하면서 쿠바에서는 마르크스-레닌주의 논리의 상당 부분이 힘을 잃었다. 1998년 교황 요한 바오로 2세John Paul II가 쿠바를 방문한 역사적 사건은 국가와 조직화된 가톨릭교회의 관계를 회복해 나가는 한 과정이었다. 이때 교황은 쿠바에 대한 미국의 금수 조치를 강력하게 비판했다. 2014년 아르헨티나 출신 프란치스코Francis 교황이 미국과 쿠바의 관계 개선을 촉구하면서 바티칸의 중재는 절정에 이르렀다. 민중이 주를 이루는 종교 의식이 성행하는 라틴아메리카에서 쿠바는 관용과 연민을 통해 종교적 신념이 개혁을 꿈꾸는 사회주의 이념과 양립 가능하다는 사실을 보여 줬다.

해방신학

"인류의 필수적인 발전과 결속을 방해한다는 점에서 자본주의는 본질적으로 사악하다(cited in Löwy, 1996)." 마르크스주의가 아니라 기독교가 제시한 원칙이다. 1968년 브라질의 운동 단체인 '가톨릭 청년 노동자'에서 발표한 성명이었으나, 라틴아메리카 전역에 걸쳐 광범위한 영향력을 미쳤다. 라틴아메리카에서 마르크스주의와 종교는 이념적 합일을 이루어 냈다. 라틴아메리카의 경제 발전이 의존적이었으며, 독실한 종교인들이 높은 인구 비중을 차지한다는 특수한 상황이 배경으로 자리하고 있다. 가톨릭 신앙을 가진 국제 정치가들도 어느 정도 기여를 했지만, 가톨릭교 내부에서 일어난 국제적 움직임만으로는 해방신학의 탄생과, 해방신학이 라틴아메리카의 정치에 오랜 시간 뿌리내릴 수 있었던 이유를 설명할 수 없다. 앞으로 마르크스주의와 종교가 어떠한 관계를 이어 나갈지 살펴보기 위해서도 라틴아메리카의 사례는 엄청난 중요성을 가진다.

과거에도 마르크스주의와 기독교를 융합하려는 시도는 여러 번 있었다. 대표적으로 1950년대 중반 철학자 알래스데어 매킨타이어 **Alasdair MacIntyre**는 "마르크스주의는 어떠한 관계에서도 기독교에 직접적으로 맞서는 입장을 취하지 않는다(MacIntyre, 2001)"는 사실을 밝히고자 했다. 그는 마르크스주의가 기독교 신학을 세속적으로 해석한 헤겔의 사상을 기반으로 한다고 생각했다. 따라서 마르크스주의는 비기독교적 불신앙에서 탄생한 체제가 아니라 하나의 이단 종파로 받아들여졌다. 마르크스주의는 후기 계몽주의 시대의 수많은 사상 중 유일하게 기독교와 동일한 도덕 기준을 가진 사상으로 여겨졌다. 인간과 자연의 이해를 아우르는 세계관과, 선과 악을 구별하는 확고한 시각을 가지고 있었다. 진정한 기독교인이라면 '사악한' 파시즘에 저항하고 사회 정의를 구현하기 위해 분투해야만 한다. 시간이 흐르면서 매킨타이어는 결국 마르크스주의자이자 기독교도로 살아가겠다는 개인적 목표를 포기했지만, 그가 내놓은 마르크스주의 분석은 오늘날까지도 영향력을 미치고 있다.

라틴아메리카 해방신학의 선구자인 호세 카를로스 마리아테기 José Carlos Mariátegui는 페루의 사상가이자 운동가로 1930년에 사망했다. 마리아테기는 마르크스주의자였지만 아울러 조르주 소렐Georges Sorel의 정치철학에서 큰 영향을 받았다. 마리아테기는 진보적이었고, 모더니티에 현혹되었으며, 미래파 예술가들에게 마음을 빼앗겼다. 레닌과 달리 마리아테기는 종교와 영성을 강하게 지지하는 입장을 취했다. 그는 모더니티의 비종교적 성격을 비판했다. 그는 신앙을 바탕으로 한 이데올로기와 개혁을 추구하는 이데올로기로서의 마르크스주의에 대한 헌신 사이에서 어떠한 모순도 발견하지 못했다. 자본주의와 모더니티의 발전으로 인한 '세계의 탈마법화'의 개념을 제시한 베버에 반발하며 마리아테기는 '세계의 재마법화'의 필요성을 주장했다. 물론 루카치를 시작으로 마르크스주의는 이상주의, 낭만주의 성향을 보여 왔지만, 마리아테기는 그 수준을 넘어 마르크스주의가 무신론을 주장하는 세속적인 사상이 아니라고 이야기했다. 짙은 종교 색채와 '마술적 리얼리즘'으로 특징지어지는 라틴아메리카에서 이러한 철학적 움직임은 특별한 위화감 없이 잘 어우러졌다.

1925년 쓴 글 〈인생의 두 가지 신념Two Conceptions of Life〉을 통해 마리아테기는 자신이 경제학적, 합리주의적 철학을 거부한 이유를 설명하고 정당화했다. 그는 경제학적이고 합리주의적인 철학이 발전을 이야기하는 미신과 같은 사상이라고 생각했다. 마리아테기는 제2인터내셔널의 기계론적 마르크스주의를 거부했고, (그람시가 그러했듯)

사회주의에 환상적 요소를 가미한 러시아 혁명을 편들어 줬다. 환상과 신앙은 종교 언어에서 생겨나지만, 마리아테기는 둘이 개혁 정치에 똑같이 중요한 역할을 한다고 주장했다. 그렇지 않고서야 어떻게 수많은 싸움에 열과 성을 다하고 대의를 위해 목숨을 걸 수 있단 말인가? 마리아테기는 물질주의와 이상주의, 신앙과 무신론 사이의 이항 대립을 근본적으로 부정하고자 했다. 1960년대 들어 해방신학이 실제로도, 이론으로도 구체화되는 과정에서 마리아테기가 큰 영향을 미쳤다는 사실은 분명하다.

1970년대에 해방신학의 아버지 구스타보 구티에레스Gustavo Gutiérrez가 등장한다. 페루 예수회에 속해 있던 구티에레스는 루뱅과 리옹의 가톨릭 대학에서 공부했으며, 1962년에서 1965년까지 이어지며 오랜 시간 굳건히 자리를 지켜 온 원칙들을 완화시킨 제2차 바티칸 공의회로부터 많은 영향을 받았다. 그는 1973년 출간된 저서 《해방신학 : 관점Liberation Theology : Perspectives》을 통해 1960년대 전체에 걸쳐 발전해 온 이데올로기를 체계적으로 설명해 냈다. 고향에서 추방당한 가난한 이들은 하나님의 나라가 구원을 가져올 때까지 그저 기다릴 수만은 없었다. '가난한 자들을 위한 편애'는 그들의 선택이 우선시되어야 하며, 그들 스스로가 해방의 주체가 되어야만 한다는 의미였다. 자본주의에 대한 의존과 지금껏 부적절하다고 여겨져 온 모든 형태의 개혁에서 벗어나기 위해서는 사회적 혁명이 필수였다. 소유권 제도는 완전히 새로운 모습으로 거듭나야만 했다. 그중에서도 특히 라틴아메리카에서 쉽게 찾아볼 수 있던 관행인 라티푼

디움latifundium과 미니푼디움minifundium은 반드시 변화되어야만 했다. 〈출애굽기〉는 구티에레스에게 엄청난 영감을 줬으며, 노예 해방의 패러다임으로 작용했다.

1972년 칠레의 산티아고에서 열린 '사회주의를 위한 기독교 회의'에서 라틴아메리카의 사회주의에 기독교가 어떠한 역할을 해야만 하는지를 분명히 밝힌 성명이 발표됐다. 자본주의와 사회주의를 대신할 '제3의 길'의 개념을 부정했으며, 마르크스주의가 분석적이고 혁명적인 방법을 제시한다고 주장했다. 또한 계급 투쟁이 기독교의 통합과 양립할 수 없다는 생각을 부정했다. 이 성명에는 "기독교의 기본 개념과 상징을 다시 쓰는《성경》과 기독교 전통의 새로운 해석을 통해 혁명 과정에서 신도들의 적극적 참여를 저지하지 않고 오히려 자발적으로 나설 수 있도록 해야만 한다(Christians for Socialism, 1975)"는 내용이 포함되어 있다. 좌파적 성격을 지닌 기독교가 정당 정치를 정치적 정당에게 맡겨 놓았다는 사실이 분명히 드러난다. 기독교의 주적은 무신론이 아니라 우상 숭배이며, 그들이 펼치는 정치 활동은 쿠바 혁명 시기에 라틴아메리카의 해방 정치와 그리 다르지 않다는 사실도 명백하다.

해방신학이 가장 큰 영향을 미친 나라를 꼽자면 바로 브라질이 아닌가 싶다. 브라질은 1960년대 초반에 격변의 시기를 겪었는데, 1964년에 일어난 군사 쿠데타가 절정을 장식했다. 프랑스의 영향을 받은 '좌파 가톨릭'에서 시작됐지만, 얼마 지나지 않아 브라질만의 독특한 성질을 띠게 됐다. 1964년에 일어난 쿠데타는 브라질을 무신론적 공산주의로부터 구한다는 목적을 지니고 있었으나, 실제로는 가톨릭 사회주의의 전파를 장려했다. 과격분자들의 잔혹한 억압은 가톨릭교회의 교계 제도로 하여금 군사 정권과 거리를 두도록 강요하기 시작했다. 1970년대 초반 고문과 저항이 판을 치던 시기에 주교 몇 명이 강력하게 반발하고 나섰다. 대표적인 인물로는 돔 헬더 카마라Dom Hélder Câmara가 있다. 1973년 주교들과 지방의 수많은 종교 지도자들은 독재 정권과 그 '근본 원인'이 되는 자본주의 체제를 맹렬히 비판하는 성명서를 발표했다. 1980년대 들어 호전적 가톨릭 단체들은 노동당 창립과 토지가 없는 소작농들의 연맹인 MSTMovimento dos Sem Terra의 조직에 핵심 역할을 했다.

이제 브라질의 해방신학은 독특한 철학과 조직 모델을 지니게 됐다. 우고 아스만Hugo Assmann은 기독교 신앙과 마르크스주의적 실천이 어떠한 연관을 가지는지를 명쾌하게 서술했다. 뢰비는 아스만이 남긴 기록에 "해방신학에 관한 가장 급진적이고 논리적인 글(1996)"이라는 평가를 내렸다. 각각 프란체스코회와 레뎀프토르회에 속한 레오나르도 보프Leonardo Boff와 클로도비스 보프Clodovis Boff 형제도 1970년대 정치적, 정신적 지도자로서 브라질의 민주화를 위해 나섰다. 브라질 해방신학의 조직 모델은 독창적인 동시에 급진적이었다. 시골과 도시의 빈민가에서는 노동자 조직과 더불어 '교회 기초 공동체'가 형성되기 시작했다. 그들은 1980년 노동당의 출범에 큰 자극제로 작용했고, 새로운 사회 운동의 대표적인 특징으로 여겨지는 민중의 참여와 상향적 정치가 가지는 가치를 보여 줬다.

오늘날에는 라틴아메리카의 해방신학이 과거의 현상으로 받아들여지는 경우가 대부분이다. 한때는 왕성했던 활동도 사라지고 더 이상 정치에도 큰 영향을 미치지 못했다. 1980년대 중앙아메리카에서 가톨릭 사제들은 빈번하게 반정부 운동에 적극적으로 참여했었지만, 현대 사회에서는 비슷한 사례를 찾아보기 쉽지 않다. 그러나 '주류'로 자리 잡은 해방신학은 개혁 정치의 '상식' 중 일부로 받아들여지고 있다. 해방신학이 전 세계적으로 영향력 있는 운동으로 발전하지 않았더라면, 라틴아메리카 출신인 호르헤 베르고글리오Jorge Bergoglio가 2013년 교황으로 선출되는 사건은 상상조차 할 수 없었을 것이다. 베르고글리오는 예수회의 일원으로 아르헨티나의 군부 독재에 강경한 태도를 취하지는 않았으나, 1970년대 해방신학이 설교했듯 '가난한 자들을 위한 교회'를 만드는 일에 전념했다.

해방신학은 1960년대 후반 특수한 역사적, 이념적 상황 속에서 탄생했다. 해방신학이 라틴아메리카의 개발과 저개발을 바라보는 시각은 당시 부상하던 종속주의의 급진적 관점과 상당히 유사했다(제3장 참고). 해방신학은 발전을 기계적으로 이해하는 관점에 비판적인 입장을 취했으며, 자본주의의 발전을 결코 보편적인 진보로 받아들이지 않았다. 해방신학은 당대에 광범위하게 나타나던 정치 격동을 반영하고 있었다. '가난한 자들을 위한 편애'는 무장 세력과 긴밀하게 연관되어 있는 극도로 보수적인 계급 체제에 동조하지 않던 가톨릭교도들이 내린 논리적인 선택이었다. 비록 단 한 번도 절대적인 권력을 손에 쥔 적은 없으나, 해방신학은 기독교와 마르크스주의의의 만남, 혹은 결합에 있어 사회 전반에 걸쳐 통용되는 새로운 상식을 창조해 냈다.

종교의 귀환

테리 이글턴의 말처럼 종교는 "인류 역사상 가장 강력하고 널리 퍼진 지속적인 대중문화의 형태(2009)"이지만, 종교에 관한 분석은 전체적으로 매우 빈약하며 예외적으로 편파적이다. 오늘날 사회 개혁을 위한 어떠한 움직임도 종교와 밀접한 관계를 맺지 않고서는 대중의 감정적 동조를 얻을 수 없을 것이다. 라틴아메리카 해방신학의 사례는 다른 지역과 국가에서 수도 없이 거론되었다. 실제로 1970년대에 세계화가 가속화되면서 종교는 정체성의 한 형태이자 정치 참여를 유도하는 하나의 동기로 재조명됐다. 마르크스주의는 다시 한 번 국제 정치의 핵심을 차지한 종교를 그릇된 인식의 확산이나 성직자의 음모를 비롯한 어떠한 단순한 이유로도 설명해서는 안 된다. 여기에서 우리는 정치적 이슬람이 부상하는 상황의 구체적인 분석을 살펴볼 예정이다.

우리는 먼저 세계 역사의 측면에서 논의를 시작해야 한다. 마누엘 카스텔은 세계화가 현대의 경제, 정치, 문화의 세 가지 분야에 어떠한 영향을 줬는지에 관해 광범위한 연구를 내놓았다. 북쪽의 도시 전문가들의 예측과는 대조적으로 2000년경 무신론자, 혹은 무교의 비율은 전 세계 인구의 15퍼센트에 불과했다. 우리는 마지막 남은 초강대국이자 자유 계몽주의의 요새인 미국에서 종교적 원리주의의 부상을 목격했다. 이 문제와 관련해서 우리는 국가 사회주의가 무너진 이후에 종교가 동유럽의 정치에 어떠한 영향력을 미쳤는지 생각해 볼 필요가 있다. 세계화를 옹호하던 이들은 국가적, 민족적, 계급적, 종교적 차이가 사라질 것이라고 예상했다. 그러나 카스텔의 말처럼 "초강대국이 자신이 그린 이미지에 꼭 들어맞게 (군사적이든, 경제적이든) 세계를 강제적으로 주무르지 않는 이상 세계는 절대 편평해지지 않는다(1998)". 차이점은 더욱 두드러졌고 복잡성은 심화됐으며, 종교는 전 세계적으로 정치적, 문화적 정체성을 구성하는 주요한 요소로 작용했다.

진보적이거나 어느 정도는 마르크스주의 분석의 관점에서 현대의 정치적 이슬람의 등장은 무슬림 사회의 자연스러운 결과라고 받아들여졌다. 서구 사회의 유대-크리스트교 사회와 달리 무슬림 사회는 전통적으로 종교와 정치의 분리가 이루어지지 않았다. 그럼에도 무슬림 사회의 분석은 정치와 종교의 구분을 전제로 진행됐다. 새뮤얼 헌팅턴Samuel Huntington의 유명한 '문명의 충돌' 이론은 '서양에 대한 증오'를 어렴풋하게 서술하고 있다. 헌팅턴의 우파적 분석은 버나드 루이스Bernard Lewis가 1990년 발표한 〈무슬림 분노의 뿌리 The Roots of Muslim Rage〉에 바탕을 두고 있다. 서구의 계몽주의는 과학적, 철학적 체제의 발전을 통해 기독교 근본주의의 부상을 방지했지만, 무슬림 사회는 이러한 이점을 취하지 못했다고 버나드 루이스는 주장했다. 오늘날 세속적 서구와 종교적 동방의 충돌이 일어나게 된 것이다. 그의 주장에 따르면, 근본적으로 서구는 종교의 역할을 합리적으로 이해하고 있는 것에 반해 동방은 그렇지 못하다. 마르크스주의와 무신론을 불가분의 관계로 바라보면서 사회적, 정치적, 문화적 측면에서 종교의 복잡성을 제대로 이해하지 못하는 대중화된 형태의 마르크스주의는 이 견해에 이의를 제기할 수 없다.

무함마드Muhammad에게 내려온 계시로 탄생한 이슬람교는 정치, 종교 차원에서 실질적으로 분리되어 있었다. 시간이 지나며 종교적, 관료주의적 질서를 책임지는 '펜을 든 인간'과 제국의 수호라는 과업을 지닌 '칼을 든 인간' 사이에는 뚜렷한 구분이 나타났다. 결국 루이스를 비롯한 인물들이 주장했던 내용과는 달리 이슬람의 정치, 종교 영역에서는 분명히 노동의 분업이 이루어지고 있었다. 뿐만 아니라 비록 결과는 상이했을지 몰라도 서구와 마찬가지로 무슬림 사회도 근대화와 세속화가 진행됐다. 페르시아 제국, 오토만 제국, 이집트 제국의 통치자들은 19세기 서구 제국주의에 대응하기 위해 근대화와 세속화를 선택했다. 대표적인 사례로는 터키 공화국의 선포가 있다. 아타튀르크Atatürk라는 칭호로 불리는 무스타파 케말이 1923년 중동 최초의 공화국 설립을 선포하면서 터키가 탄생했다. 무스타파 케말은 이슬람의 샤리아법 대신 스위스 민법을 도입했고, 국가 발전을 위해 구시대의 봉건 제도를 버리고 자본주의 체제로의 개혁을 이행했다.

제국주의 국가들의 충돌로 발발한 제2차 세계 대전이 종전되고 세계를 휩쓴 반식민 운동에서 무슬림 사회는 주도적인 역할을 수행했다. 서구의 힘을 내세운 이스라엘 건국에 아랍 민중들이 분개하고 이집트에서 노동자 시위와 학생 시위가 이어지자 1952년 가말 나세르Gamal Nasser와 동료들이 이집트의 권력을 잡은 사건이 대표적이다. 나세르주의는 제3세계 급진적 민족주의 운동의 고전이라고 할 수 있다. 나세르는 영국, 프랑스, 이스라엘의 반발에도 1956년 수에즈 운하의 국유화를 선언했다. 서구 제국주의(특히 영국)에 맞서 싸우겠다는 저항 의지를 상징하는 것이었다. 수에즈 운하의 국유화로 강력한 민족주의 입장을 드러낸 나세르는 이집트의 사회주의 질서 확립과 아랍 사회주의를 위한 지역 운동의 필요성을 강조했다. 알제리의 민족해방전선과 인도네시아의 정치가 수카르노Sukarno도 종교는 부수적인 문제로 남겨 둔 채 개발주의 국가를 지향하며 민중 민족주의가 가진 저력을 보여 줬다.

그렇다고 무슬림 사회가 꼭 급진적 이슬람 정치로 이어지지는 않는다. 급진적 아랍 민족주의는 신흥 세력의 성장과 미국의 팽창주의를 저지하려는 움직임의 일부였다. 개별화를 촉진하는 급진적 민족주의 체제를 도입하고, 영국과 프랑스의 정치적 식민주의의 뒤를 잇는 미국의 신식민주의에 반발했다는 점에서 아랍 민족주의는 1950년대에서 1960년대 초반까지 라틴아메리카와 유사한 모습을 보여 줬다. 대략 1945년부터 1965년 사이에 일어난 민중 민족주의의 물결이 사회주의 이념에 호의적인 태도를 보였다는 사실은 꽤나 주목할 만하다. 비록 형태는 필연적으로 소비에트의 방침을 우선시하는 소비에트 공산주의 정당에 근원을 두고 있지만, 무슬림이 다수를 구성하는 사회에서 좌파는 엄청난 세력 확장을 보여 줬다. 많은 무슬림 학자들은 이슬람과 사회주의가 양립 가능하다는 주장을 펼쳤다. 그중 두 이념 체제 모두에서 의견이 분분했던 사유 재산과 금융 문제에 관한 가능성을 특히 강조했다. 정치적 이슬람이 하나의 정치 세력으로 우세를 점하기 위해서는 먼저 기존의 급진적인 세속 민족주의와 사회주의자들 사이의 동맹을 해결해야만 했다.

1967년 서구 열강을 등에 업은 이스라엘이 이집트와의 '6일 전쟁'에서 승리를 거두며 세속적, 민족주의적 성격을 띠는 아랍 정치의 성장은 벽에 부딪히고 말았다. 이미 서구 열강은 1965년에 공산주의자를 상대로 대학살을 자행한 인도네시아 독재자 수하르토Suharto에게 지원을 보낸 전적이 있었다. 그러나 이스라엘의 외부적 영토 확장주의와 내부적 아파르트헤이트(시오니즘)에 보낸 무조건적인 지지야말로 정치적 이슬람이 탄생하는 가장 큰 바탕이 되었다. 막심 로댕송Maxime Rodinson은 다음과 같은 글을 남겼다.

나세르주의와 바트주의(바트)는 모두 아랍의 통합을 이루어 내고 이스라엘과 팔레스타인 문제를 해결하는 것에 실패했다. 뛰어난 경제 성장을 이룩해 낸 국가도 없었다. (중략) 권력을 잡은 새로운 계급은 과거의 그림자에 가려 고통받았다. 1967년 6월에 겪은 참패는 오래된 사상이 오늘날의 문제 해결에 적합한지에 관한 문제를 제기했다. (1979)

이제 새로운 사상을 찾을 차례였고, 그 사상은 이슬람의 이념과 정치에서 파생되어야만 했다. 서구의 공격성과 민족주의-사회주의가 가진 약점이 모든 형태의 현대 이슬람 정치의 바탕을 구성했다.

이란은 1967년 발발한 이스라엘-아랍 전쟁과 오늘날을 이어 주는 고리 역할을 하고 있다. 이란은 1953년 CIA가 주도한 쿠데타로 군주제를 회복하고 공산주의자들과 사회민주주의자들을 척결했고, 이후 시아파의 독자적 통치가 이어졌다. 25년 동안 이란은 미국을 등에 업은 무슬림 국가의 '세속적' 통치를 상징했다. 시아파 무슬림 지도자인 호메이니Khomeini는 무력을 동원한 반란이 서구의 꼭두각시 독재 정권을 전복시키는 정당한 수단이라며 역사적인 결정을 내렸다. 결국 1978년에 일어난 이슬람 혁명은 무슬림 국가의 내부적 성질이 아닌 제국주의와 신식민주의적 무력 외교로 인한 결과였다. 호메이니가 선거로 이루어지는 기존의 정치 제도를 완전히 뒤집어 놓으면서 정치와 종교의 영역 구분에도 변화가 생겼다. 이유가 내부에 있든, 혹은 제국주의적 개입에 있든 국가의 민주화를 실현하는 것에 실패한 정치적 민족주의도 오늘날 '이슬람 근본주의'라 불리는 사상의 형성에 주된 원인으로 작용했다.

새롭게 탄생한 급진적 이슬람 정치 세력은 2001년 미국의 금융과 군사의 상징에 공개적으로 공격을 가한 알카에다를 통해 세계에 모습을 드러냈다. 1989년 소비에트 연방이 아프가니스탄에서 철수할 당시 우리는 국제 이슬람 운동이 정점을 찍었다고 생각했다. 그리고 오사마 빈 라덴Osama bin Laden처럼 과거 CIA의 정보원으로 활약하던 인물들이 각자 정치 활동을 펼치기 시작했다. 세속적 민족주의 또는 서구에서 사회주의 대안으로 제시한 사상이 실패로 돌아가자 급진적 이슬람주의자들이 나타났다. 그들은 식민 지배로 국가 잠재력이 격감하고 지도자들이 국민 소득을 낭비하며 국가의 미래를 서구 열강에 담보로 맡기는 상황에서 결실을 맺었다. 미국과 시온주의의 공격과 정부의 무능력함에도 불구하고 소비에트 연방이 아프가니스탄에서 철수한 이후 발생한 아랍-아프간 같은 과도기적 이슬람 운동은 논리적 대안인 듯했다. 그들이 무슬림 세계 전체에 걸쳐 민중의 지지를 받는 이유를 단순히 테러의 확산에서 찾기보다 정치적 측면에서 접근해야 한다.

오늘날 서구의 강대국과 서양의 대중들은 급진주의 이슬람의 출현으로 공포에 떨고 있다. 우리는 급진주의 이슬람이 마르크스주의와 같은 궤도에 속하지 않으며, 따라서 해방신학과는 달리 마르크스주의와의 결합은 불가능하다고 쉽게 이야기할 수도 있다. 종교 이념에 정치적 연합은 필수 요소가 아니다(반대의 경우도 마찬가지다). 1970년대 라틴아메리카의 급진적 기독교는 사회주의를 향해 나아갔지만, 2010년대에 급진적 이슬람은 다른 모습을 보여 주고 있다. 앞서 말했듯 급진적 이슬람의 정치는 굉장히 복잡하기에 단순히 설명될 수 없으며, '서구 자유민주주의'에도 똑같이 적용된다. 그러니 마르크스주의적 분석은 '문명의 충돌' 연구에 동조해서도, 사회가 위기에 처했다(9·11 테러가 대표적이다)는 이유를 바탕으로 제국주의적 침략을 지지해서도 안 되며, '내 원수의 적은 나의 친구'라는 말로 기회주의적 정책을 펼쳐서도 안 된다. 보다 복잡하고 섬세하며 효과적인 정책이 차츰 등장하고 있다. 우리가 해결해야 할 가장 시급한 과제이기도 하다.

제9장

—

위기 이후 :
마르크스주의와 미래

—

베를린 장벽이 무너지고 '역사의 종언'이 이루어진 지 거의 20년이 지난 2008년과 2009년, 누군가는 규제가 없는 국제 자본주의가 예기치 못한 위기를 맞이했다고 이야기했다. 국제화로 새롭게 탄생한 세계를 극찬하던 이들은 과거의 불안정한 기복은 사라졌다고 주장했으며, 카를 마르크스의 어긋난 시나리오에 해명을 요구했다. 9장의 시작을 여는 '마르크스의 재림'은 현대 자본주의가 겪는 변화와 위기에 마르크스가 어떠한 개념적 설명을 제시할 수 있을지 이야기한다. 오늘날 자본주의의 위기 이전에는 1929년의 주식 시장 대붕괴와 1930년대의 대공황이 발생한 선례가 존재한다. '과거의 위기'에서는 금융 위기를 면밀히 살펴보며 원인을 알아보고, 칼 폴라니의 연구를 바탕으로 그 정치적 여파를 다루고 있다. 뒤이어 얼마 전 발생한 '세계 금융 위기'의 원인과 전개 과정, 결과가 등장한다. 본문은 금융 위기가 중국과 인도, 브라질 같은 '신흥 경제 강국'의 부상에 어떠한 영향을 미쳤는지에 특히 초점을 맞추고 있다. 마지막으로 '자본주의 이후의 세계'는 단순히 자본주의의 '끝이 다가옴'을 이야기하려는 것이 아니라, 역사적으로 한계에 맞닥뜨린 생산 양식으로서의 자본주의에 관한 마르크스의 분석이 틀리지 않았다는 사실을 보여 준다. 상황에 맞춰 변화하는 자본주의 체제의 성격을 고려하더라도, 시간이 지날수록 강력해지는 위기에서 자본주의가 사회적, 자연적 한계에 다다르고 있음을 짐작할 수 있다.

마르크스의 재림

1979년 전후에 걸쳐 루이 알튀세르를 시작으로 '마르크스주의의 위기'는 마르크스를 둘러싼 논의의 중심 주제로 자리 잡았다. 알튀세르가 스탈린주의의 영향력이 상당했다는 사실을 인정했음에도 이러한 위기는 '노동 운동의 적'이라는 질책을 피할 수 없었다. 마르크스의 연구에서 발견되는 '허점'과 '수수께끼'가 위기의 원인이었다. 물론 보다 장기적인 관점에서 역사를 살펴보면 카를 코르쉬가 1931년에 쓴 글인 〈마르크스주의의 위기Crisis of Marxism〉를 비롯하여 이전에도 위기를 언급한 사례는 적지 않았다. 알튀세르의 비판은 단지 그가 '이론적 실천'의 옹호를 유지하는 이론주의자라고 받아들이게 만들 수도 있다. 여기에서 우리는 자본주의의 진화 과정과 모순된 성질에 관해서는 구체적 언급을 찾아볼 수 없으며, 1973년 위기 이후 노동자 계급의 구성에 어떠한 변화가 일어났는지, 위기로부터 어떠한 변동이 비롯되었는지에 관한 분석이 아니라, '민중'이 무언가에 홀린 듯한 행동을 보여 줬다는 이야기만이 있을 뿐이다. 당시 알튀세르는 여전히 프랑스 공산당의 일원이었고, 그렇기에 그가 의문을 제기할 수 없는 문제들이 있었을 것이다.

모두 알겠지만, 진정한 위기는 1989년에 발생했다. 에릭 홉스봄은 이 사건을 두고 다음과 같이 말했다. "우리의 눈앞에서 벌어지고 있는 이 사건은 사회 운동과 정치 체제, 경제의 위기가 아니라 종말이다. 우리는 10월 혁명이 새로운 역사로 향하는 문을 열었다 생각했지만, 그 생각이 틀렸음이 입증됐다(Hobsbawm, 1991)." 완전히 무너져 내린 잔재 속에서 건질 만한 무언가는 찾아보기 어려웠다. 버리지 않고 이어 나갈 만한 이론도, 옹호할 만한 윤리적 입장도 없었다. 마르크스주의 세계관은 이제 아무런 의미가 없었다. 자초한 일이든 그렇지 않든, 자본주의 체제를 붕괴시키려던 최초의 역사적 시도는 수포로 돌아갔다. 위기는 곧 기회를 의미하고, 소비에트 연방이라는 그릇된 절대자가 붕괴됐으니 진정한 진리를 다시 세울 수 있을 것이라며 오직 소수의 정치 세력만이 스스로를 속이는 입장을 고수했다. 프랜시스 후쿠야마는 1992년 사회의 전반적인 분위기를 읽어 내고 '역사의 종말'을 고하며 자유민주주의를 대체할 비전은 사라졌음을 이야기했다. 이제 자본주의를 대적할 상대는 존재하지 않았다. 자본주의는 무서울 것 하나 없이 전 세계로 세력을 뻗어 나갔다.

마르크스주의를 조금이라도 공부한 사람들은 1990년대의 세상이 굉장히 역설적이었다는 사실을 포착해 냈다. 산업 혁명에 비견할 만한 '혁명'이라고 할 세계화의 물결은 경제, 정치, 사회, 문화의 국경을 허물기 시작했고, 자본주의는 상상할 수 없을 만큼 빠른 속도로 팽창해 나갔다. 사회주의 정권이 무너지자 한때는 제한 금지 구역이었던 지역들이 자본주의의 그늘 아래로 들어갔다. 제1세계와 제3세계 사이에서 반#독자적으로 발전 기회를 찾던 개발도상국도 마찬가지였다. 선진국의 케인스주의적 사회 계약은 해체되었고, 개발도상국이 고수하던 모든 형태의 보호주의는 철폐됐다. 자비라고는 없는 자본주의 체제는 목표 달성을 위해 끊임없이 움직였다. 세력을 확장하고, 진보를 방해하는 장애물을 제거하고, 국제적 차원에서 자본주의 생산 양식의 주도권을 유지하기 위해 수단과 방법을 가리지 않았다.

세계화, 정보화된 자본주의의 부상은 마르크스주의에 위협을 가했지만, 동시에 이론적 무기를 재정비할 기회를 주기도 했다. 산업혁명이 일어났던 자본주의 초기의 세계로 돌아가 마르크스의 시각에서 비판을 제기하는 인물들이 나타났다. 마르크스주의는 가장 기초적인 이론을 도입해 자본주의 체제를 비판했다. 마누엘 카스텔은 자본주의 체제에 관한 가장 영향력 있는 연구를 진행한 인물로 손꼽힌다. 그는 《정보 시대The Information Age》를 통해 총 세 권에 걸쳐 자본주의 체제를 분석해 냈다. 카스텔은 전통 마르크스주의를 비판하고 새로운 체제를 설명할 새로운 용어를 만들었지만, 표현만은 분명히 마르크스주의적이었다. 새로운 자본주의 체제는 다음과 같은 세 가지 전략을 바탕에 두고 있다며 '간결하게' 자신의 입장을 드러냈다. "자본과 노동의 관계에서 이윤 추구라는 자본주의 논리의 심화, 노동과 자본 생산력의 향상, 생산과 유통과 시장의 세계화(Castells, 1996)." 새로운 모델은 자본과 노동의 관계에 초점을 두고 있었는데, 사실 전혀 새롭지 않은 접근법이었다.

2000년대는 자본주의 체제의 절정기였던 동시에 마르크스의 통찰력이 다시 한 번 증명된 시기이기도 하다. 마르크스는 이미 우리가 세계화라 부르는 현상을 예견한 바 있다. "자본이라는 개념은 세계 시장을 형성하려는 성질이 있다. 자본은 세계 시장의 형성에 가해지는 모든 제한을 넘어서야 할 장벽으로 바라본다(Marx, 1973)." 마르크스의 영향을 받은 사회학자 칼 폴라니가 제2차 세계 대전이 발발했을 당시 커져 가는 자유 시장에 관해 남긴 다음과 같은 글은 이러한 논지를 더욱 강화했다. "이제 한눈에 경제 자유주의의 진정한 적용을 파악할 수 있다. 세계적 규모의 자율 조정 시장이야말로 이 거대한 매커니즘을 작동시키는 원동력이다(Polanyi, 2001)." 따라서 세계화는 확장을 추구하는 자본주의 체제의 고유한 성질로 인해 가능하다. 마르크스는 자본주의 체제로 인해 탄생한 프롤레타리아가 체제에 반기를 들고 일어날 것이라고 이야기한 반면, 폴라니는 규제 없는 시장의 파괴성으로부터 스스로를 보호하기 위해 사회 전체가 대항 행동을 보일 것이라는 예상을 내놓았다.

카를 마르크스가 이해하려 노력하던 과거 산업 혁명 시대의 자본주의와 달리, 현재의 자본주의는 세계화, 정보화되어 서로 긴밀하게 연관된 '새로운' 체제로 받아들여진다. 오늘날 우리는 새로운 자본주의의 시대에 살아가고 있으며, 마누엘 카스텔과 같은 새로운 시대의 학자들은 자본주의를 움직이는 힘과 그 안에 자리한 모순을 설명하는 새로운 언어를 찾으려고 노력했다. 그러나 제라르 뒤메닐 **Gérard Duménil**과 도미니크 레비**Dominique Lévy**는 마르크스주의적 도구가 여전히 세계화와 현대 자본주의를 설명하는 데 꽤나 유용했다고 주장했다(Duménil and Lévy, 2009). 뒤메닐과 레비의 말에 따르면, 마르크스는 《자본론》 제3권에 "그가 자본주의의 역사적 흐름(기술, 분배, 축적, 생산, 고용에 관한 경향들)이라고 부르는 현상에 관한 수준 높은 분석

(Duménil and Lévy, 2009)"을 남겼다. 마르크스는 특히 합자 회사의 발전과 같이 이윤의 감소 추세를 극복할 자본주의의 반대 흐름에 관해 매우 깊은 이해를 보였다.

마르크스가 제시한 자본 축적과 고용과의 관계, 자본주의 국가 사이의 경쟁, 자본주의적 순환의 '보편 원칙'은 여전히 큰 가치를 지닌다. 그는 자본주의의 '무정부 상태'에 관해서도 자신의 견해를 분명히 했다. 자본주의는 생산력을 무한히 늘리려는 경향이 있으나, 생산력을 통제할 능력이 없다는 것이다. 자본주의의 세계화와 확장성을 생각해 보면, 우리는 이러한 자본주의가 지속적으로 규제될 수 없는 이유를 찾게 된다. 현대 자본주의 강국의 안타까운 현대사에는 급격한 기후 변화가 세상에 미칠 영향을 얼마나 과소평가했는지, 기후 변화를 해결할 방법이 자본주의 기업의 수익성 저하와 관련되었을 때 얼마나 무력했는지가 기록되어 있다. 근래에 나타난 금융화 현상(생산 활동이 아닌 자본을 통해 수익을 얻는 현상)으로 마르크스가 남긴 자본에 관한 분석이 재조명됐다. 마르크스는 부의 창출이라는 측면에서 금융 활동과 실질적 경제 활동을 뚜렷이 구분했다.

자본주의 경제에서 발생하는 위기가 가지는 성질과 관련해 마르크스는 오늘날의 세계화된 자본주의가 마주한 새로운 상황에 맞는 가장 명쾌한 교훈을 제시한다. 모든 경제학자들은 자본주의가 호황과 불황을 반복하며 주기적인 움직임을 보인다는 사실을 잘 알고 있다. 그러나 불황과 경기 후퇴가 발생하는 원인은 항상 (구조적인 문제가 아닌) 경제 상황 때문이라고 설명했다. 마르크스가 위기를 주제로 구축한 이론은 "자본주의 생산 양식에서 본질적으로 근절할 수 없는 필연적인 요소로 위기를 강조하면서 자본주의가 가지는 한계와 사회주의 체제의 필요성을 밝힌다(Clarke, 1994)"는 점에서 차별성을 지닌다. 위기는 불확실성이 아니라 자본주의의 모순적인 본질을 나타낸다. 하지만 마르크스의 위기 이론에 관해서는 어떠한 의견 일치도 찾아볼 수 없으며, 사이먼 클라크Simon Clarke는 철저한 분석을 통해 다음과 같은 세 가지 설명을 내놓았다.

과소 소비 : 세력을 확장하는 동시에 노동 대중의 소비를 제한하려는 경향
불비례성 : 마르크스 사망 이후 등장한 수정주의 운동의 일부로, 보완 가능한 자본주의 분야들 사이의 불균형을 가정
이윤의 감소 : 분배 문제를 바탕으로 하고 근본적인 자본과 임금 노동의 관계를 무시한다는 점에서 위의 두 개념을 비판

무엇보다도 2008년에서 2009년에 걸쳐 발생한 금융 위기 이후 마르크스가 주류 경제학자들 사이에서 논의의 대상으로 재조명되었다는 점은 주목할 만하다. 자본주의의 위기에 관한 마르크스의 이론은 특히나 중요하게 다뤄졌다. 금융 위기 이후 이어지는 경기 침체를 설명하는 오늘날의 이론은 1970년대 마르크스주의가 제시한 과소 소비 이론과 상당한 유사성을 보인다. 클린턴 행정부 시절 월스트리트 편에 서서 금융 규제 완화를 이끈 로렌스 서머스Lawrence Summers는 침체 이론이 오늘날의 금융 위기를 설명한다고 주장했

다. 2013년에 서머스는 이와 함께 좌파가 제시한 과소 소비 이론 (see Foster and Magdoff, 2009)을 언급하며 다음과 같은 문제를 제기했다. "지나친 금융 완화와 지나치게 높은 부채 비율, 지나치게 많은 돈이 (1990년대의) 대호황을 상징하는가? (중략) 엄청난 거품에도 불구하고 총수요는 증가하지 않았다(cited in Streeck, 2014)." 금융 규제 완화를 주도한 로렌스 서머스는 장기 침체가 지속될 것이라는 의견을 내놨고, 반대하는 주류 경제학자는 거의 없었다.

주요 담론에서 완전히 소외당한 마르크스와 마르크스주의는 20년 이 넘는 시간이 흐른 2000년대 말에 다시 한 번 진지하게 받아들여졌다. 과거 마르크스주의를 비관적인 시각으로 바라봤던 역사학자 에릭 홉스봄은 2011년에 출간된 그의 마지막 책에서, 마침내 마르크스는 자본주의의 미래가 어떻게 될지 예측할 수 없는 오늘날의 세계로 예기치 못한 귀환을 이루어 냈다고 주장했다. "사회적 혁명이 가한 위협과는 전혀 관계없이 자유로운 국제 시장의 성질"이 낳은 결과였으며, "카를 마르크스가 합리적 선택과 자유 시장의 자기 조정 기능을 믿은 이들보다 훨씬 뛰어난 통찰력을 지니고 있다는 사실을 증명했다"(Hobsbawm, 2011). 시장은 스스로 오류를 수정할 능력이 있다는 믿음과 신자유주의적 세계화, 금융화가 가지는 근본적인 모순은 마르크스주의적 분석에 새로운 기회를 제공했다.

과거의 위기

2008년과 2009년에 걸쳐 일어난 금융 위기가 미처 수습이 마무리되지 않은 상황 속에서 격렬한 논쟁이 오갔다. 특히 미국에서는 1929년 월스트리트의 검은 목요일과 1930년대를 강타한 대공황을 언급하며 '과거의 위기'가 어떠한 특징을 가졌는지 토론했다. 2007년 미국의 서브프라임 모기지 사태('세계의 금융 위기'에서 자세히 다룬다)를 시작으로 세계 경제가 흔들리자 유사한 역사적 사례를 되돌아보는 움직임이 일어난 것이다. 미국 경제의 꼭대기에 올라 있는 수많은 경영자들은 이 기념비적인 사건에 상당히 깊은 이해를 가지고 있었다. 국제적 관점에서 1929년 검은 목요일은 1870년대부터 1920년대까지 영국이 쥐고 있던 패권이 끝을 맞이했다는 사실을 상징하는 사건이기 때문이다. 미국은 이 경제 붕괴를 겪고 회복하는 과정에서 더욱 강력해졌고, 1940년대 중반에는 세계 최강국의 자리에 올랐다. 물론 우리는 1929년 이후에 일어난 사건들과 2008년 금융 위기 이후에 일어날 사건들이 동일한 결과를 가져올 것이라고 쉽게 이야기해서는 안 되나, 과거 사례를 통해 배울 점은 틀림없이 존재한다.

카를 마르크스는 언제나 자본주의의 위기에 신경을 곤두세우고 있었다. 심지어 1857년에 그는 자신이 예견한 상업 공황이 《자본론》이 출판되기 전에 일어날까 걱정을 보이기도 했다. 다행히 그러한 일은 벌어지지 않았지만, 그때부터 지금까지 자본주의는 계속해서 호황과 불황을 반복하는 모습을 보이고 있다. 이미 예상했겠지만, 1929년의 불황 역시 꽤나 오래 지속되던 안정기를 지나 1920년 대 비약적인 발전 이후에 발생한 사건이다. 1990년대에 접어들어 호황과 불황이 반복된다는 경기 순환의 법칙은 무너진 듯했다. 주가는 끝을 모르고 치솟았으며, 온갖 원자재와 자산에 몰린 투기가 만들어 낸 거품은 마치 진정한 풍요의 시대를 알리는 것만 같았다. 마침내 거품이 무너졌고 경제는 엉망진창이 되어 버렸다. 주가는 전례를 찾아볼 수 없을 정도로 폭락했고, 이후 이어진 경기 침체는 도저히 끝날 기미조차 보이지 않았다. 이와 같은 새로운 유형의 자본주의 위기로 미국의 실업률은 25%를 웃돌았고, 기업과 은행은 도산했으며, 담보로 내걸었던 주택과 농지가 압류당하며 사회는 걷잡을 수 없는 수렁에 빠져들었다.

1930년대의 불황은 여전히 국제 경제 정책을 결정하는 것에 영향을 미칠 만큼 끔찍한 사건이었다. 허버트 후버Herbert Hoover 대통령이 집권한 당시의 미국 정부는 '방임' 정책을 채택했다. 시장은 스스로 회복할 능력을 가졌으니 정부가 개입해서는 안 된다는 입장이었다. 현대 신자유주의의 선구자로 알려진 하이에크Hayek는 경제가 회복되기 전에 슬럼프가 깊어지고 더 많은 사람들이 실업에 시달리더라도 정부가 개입해서는 안 된다고 주장했다. 그러나 보다 현명한 의회가 승리를 거뒀다. 후에 밀턴 프리드먼Milton Friedman은 통화량 감소가 불황을 악화시켰다고 주장했다. 2008년 금융 위기 당시 미국 연방준비제도이사회 의장을 역임했던 벤 버냉키Ben Bernanke도 프리드먼의 주장에 동의했다. 중앙은행이 이와 같은 상황에서 통화량 감축 정책을 펼치는 일은 두 번 다시 벌어지지 않았고, 정부는 '금융 완화' 정책으로 경제 위기에 대응했다. 적어도 한없는 추락을 경험하기 전에 금융 위기를 멈출 수 있다면 실물 경제는 최악을 면할 것이다.

경제학자들과 정치 지도자들은 1929년의 시장 붕괴와 뒤이은 불황에 '어떻게 반응해야 할지'를 놓고 입장 차이를 보였다. 마르크스의 경제학을 재해석한 보수적 경제학자 요제프 슘페터Joseph Schumpeter는 사건에 개입해서는 안 된다는 견해를 펼쳤다(Schumpeter, 1976). 시장이 스스로 균형을 되찾도록 내버려 둬야 한다는 고전적 자유주의의 입장이었다. 슘페터는 독이 되는 부채를 청산하고 자원의 재배치가 이루어지면 호황이 되돌아올 것이라고 주장했다. 슘페터는 이 과정을 '창조적 파괴'라고 불렀다. 반면에 떠오르는 경제학자이자 정책 조언자였던 존 메이너드 케인스John Maynard Keynes는 불황을 극복하기 위해서는 인플레이션은 물론이고 어떤 방법을 사용하든 경제 회복의 도화선에 불을 붙여 줄 필요가 있다고 주장했다. 독일과 미국은 케인스의 주장에 따라 강력한 개입주의 정책을 선택했다. 이렇게 '케인스주의'가 탄생했고, 1970년대 초반부터 거의 30년 가까이 지속되는 안정기가 시작됐다. 하지만 새로운 형태의 경기 하강이 나타나자 국가는 최소한의 활동으로 시장에 개입해서는 안 된다는 신자유주의 정책이 우세를 점했다.

1933년 프랭클린 루스벨트Franklin Roosevelt가 대통령으로 선출된 미국은 뉴딜이라고 불리는 보다 강력한 간섭주의 정책을 펼쳤다. 금융 위기가 전 세계적인 범위로 번지면서 뉴딜 정책은 불황 극복에 성공적인 결과를 거두지는 못했으나, 새로운 경제 분위기를 형성하는 것에는 성공했다. 금 본위 제도가 무너지며 미국은 국내 경제에 초점을 맞출 수 있었다. 케인스의 개입주의가 자유주의와의 경쟁에서 승리를 거뒀고, 재정 정책을 통해 유효 수요를 늘리고 소득 재분배로 대중의 소비력을 증가시켜야 한다는 케인스의 정책은 '사회주의적'인 냄새를 풍겼음에도 호평을 받았다. 보다 광범위한 관점에서 1930년대는 국제 경제 질서의 실패로 받아들여진다. 영국은 질서를 회복할 힘을 잃었고, 미국은 아직 새로운 질서를 수립할 만한 힘이 없었다. 대공황이 지나간 후 보호주의 성향이 짙어졌고, 시장을 둔 강대국 사이의 싸움이 치열해지는 세계적인 경기 침체 속에서 발발한 제2차 세계 대전은 인류를 공포로 몰아넣었다.

1930년대의 대공황은 라틴아메리카를 완전히 변화시켰다. 당시 라틴아메리카는 영국의 영향력에서 서서히 벗어나고 있었으며, 국제 분업 측면에서는 농업 생산국의 역할에서 탈피하고 있었다. 대공황의 충격으로 국제 무역이 급감하자 1870년대부터 제1차 세계 대전까지 지배 계층의 주머니를 두둑하게 불려 주었던 농업 수출 모델은 더 이상 유효성을 가지지 않았다. 수출 지향적 경제 발전을 추구해야 한다는 입장도 여전히 남아 있었지만(중앙아메리카에서 이런 분위기가 지속되었다), 1930년을 기점으로 수입 대체 정책으로 돌아서는 경우가 적지 않았다. 대중 소비의 촉진을 포함한 내수 지향적 발전 모델이 떠오르기 시작했다. 1930년 이후 브라질의 커피 수출량과 수출 가격은 급감했고, 그 결과 중공업을 비롯한 제조업 분야가 발전하게 되었다. '시장의 마법'이 빛을 잃고 케인스 학파가 국제 경제 논의의 주도권을 잡은 시기이기도 하다.

수입 대체 모델의 도입으로 이룩해 낸 경제 발전은 정치 영역에까지 영향을 미쳤고, 과두제 국가는 이제 민중 국가로 대체되었다. 이러한 변화로 보다 진보적인 정치적 움직임이 나타나게 되었으나, 동시에 1930년대 영국 '비공식 제국'의 종식과 1960년대 미국 신식민주의의 통합 사이에 정치적 공간이 나타났다. 당시는 물론이고 1970년대와 1980년대까지 이른바 워싱턴 컨센서스Washington Consensus가 제시한 새로운 국제 질서는 과거의 확대 금융 정책과 포괄적 정치 체제를 부정하는 결과를 낳았다. 오늘날 이와 같은 문제가 다시 한 번 도마에 올랐다. 1930년대와 마찬가지로 금융 위기의 여파에서 완전히 벗어나지 못한 오늘날의 논의에서도 새로운 경제적, 정치적 모델의 등장에 초점이 맞추어져 있었다. 1973년 쿠데타로 정권을 잡은 피노체트Pinochet가 칠레에서 처음으로 적용한 통화주의 모델이 2008년 금융 위기로 인해 무너졌고, 우리는 중국의 발전 모델을 통해 이제 워싱턴 컨센서스와 같은 새로운 국가 발전 모델이 더 이상 등장하지 않을 것이라는 사실을 이해할 수 있다.

1930년대에 발생한 사건들과, 이 사건들이 오늘날 권력과 갈등의 패턴에 끼친 영향력을 넓은 시각으로 바라보고자 한다면 당시 칼 폴라니가 제시한 의견이 큰 도움이 될 것이다(Polanyi, 2001).《거대한 전환The Great Transformation》에서 폴라니는 산업 혁명 이후 등장한 자율 조정 시장과 서구의 지배적인 경제 이념으로 떠오른 자유방임주의를 분석했다. 경제 자유주의 정책은 토지와 노동, 화폐를 상품화했으며, 자유주의 정책 아래에서 국가는 과거와 달리 더 이상 시장에 규제를 가할 수 없게 되었다. 폴라니는 자유주의 정책으로 탄생한 시장 경제를 '적나라한 유토피아'라고 불렀다. 그는 수요와 공급의 법칙으로 인해 모든 사회적 관계가 상품화되고, 결과적으로 사회와 자연이 모두 파괴되고 말 것이라는 예측을 내놨다. 1870년을 전후로 등장한 자유주의 사회 질서는 1929년 미국의 월스트리트에서 시작된 대공황으로 막을 내렸다. 규제로부터 완전히 자유로운 시장이 가져올 사회적 피폐에 맞서 사회와 그 안의 사회 집단이 대항 운동, 혹은 이중 운동을 일으킨다는 것을 동시에 받아들였다는 점에서 폴라니의 분석은 특이점을 가진다.

폴라니는 영국의 산업 혁명에 대한 상세한 관찰을 바탕으로 분석을 발전시켰지만, 1944년《거대한 전환》이 출간됐을 당시 가장 큰 관심사는 폴라니의 분석을 통해 전후의 사회 질서를 수립한 인물들이 어떤 교훈을 얻을 수 있을지였다. 폴라니는 적당한 규제를 가하는 새로운 국제 질서를 도입함으로써 파시즘의 공포를 극복해 내길 바랐다. 규제를 통해 시장을 관리한 새로운 경제 질서는 1970년대 초반까지 이어졌고, 폴라니의 바람은 이루어진 셈이다. 그러나 현대적인 관점에서 더욱 주목할 만한 사실은 폴라니가 다양한 형태의 대항 운동을 관찰해 냈다는 점이다. 그의 주장에 따르면, 결국 히틀러의 부상과 소비에트 연방의 스탈린주의적 질서, 루스벨트 대통령의 뉴딜 정책은 모두 1929년 경제 자유주의로 인한 대공황에서 비롯되었다. 폴라니는 1930년대에 일어난 사건들은 1914년 이전 자유 자본주의의 '황금기'를 부활시키고자 하는 필연적인 시도라고 이야기했다. 물론 오늘날 우리는 1930년대에 일어난 사건들이 똑같이 반복될 것이라고는 생각하지 않으며, 새로운 강대국이 등장해도 미국은 지금의 지배적인 입지를 유지할 것이라는 믿음을 가지고 있다. 그럼에도 1930년대와 같은 상황이 다시 한 번 발생한다면 국제 질서에 엄청난 변화가 있으리라는 사실은 어렵지 않게 예측 가능하다. 보다 장기적인 관점에서는 확신할 수 없으나, 현재 상황에서 고립주의와 반세계화로의 이동은 불가능해 보인다. 1970년대 자본주의의 위기는 호시탐탐 기회를 노리던 소비에트 연방의 존재에 불안감을 느끼던 서구 강대국에 의해 비교적 쉽게 극복됐다. 그러나 1930년대에 나타난 정치적 움직임들이야말로 오늘날 가장 주목할 만한 부분이다. 나치즘, 스탈린주의, 뉴딜이 모두 1929년의 사건이 초래한 각기 다른 방식의 결과물이라면, 우리는 유럽 연합의 위기와 미국의 분산된 정치 질서 속에서 오늘날 지정학적 야심을 보이는 중국, 러시아, 브라질, 인도가 다양한 대안을 제시할 것이라는 사실을 예측할 수 있다.

세계의 금융 위기

2005년과 2006년을 전후로 미국 주택 시장의 '과열'을 점치는 목소리가 간간이 들려왔지만, 돈은 끝없이 돈을 낳을 것이라는 믿음이 사회에 만연해 있었다. 자율 조정 시장과 금융화, 터보 자본주의, 세계화는 쉴 새 없이 변화와 팽창을 계속하는 시스템을 낳았다. 누군가 중간에 개입하고 나서지 않았더라면(정부와 국제단체들이 주로 맡았다) 새로운 자본주의 질서와 그 지지자들은 계속해서 이익을 취했을 터였다. 과거 국제 자본주의가 번영했던 시기들을 살펴보면, 이번에 찾아온 호황이야말로 진정한 황금기인 듯했다. 한때 제3세계라고 불렸던 세계의 일부분도, 저개발 국가들도 이런 노다지에서 이익을 얻어 '개발도상국'으로 승격했다. 새로운 국제 자본주의 질서는 아프리카의 사하라 사막 아래에 터를 잡은 '최고 빈곤층'에게까지 영향을 미쳤고, 덕분에 그들은 이제 스마트폰을 손에 쥐게 되었으며, 자본주의와 국제적 지방 분권주의는 승리의 나팔을 불며 새로운 시대에 발을 디뎠다. 2007년에 들어설 때까지 세상은 장밋빛으로 물들어 있었다.

위기는 미국의 서브프라임 모기지 사태에서 시작됐다. 금융 기관들은 주택을 담보로 잡고 자산 가격이 천정부지로 솟지 않는 이상 절대로 상환할 수 없는 금액을 저소득층 가정에 대출해 줬다. 이와 같은 금융 모델은 거품(2000년의 닷컴 버블 붕괴와 주가 폭락이 대표적인 사례)을 만들어 냈다. 주택 거품은 2004년 1퍼센트에 불과했던 금리가

2007년 6퍼센트로 상승하며 꺼지고 말았다. 대출 제한은 인플레이션 위험을 줄이기 위함이었지만 주택 가격의 하락을 가져왔고, 채무를 이행할 능력이 없어 파산을 선택한 주택 소유자들의 숫자는 끝없이 커져만 갔다. 은행을 비롯한 금융 기관은 불안정한 서브프라임 모기지론을 기초 자산으로 증권화된 채권을 거래했다. AAA 등급을 받은 대표적 모기지 업체인 프레디맥은 대출을 보장하고 나섰다. 주택 시장이 무너지면서 증권의 가치도 폭락하자 프레디맥(과 또 다른 금융 업체인 페니메)은 정부의 긴급 구제에 의존할 수밖에 없었다. 하지만 사태를 수습하기에는 시기가 너무 늦어 버렸고, 서로에 대한 신용이 땅에 떨어지며 일상적으로 이루어지던 은행 간 대출의 길도 막혀 버렸다. 서로 긴밀한 관계를 통해 체제를 유지하는 금융 산업의 본질이 흔들리며 시스템 전체가 위험에 처했다. 투자 은행계의 '큰손'이었던 베어스턴스가 운용 중인 헤지펀드 두 개는 이미 2007년 중순에 엄청난 손실을 보았다. 2007년 말 미국 연방준비제도이사회에서는 은행에 대출을 지원하겠다고 나섰지만 때는 너무 늦었다. 2008년 초 주요 주식 시장은 모두 대폭락을 경험했다. 태풍의 근원은 미국이었으나, 그해 초 모기지 은행 노던록의 국영화를 시발점으로 영국의 은행들이 도산하기 시작했다. 2008년 가을에는 세계적인 규모를 자랑하던 투자 은행인 리먼브라더스가 파산하며 사태는 점점 심각해졌다. 정부는 향후 금융 시스템을 감안하면 구제에 너무 큰 위험이 따른다는 판단을 내렸고, 리먼브라더스는 결국 파산하고 말았다. 금융 업계의 또 다른 '큰손' 메릴린치는 뱅크오브아메리카에 인수당했다. 이쯤 되자 월스트리트는 걷잡을 수 없이 추락했으며, 정부가 대책을 강구해야 한다는 압박이 가해졌다. 미국은 제로 금리 시대로 들어갔고, 정치적으로 민감했던 분야인 자동차 산업은 붕괴했으며, 구제 금융을 위해 7,000억 달러가 투입됐다.

전례 없는 상황에 우려가 커져 갔다. 자본주의가 붕괴될 위험이 현실로 들이닥쳤다. 로빈 블랙번Robin Blackburn은 "은행의 불필요한 단기 이익 추구로 인해 일어난 2008년 버블 대붕괴는 역사상 가장 끔찍한 가치 하락을 야기했다(2011)"고 이야기했다. 틀림없이 일반적인 경기 순환 구조를 벗어난 체계적 위기에 해당했다. 1929년과 달리 오늘날의 자본주의 경제 체제와 금융 시스템은 서로 밀접한 관계를 맺고 있었다. 금융 위기는 손 쓸 도리 없이 세계적인 규모로 커져만 갔다. 기술 혁신은 새 시대를 열어 주지 못했고, 자본주의는 경기 순환에서 벗어나지 못했다. 페이스북의 상장과 재생 가능 에너지의 부상은 자본주의가 새로운 국면을 맞이하는 상황에 어떠한 도움도 되지 못했다. 과거 슘페터는 '창조적 파괴' 개념을 통해 1930년대처럼 위기를 맞이한 자본주의는 장애물을 딛고 일어나 더욱 강력하게 재탄생할 것이라는 예상을 내놓았다. 이제 사람들은 세계화, 금융화, 사유화 모델 자체에 의문을 품었고, 과거와 동일한 전략을 적용하되 보다 강력한 규제를 행사하는 것 외에는 대안이 없어 보였다.

연달아 발생한 유례없는 사건들에 엇갈린 반응이 나타났다. 먼저 불신감이 표현됐다. 심지어 자유 시장 체제가 제대로 시행되지 않았다고 주장한 경제학자들도 있었지만, 전체적으로는 새로운 국제 자본주의가 체계적 위기를 맞이했다는 사실을 받아들이는 분위기였다. 재앙 발생을 방지하기 위해 국가 개입이 필수적이라는 사실이 분명해지면서 우리 '모두가 케인스주의자가 되어야 한다'는 말이 나왔다. 국제 금융 기구들과 경제를 주도하는 인물들은 보호주의로의 회귀를 막기 위한 대책이 필요하다는 의견에 일치를 봤다. 로빈 블랙번이 말했듯, "정부는 금융 시스템 자체에는 손을 대지 않으면서 무한정 유동성을 쏟아붓는 구제 정책을 선택했다(2011)". 또 다른 재앙 발생을 방지하기 위해 금융 섹터 재건의 필요성에 관한 논의가 오갔으나, 수년이 지나고 국가를 초월해 적용될 수 있는 해결책은 없다는 사실이 명확해졌다. 결국 돈으로 돈을 낳는 '비즈니스로의 복귀'가 이루어졌고, 이 위험한 기계를 만들어 낸 설계자에게는 짭짤한 보너스가 주어졌다.

장기적인 관점에서 2008년의 금융 위기가 주요 강대국 사이의 권력 관계를 어떻게 변화시킬지에 관해서는 아직 분명한 예측이 나오지 않고 있다. 1929년의 대공황으로 과거 세계 경제의 중심이 영국에서 미국으로 옮겨 가는 엄청난 변화가 있었지만, 오늘날에는 그렇게까지 큰 지각 변동이 일어날 가능성은 미미하다. 대부분의 학자들은 "과거와 비교해 상당한 분야에서 경쟁력이 떨어지고 구조적 권력이 약해지는 등 미국이 상대적인 하락세에 힘들어하고 있는 것은 사실이나, 아직까지 미국과 대적할 경쟁자는 존재하지 않는다(Gamble, 2009)"는 앤드류 갬블Andrew Gamble의 발언에 동의했다. 유럽 연합은 미국과 비슷한 경제 규모를 가지고 있지만, 정치 분열이 시간이 갈수록 심각해지고 있는 상황에서 국제 패권을 손에 쥐기란 어려워 보인다. 지금까지의 행보를 고려해 보면, 가늠하기 어려울 정도로 큰 경제 잠재력을 가진 중국은 언젠가 세계에서 가장 큰 경제 규모를 가진 국가로 우뚝 설 것이다. 그러나 중국은 1930년의 미국과는 달리 국제적 리더십을 갖추지 못했으며, 전통 마르크스주의 산업화와 도시화 과정 사이의 사회적, 정치적 모순에 맞닥뜨리고 있다.

'신흥 경제국'이 새롭게 주목받았다는 점은 세계적 금융 위기로 인해 생겨난 흥미로운 결과 중 하나였다. 수많은 주류 경제학자들은 브릭스를 비롯한 신흥 경제국들이 흐름을 거스르고 세계 경제가 정상 궤도에 오를 수 있도록 도움을 줄 것이라고 예측했다. 국제통화기금IMF의 전 수석 이코노미스트는 "극심한 빈곤에 시달리는 국가의 상황은 일반적으로 생각하는 만큼 열악하지 않다(cited in Breman, 2009)"고 이야기했다. 이것은 금융 위기가 세계화로 긴밀하게 연결된 개발도상국에 미친 영향력을 위험할 정도로 경시하고 있을 뿐 아니라, 지나치게 안일한 발언이기도 했다. 지배적 금융 질서와 비교적 분리되어 있고 위험한 금융 상품에 깊게 관여되지 않은 국가들(일례로 캐나다)에게는 2008년 사태로 인한 영향력이 덜 즉각적이고 덜 심각했다는 것은 사실이다. 2008년에서 2009년까지 금융 위기로 닥친 최악의 상황 속에서 중국, 브라질, 인도가 기회를 찾았으며, 그들이 미래에 자본주의 발전을 이룩해 낼 국가라는 점이 드러났음도 사실이다. 그러나 전체적인 시각에서 세계적인 경기 침체는 개발도상국에 부정적인 영향을 미칠 수밖에 없으며, 더구나 국가 '공동화'

라는 목적을 가지고 25년 동안 신자유주의를 고수해 온 개발도상국이 자국 경제를 보호할 능력은 상당히 저하되어 있었다.

금융 위기의 여파는 당시 예상만큼 심각하지는 않았다. '절약'을 통해 경제를 정상 궤도로 올려놓을 것이라는 공약을 내건 보수 정부가 선출됐다. 보수 정부는 마치 위기의 원인이 은행이 아니라 국민의 과소비에 있다는 듯 국민에게 '벨트를 졸라맬 것'을 권고하며 긴축 정책의 필요성을 이야기했다. 국민들의 의사에 반대되는 정책은 심각한 정치적 반발을 낳았지만(그리스가 대표적), 어떤 결과를 가져올지는 아직 알 수 없다. 급진적 이슬람 정치 세력들에게 2008년의 금융 위기는 서구의 타락을 의미했으며, 서구와의 연결 고리를 끊어내고자 하는 의지를 강화시킬 뿐이었다. 대부분의 라틴아메리카 국가들은 미국의 신식민주의에서 벗어나 독립적인 경제와 정치 체제를 구축해야 할 필요성을 느꼈다. 자본주의 심장부에서는 미국의 점거 운동과 스페인의 인디그나도스indignados 같은 저항의 물결이 일렁였다. 사회적 대항 운동은 범국민적 절약을 바탕으로 한 긴축 정책이 금융 위기 전문가들이 바라던 경제 안정화를 가져오기는 힘들 것이라는 사실을 알려 준다.

물론 당장 2008년 금융 위기가 장기적으로 세계사에 어떠한 결과를 가져올지를 논하기란 시기상조이며, 1929년의 대공황과 1930년대의 불황이 오늘날의 상황과 어떠한 유사점을 가지는지를 찾기도 쉽지 않다. 그러나 언론은 계속해서 자본주의의 미래에 관한 깊은 관심을 드러내고 있으며(과거에는 이런 이야기가 상당히 조심스럽게 언급되었다),

"세계화의 제도적 골격의 상당한 파괴와 1989년 이후 세계 질서의 약화(Davis, 2011)"로 유럽(을 포함한 세계)을 덮친 불안감에 관해 이야기 하고 있다. 1989년 프랜시스 후쿠야마는 '역사의 종말'이 다가오고 있으며, 경제적 정치적 자유주의가 유일한 체제로 자리 잡을 것이라 는 전망을 내놨지만, 20년 가까운 세월이 지난 오늘날 세상은 전혀 다른 모습을 하고 있다. 미국은 식민지 전쟁에서 잇달아 패배했고, 이스라엘은 항상 그래 왔듯 서구 제국주의의 앞잡이로 비추어졌으 며('아랍의 봄'), 곳곳에서 시위가 일어나고(이슬람 국가와 라틴아메리카), 제국 주의의 중심에서는 시민 운동이 일어났다(점거 운동, 인디그나도스).

폴라니의 관점에서 2008년 금융 위기가 세계에 미칠 영향을 장 기적으로 바라보면, 우리는 사회적 관계에서 경제의 상품화와 이탈 을 막기 위한 대항 운동이 나타날 가능성이 있다는 결론을 도출할 수 있다. 금융 위기가 발생하며 신자유주의 정책이 지속적인 성장을 보장하지 않는다는 사실이 밝혀졌다. 한편으로는 국가 규제가 금융 부문을 통제하지 못했다는 점에서 국가의 위기를 의미하기도 한다. 안정성과 균형이라는 전제를 가진 어떠한 사회 변화 모델도 오늘날 의 위기를 이해하고 그에 알맞은 대안을 찾아낼 수는 없을 것이다. 대신 우리는 불안정성과 복잡성을 고려해 폴라니가 제시한 대항 운 동은 상품화와 이탈로부터 사회를 지키려는 노력에서 파생됐다는 사실을 이해해야 한다. 2008년의 금융 위기를 통해 후기 자본주의 가 가지는 특징을 면밀히 살펴보고, 이러한 위기가 세계 각국에 어 떠한 영향을 미쳤는지를 알아봐야 한다.

자본주의 이후의 세계

얼마 전까지만 해도 '자본주의 이후의 세계'에 관한 언급은 유토피아를 꿈꾸는 이들의 현실 부정으로 왜곡되어 받아들여지곤 했다. 이제는 자본주의가 한계를 향하고 있다는 사실을 잘 알고 있다. 보수적 자본주의든, 급진적 자본주의든, 혹은 자유주의적 자본주의든 오늘날 자본주의를 '시장 사회'나 기업가 정신이라는 표현으로 포장하려는 인물은 거의 없다. 오늘날 우리는 자본주의 체제가 결코 영원하지 않으며, 잦은 위기 상황에 대면한다는 사실을 직접 목격했다. 최근 자본주의 이후의 세계에 관한 심각한 논의가 이루어져 왔다. 무엇보다도 1989년 이후 자본주의적 '세계화 혁명'의 성공과 2008년 금융 위기의 결합이 일어나며 자본주의 체제가 종말을 향해 가고 있다는 주장이 우세했다. 적어도 현 상황에서는 그러하다. 지리적으로나, 경제학적으로나, 사회적으로나 자본주의를 대신해 새롭게 세력을 확장해 갈 환경을 조성할 만한 개척의 움직임은 나타나지 않고 있다. 전 세계는 자본주의적 생산 양식의 지배 아래에 놓여 있으며, 상품화가 가능한 대부분의 사회적 관계까지도 자본주의로부터 자유롭지 못하다. 그 배경에서는 폴라니의 이중 운동이 계속되고 있었으며, 그 사이의 갈등은 점점 심화되어 왔다.

무엇보다도 우리는 상호 연관성을 지니는 다음과 같은 흐름에 주목할 필요가 있다. 경제 성장률의 지속적인 감소(2008년 경제 위기 이전부터 이어져 왔다), 공공 부채와 민간 부채의 지속적인 증가, 부의 불평등과 소득의 불평등의 지속적인 심화는 현대 자본주의 체제에서 매우 중요한 시사점을 가진다(Streeck, 2014). 자기 강화의 성격을 가지는 이런 흐름들이 한데 모여 자본주의 체제를 안정적으로 유지하는 전통적 조건들(탄탄한 성장, '건전 화폐', 자본주의 체제로부터 직접적인 혜택을 받는 인구 비율의 증가를 위한 불평등의 꾸준한 감소)에 반대되는 움직임을 형성했다. 이와 같은 움직임이 무한정 계속되어서는 안 되며, 무뎌져서도 안 된다. 무언가 대책이 필요하다. 2008년의 금융 위기는 과도한 금융화와 불충분한 경제 민주주의로 인해 국제 자본주의가 직면한 문제를 재고해 볼 기회를 제공했다. 그러나 변화는 미미했으며, 금융권에 적당한 규제를 가할 필요가 있다는 조심스러운 주장조차 받아들여지지 않았다. 그 누구도, 그 무엇도 상황을 변화시킬 능력은 없는 듯하다. 스트리크Streeck는 아직 대안을 찾지 못했음에도 '자본주의의 종말'은 '이미 진행 중'이라고 주장했다(Streeck, 2014).

경제적, 정치적으로 '자본주의 이후' 어떠한 사회 질서가 나타날 것인가에 관한 논의에서 카를 마르크스는 종종 구제 불능의 이상주의자로 받아들여졌다. 레닌주의와 마르크스-레닌주의를 이념으로 채택한 국가가 남긴 유산은 이와 같은 인식을 심는 큰 역할을 했다. 한편으로 우리는 마르크스가 자본주의 이후에 나타나는 첫 번째 단계인 '사회주의'와 두 번째 단계인 '공산주의'를 구별했다는 대중적인 이해를 가지고 있다. 원문에는 구별을 지지할 만한 기록이 남아 있지 않으나, 마르크스-레닌주의 매뉴얼에는 성문화되어 있다. 다른 한편으로 자본주의가 몰락한 이후 등장하는 유토피아에서 사람들은 아침에 일을 하고, 오후에 낚시를 하고, 저녁에 독서를 한다는 마르크스의 묘사는 터무니없어 보인다. 마르크스를 자본주의 체제가 사라진 미래가 맞닥뜨릴 엄청난 고난을 제대로 인식하지 못한, 끔찍이도 비현실적인 인물로 그려 내기에 충분한 묘사이다. 사실 마르크스는 자본주의 이후에 등장할 세상을 매우 현실적인 시각으로 바라봤다. 그는 결코 허황된 꿈을 꾸는 인물이 아니었다. 실제로 마르크스는 사회주의를 자본주의 내에 자리한 민주적 요소들의 유기적인 발전으로 바라보지 않고 자연스러운 시대의 흐름으로 인식한 당대 사회주의 사상가들을 맹렬히 비판했다.

마르크스는 장밋빛 미래로 프롤레타리아 계급을 현혹하려 하지 않았다. 오히려 그는 프롤레타리아 계급이 스스로 미래를 건설해 나가길 바랐다. 다음과 같은 글에서 마르크스의 견해가 드러난다. "특정한 순간에 프롤레타리아의 일부 혹은 전체가 어떠한 목표를 가졌느냐에 관한 문제가 아니다. 프롤레타리아가 무엇인지에 관한 문제이며, 프롤레타리아가 역사적으로 어떤 의무를 가지고 있는지에 관한 문제이다(Marx and Engels, 1975)." 따라서 공산주의는 미래 사회를 바라보는 하나의 시각이 아니라 현재의 사회적 투쟁에 각인된 움직임이라고 할 수 있다. 1871년 파리 코뮌을 주제로 쓴 글을 포함해 말년에 남긴 기록은 마르크스가 소비에트 국가 사회주의처럼 '실재하는' 사회주의 국가를 바라지 않았다는 사실을 분명히 드러내고 있다. 마르크스가 '새로운 사회'라 일컬었던 사회는 노동과 사회적 관계의 개혁을 바탕으로 형성된다. 이 사회에서 노동은 여전히 존재하지만, 개인은 자유롭게 우선순위에 따라 행동하며 사회의 재건을 추구한다.

마르크스 스스로가 자본주의 이후에 등장할 미래 사회에 어떤 생각을 가졌는지 직접 언급한 경우는 찾아보기는 힘들다. 그는 이것을 주제로 《자본론》과 비견될 만큼 상세한 글을 남기지는 않았지만, 우리는 말년에 쓴 작품들을 면밀히 살펴봄으로써 그가 가진 견해를 엿볼 수 있다. 사회주의에 관한 마르크스의 글을 세심히 분석한 피터 후디스Peter Hudis는 마르크스의 견해에 관해 다음과 같은 의견을 표시했다.

자본주의를 대체할 체제에 관한 마르크스의 사상은 그가 자본에 제기한 비판을 지배하는 동일한 규범에서 시작된다. 마르크스는 개인이 인지하지 못하는 모든 사회적 구성에 반대했듯, 대상의 자발적 행위를 무시한 채 자신이 가진 입장만을 고집하는 모든 사회적 해법에도 반대했다.(Hudis, 2012)

마르크스에게 사회주의는 사유 재산과 시장의 폐지 이상의 의미를 지니고 있었다. 그는 자본주의 이후에 등장할 사회에서 핵심을 차지하는 개념은 자유라고 생각했다. 자율권을 침해하는 모든 제약이 사라진 사회에서 개인은 자유로운 발전을 이루어 나간다. 통제로부터 자유로워진 생산자들이 자본주의를 넘어선 사회를 만들기 위해서는 자본주의에서 소외된 사회적 관계를 해결해야만 한다.

레닌이 좋아했던 구절을 인용하자면, "친구여, 모든 이론은 잿빛이나 삶의 나무는 푸르다네"이다. 2008년 세계를 덮친 금융 위기 이후 예상하지 못했던 사건들이 꽤나 많이 발생했다. 2011년 아랍의 봄을 예상한 사람은 아무도 없었으며, 1848년 유럽에 일어난 거대한 혁명의 물결 외에는 역사적으로 유사성을 지닌 사건을 찾을 수도 없다. 아세프 바야트Asef Bayat는 "해방을 향한 강렬한 열망, 자아실현의 욕구, 공정한 사회 질서에 품은 꿈, 새로운 세계에 대한 바람이 혁명이 가진 정신을 대표한다(Bayat, 2013)"며 혁명을 설명했다. 단기적인 시각에서 보면, 이런 혁명의 상당 부분은 보수 세력에 의해 좌절됐으며, 가장 큰 수혜자는 정치적 이슬람이었다. 그러나 장기적인 시각에서 아랍의 봄은 2008년 금융 위기 이후 신자유주의 질서를 위협할 새로운 체제의 등장에서 전환점으로 작용할 것이다. 카를 마르크스라면 분명히 이와 같은 민주 혁명을 거대한 사회적 개혁의 조짐이자 전 세계 수백만 명에 이르는 사람들이 '자본주의 이후의 세계'를 원한다는 증거로 바라봤을 것이다.

'자본주의 이후의 세계'가 어떤 모습을 하고 있을지를 이해하려면, 먼저 마르크스와 마르크스의 사상이 가지는 한계를 알아볼 필요가 있다. 특히 마르크스가 자본주의를 어떻게 바라봤는지는 상당히 중요한 역할을 한다. 마르크스는 주로 경제적 입장에서 자본주의를 논했지만, 낸시 프레이저는 여기에 그치지 않고 자본주의의 개념을 사회적 재생산과 생태학, 권력 관계 등 자본 축적의 바탕이 되는 범위까지 확장해야 한다고 주장했다(Fraser, 2014). 다시 말하자면, 21세기에 마르크스주의를 부활시키기 위해서는 마르크스주의를 페미니즘과 생태학, 탈식민주의와 보다 밀접하게 결합시킬 필요가 있다는 의미였다. 나는 자본주의를 구체화시키는 대신 해체를 통해 체제가 가진 실질적인 한계와 모순을 알아봐야 한다고 생각한다. 마르크스가 공산주의를 오늘날 우리가 살아가는 사회에 내재된 해방의 추구로 정의했듯, 전 세계 곳곳에서는 매일같이 자본주의를 벗어나고자 하는 저항의 움직임이 일어나고 있다.

'자본주의 이후의 세계'로 향하는 대항 운동에 관한 논의를 위해 우리는 먼저 전통 마르크스주의 관점을 기반으로 현실을 바라볼 필요가 있다. 세계화가 진행되며 자본주의가 영향력을 미치는 범위는 엄청나게 넓어졌고, 자본과 임금 노동의 관계를 확산시키는 결과를 낳았다. 1980년에 19억 명이었던 임금 노동자의 수는 2010년에는 29억 명으로 증가했다. 1970년대 중반 들어 선진국과 개발도상국 사이의 전통적 국제 분업이 막을 내리며 자본주의의 중심국에 해당하지 않는 OECD 국가에서 대규모 산업 노동자 계급이 등장했다. 오늘날 선진국의 노동자들이 전후 호황기에 이룩한 사회적 진보를 유지하기 위해 노력하는 반면, 개발도상국의 노동자들은 마르크스의 《자본론》에서 그려진 모습대로 인간다운 삶을 살기 위해 노력하고 있다. 마이크 데이비스Mike Davis는 "2억 명에 달하는 중국의 직공과 광부, 건설 근로자는 오늘날 지구상에서 가장 위협적인 계급(중국 국무원에 물어보라)(2011)"이라는 발언을 통해 시험대에 오른 자본주의의 미래를 극적으로 그려 냈다.

칼 폴라니는 자유 시장의 약탈로 인해 나타나는 사회 반응을 하나의 메커니즘으로 풀어냈고, 여기에서 자본주의에 대항하는 운동의 두 번째 물결이 시작됐다. 공식적 노동 시장 밖에 존재하며 종종 '과잉 인구'로 간주되는 사람들이 그 중심에 있었다. 경작할 땅이 없는 소작농들과 생활고에 시달리는 빈민가 사람들, 개발도상국의 임시 고용 노동자들이 여기에 속했다. 또한 신자유주의 자본주의로부터 전통적 권리를 지키려는 움직임을 보여 최근 정치적 이슈가 되고 있는 안데스 국가의 아메리카 원주민도 마찬가지였다. 선진국도 예외는 아니었다. 2008년 금융 위기 이후 청년 실업률이 무섭게 치솟으면서 미래를 잃어버린 젊은이들은 스페인의 인디그나도스와 미국의 점거 운동 같은 시위를 일으켰고, 자본주의 경제 질서의 정당성을 흔들어 놓는 결과를 가져왔다. 이제 막 시작 단계에 들어선 이런 움직임은 방어적인 경향을 지니고 있지만, 자본주의의 미래를 불안정하게 만들 만큼 강력한 힘을 가졌다. 1917년 러시아 혁명처럼 2011년에 일어난 이집트 혁명도 매우 기본적인 요구에서 시작됐다. 아직까지는 이러한 세력들과 보다 전통적인 노동자 계급의 동맹이 이루어지지 않고 있지만, 앞으로 어떻게 흘러갈지는 아무도 모르는 일이다.

대항 운동의 세 번째 물결은 1968년에 일어난 사건들의 여파와 새로운 사회 운동을 등에 업고 스스로를 '반자본주의자'라 부르는 이들에 의해 시작됐다. 세계 사회 포럼World Social Forum은 선진국의 오만한 생각을 비판하며 '새로운 세상이 열릴 수 있다'고 주장했다. 2011년에 칠레에서 일어난 시위와 2012년의 그리스 시위, 2013년

의 브라질 시위는 모두 충분한 교육을 받은 젊은이들이 사회에 불
만을 품고 있다는 사실을 보여 줬다. 1968년의 상황과 마찬가지로
다양한 사회적, 문화적 운동이 가진 철학의 중심에는 소비 지상주
의에 대한 비판이 자리하고 있었다. 그들은 주류 자본주의 논지에서
벗어난 기후 변화, 해양 생태계 파괴, 도시 오염 문제를 제시했다.
시위자들은 삶의 질이라든가 일과 삶의 균형, 불안정성의 제거와 같
은 관심사를 가지고 있었다. 이런 단체 행동 뒤에 있는 정치적 역학
관계는 꽤나 복잡하다. 고등 교육의 민영화를 반대하는 칠레와 진보
적 노동당에 반대하는 브라질의 상황만 봐도 명백하다. 이처럼 다양
한 양상을 지닌 사회 흐름은 아직 통합을 이루어 내지 못했으며, 보
다 전통적인 노동 운동 혹은 '대지의 저주받은 자들'이 일으킨 혁명
에도 관여하지 않았다.

2020년을 눈앞에 둔 시점에서 우리는 다양한 관점으로 마르크스
주의를 되돌아봤다. 나는 마르크스와 엥겔스가《독일 이데올로기》
에서 공산주의를 정의하는 구절을 인용하며 글을 마무리하고자 한
다. "공산주의란 우리가 확립해야만 하는 상태도, 현실이 추구해야
하는 이상도 아니다. 공산주의는 현재 상태를 폐지하고자 하는 현실
운동 그 자체이다. 이 운동의 조건은 현존하는 전제에서 비롯된다
(1976)."

참고 문헌

들어가며

- Badiou, A. (2005) *Metapolitics*, London: Verso.

- Bidet, J. (2009) 'A Key to the Critical Companion to Contemporary Marxism' in J. Bidet, and S. Kouvelakis (eds), *Critical Companion to Contemporary Marxism*, Chicago, IL: Haymarket Books.

- Bidet, J. and Kouvelakis, S. (eds) (2009) *Critical Companion to Contemporary Marxism*, Chicago, IL: Haymarket Books.

- Fraser, N. (2014) 'Behind Marx's Hidden Abode', *New Left Review*, 86.

- Marx, K. (1976) *Capital: A Critique of Political Economy, Vol. 1*, Harmondsworth: Penguin.

- Milanović, B. (2016) *Global Inequality: A New Approach for the Age of Globalization*, Boston, MA: Harvard University Press.

- Tosel, A. (2009) 'The Development of Marxism: From the End of Marxism-Leninism to a Thousand Marxisms–France-Italy, 1975–2005', in J. Bidet and S. Kouvelakis (eds), *Critical Companion to Contemporary Marxism*, Chicago, IL: Haymarket Books.

- 'El amanecer ya no es una tentación' (Sandinista saying circa 1980)

제1장　미궁 너머 : 마르크스주의와 역사

- Anderson, P. (1976) *Consideration on Western Marxism*, London: Verso.

- Arrighi, G., Hopkins, T. and Wallerstein, I. (1989) *Antisystemic Movements*, London: Verso.

- Ashcroft, B., Griffiths, G. and Tiffin, H. (eds) (1995) *The Post-Colonial Reader*, London: Routledge.

- Balibar, E. (1992) 'Foucault and Marx: The Question of Nominalism', in T. Armstrong (ed.), *Michel Foucault, Philosopher*, New York: Routledge.

- Balibar, E. (1995) *The Philosophy of Marx*, London: Verso.

- Bauman, Z. (1976) *Socialism: The Active Utopia*, London: Allen & Unwin.

- Beilharz, P. (1992) *Labour's Utopias: Bolshevism, Fabianism, Social Democracy*, London: Routledge.

- Berman, M. (1983) *All That Is Solid Melts into Air: The Experience of Modernity*, London: Verso.

- Bernstein, H. (1993) *The Preconditions of Socialism*, Cambridge: Cambridge University Press.

- Boggs, C. (1995) *The Socialist Tradition: From Crisis to Decline*, New York: Routledge.

- Cardoso, F. H. (1993) 'Desafi os de la socialdemocracia en América Latina', in M. Vellinga (ed.), *Democracia y politica en América Latina*, Mexico: Siglo XXI.

- Cleaver, H. (1979) *Reading Capital Politically*, Brighton: Harvester.

- Derrida, J. (1994) *Spectres of Marx: The State of the Debt, the Work of Mourning, and the New International*, London: Routledge.

- Foucault, M. (1980) 'Truth and Power', in C. Gordon (ed.), *Power/Knowledge: Selected Interviews and Other Writings, 1972–1977*, Brighton: Harvester.

- Foucault, M. (1984) 'What Is the Enlightenment?', in P. Rabinow (ed.), *The Foucault Reader*, London: Penguin.

- Fukuyama, F. (1992) *The End of History and the Last Man*, London: Hamish Hamilton.

- Glucksmann, A. (1980) *The Master Thinkers*, Brighton: Harvester.

- Gray, J. (1995) 'Among the Ruins of Marxism', in F. Mount (ed.), *Communism*, London: Harvill.

- Guattari, D. (1984) *Molecular Revolution: Psychiatry and Politics*, Harmondsworth: Penguin.

- Halliday, F. (1991) 'The Ends of the Cold War', in R. Blackburn (ed.), *After the Fall: The Failure of Communism and the Future of Socialism*, London: Verso.

- Held, D. (1992) 'Liberalism, Marxism and Democracy', in S. Hall, D. Held and T. McGrew (eds), *Modernity and Its Futures*, Cambridge: Polity.

- Hobsbawm, E. (2011) *How to Change the World: Tales of Marx and Marxism.* London: Abacus.

- Il Manifesto (1979) *Power and Opposition in Post-revolutionary Societies*, London: Ink Links.

- Janmohamed, A. (1995) 'Refi guring Values, Power, Knowledge', in B. Magnuo and S. Callenberg (eds), *Whither Marxism? Global Crises in International Perspective*, London: Routledge.

- Kolakowski, L. (1981) *Main Currents of Marxism, Vol. 2: The Golden Age*, Oxford: Oxford University Press.

- Laclau, E. (1996) *Emancipation(s)*, London: Verso.

- Laclau, E. and Mouffe, C. (1985) *Hegemony and Socialist Strategy: Towards a Radical Democratic Politics*, London: Verso.

- Leibman, M. (1986) 'Reformism Yesterday and Social Democracy Today', in R. Milliband, J. Saville, M. Liebman and L. Panitch (eds), *Socialist Register 1985/86*, London: Merlin.

- Leichteim, G. (1970) *A Short History of Socialism, London*: Weidenfeld & Nicolson.

- Lévy, B.-H. (1977) *La barbarie à visage humain*, Paris: Grasset.

- Lukács, G. (1971) *History and Class Consciousness: Studies in Marxist Dialectics*, London: Merlin.

- Lyotard, J. F. (1984) *The Postmodern Condition: A Report on Knowledge*, Manchester: Manchester University Press.

- Lyotard, J. F. (1993) *Libidinal Economy*, London: Athlone.

- Marx, K. (1976) Capital: *A Critique of Political Economy, Vol. 1*, Harmondsworth: Penguin.

- Norris, C. (1991) *Deconstruction: Theory and Practice*, London: Routledge.

- Padgett, S. and Patterson, W. (1991) *A History of Social Democracy in Postwar Europe*, London: Macmillan.

- Polan, A. J. (1984) *Lenin and the End of Politics*, London: Methuen.

- Poulantzas, N. (1980) *State, Power, Socialism*, London: Verso.

- Shanin, T. (ed.) (1983) *Late Marx and the Russian Road*, London: Routledge.

- Sim, S. (1996) *Jean François Lyotard*, London: Prentice-Hall/Harvester.

- Thomas, P. (1991) 'Critical Reception: Marx Then and Now', in T. Carver (ed.), *The Cambridge Companion to Marx*, Cambridge: Cambridge University Press.

제2장　붉은색과 녹색 : 마르크스주의와 자연

- Adams, B. (1993) 'Sustainable Development and the Greening of Development Theory', in F. Schuurman (ed.), *Beyond the Impasse: New Directions in Development Theory*, London: Zed Books.

- Bahro, R. (1978) *The Alternative in Eastern Europe*, London: Verso.

- Bahro, R. (1984) *From Red to Green*, London: Verso.

- Benton, T. (1992) 'Ecology, Socialism and the Mastery of Nature: A Reply to Reiner Grundmann', *New Left Review*, I/194.

- Benton, T. and Redclift, M. (1994) 'Introduction', in M. Redclift and T. Benton (eds), *Social Theory and the Global Environment*, London: Routledge.

- Bookchin, M. (1980–81) 'Review of A. Gorz's *Ecology as Politics*', *Telos*, 46.

- Brundtland, H. (1987) *Our Common Future*, Oxford: Oxford University Press.

- Camilleri, J. and Falk, J. (1992) *The End of Sovereignty? The Politics of a Shrinking and Fragmenting World*, Aldershot: Edward Elgar.

- Carlassare, E. (1994) 'Destabilizing the Criticisms of Essentialism in Ecofeminist Discourse', *Capitalism, Nature, Socialism*, 5(3).

- Cohen, S. (1980) *Bukharin and the Bolshevik Revolution: A Political Biography, 1888–1938*, Oxford: Oxford University Press.

- Commoner, B. (1973) *The Closing Circle: Confronting the Environmental Crisis*, London: Cape.

- Daly, M. (1979) *Gyn/Ecology: The Meta-Ethics of Radical Feminism*, Boston, MA: Beacon.

- Douglas, M. (1966) *Purity and Danger: An Analysis of Concepts of Pollution and Taboo*, London: Routledge.

- Dyker, D. (1992) *Restructuring the Soviet Economy*, London: Routledge.

- Eckersley, R. (1992) *Environmentalism and Political Theory: Towards an Ecocentric Approach*, London: UCL Press.

- Enzensberger, H.-M. (1974) 'A Critique of Political Ecology', *New Left Review*, I/84.

- Foster, J. B. (2000) *Marx's Ecology: Materialism and Nature*, New York: Monthly Review Press.

- Frankel, B. (1987) *The Post-industrial Utopians*, Cambridge: Polity.

- Gorz, A. (1980) *Ecology as Politics*, London: Pluto.

- Griffin, S. (1978) *Woman and Nature: The Roaring Inside Her*, New York: Harper & Row.

- Grundmann, R. (1991) *Marxism and Ecology*, Oxford: Clarendon.

- Harribey, J-M. (2009) 'Ecological Marxism or Marxian Political Ecology', in J. Bidet and S. Kouvelakis (eds), *Critical Companion to Contemporary Marxism*, Chicago, IL: Haymarket Books.

- Hildyard, N. (1993) 'Foxes in Charge of Chickens', in W. Sachs (ed.), *Global Ecology: A New Arena of Political Conflict*, London: Zed Books.

- Jackson, C. (1994) 'Gender Analysis and Environmentalisms', in M. Redclift and T.

Benton (eds), *Social Theory and the Global Environment*, London: Routledge.

• Lecourt, D. (1976) *Lysenko: Histoire réelle d'une 'science proletarienne'*, Paris: Maspero.

• Lipietz, A. (1992) *Towards a New Economic Order: Postfordism, Ecology and Democracy*, Oxford: Polity.

• Lukács, G. (1971) *History and Class Consciousness: Studies in Marxist Dialectics*, London: Merlin.

• Mandel, E. (1985) 'Marx: The Present Crisis and the Future of Labour', *Socialist Register*, 22.

• Marx, K. (1973) *Grundrisse: Foundations of the Critique of Political Economy (Rough Draft)*, Harmondsworth: Penguin.

• Marx, K. (1975) *Early Writings*, London: Penguin.

• Marx, K. (1976) *Capital: A Critique of Political Economy, Vol. 1*, Harmondsworth: Penguin.

• Marx, K. and Engels, F. (1987) *Collected Works, Vol. 25*, London: Lawrence & Wishart.

• Mellor, M. (1992) *Breaking the Boundaries: Towards a Feminist Green Socialism*, London: Virago.

• Mies, M. and Shiva, V. (1993) *Ecofeminism*, London: Zed Books.

• Molyneux, M. and Steinberg, D. L. (1995) 'Mies and Shiva's Ecofeminism: A New Testament?', *Feminist Review*, 49.

• Nietzsche, F. (1964) *Complete Works, Vol. 2*, New York: Russell & Russell.

• O'Connor, J. (1998) *Natural Causes: Essays in Ecological Marxism*, London: Guilford Press.

• Parsons, H. (ed.) (1977) *Marx and Engels on Ecology*, Westport, CT: Greenwood.

• Plumwood, V. (1988) 'Woman, Humanity and Nature', *Radical Philosophy*, 48.

• Polanyi, K. (2001) *The Great Transformation: The Political and Economic Origins of Our Time*, 2nd edn, Boston, MA: Beacon.

• Redclift, M. (1987) *Sustainable Development: Exploring the Contradiction*, London: Methuen.

• Sachs, W. (1993) 'Global Ecology and the Shadow of "Development"', in W. Sachs (ed.), *Global Ecology: A New Arena of Political Conflict*, London: Zed Books.

• Schmidt, A. (1971) *The Concept of Nature in Marx*, London: New Left Books.

- Shiva, V. (1988) *Staying Alive: Women, Ecology and Development*, London: Zed Books.

- Shiva, V. (1993) 'The Greening of the Global Reach', in W. Sachs (ed.), *Global Ecology: A New Arena of Political Conflict*, London: Zed Books.

- Sklair, L. (1994) 'Global Sociology and Global Environmental Change', in M. Redclift and T. Benton (eds), *Social Theory and the Global Environment*, London: Routledge.

- Weiner, D. (1988) *Models of Nature: Ecology, Conservation and Cultural Revolution in Soviet Russia*, Bloomington, IN: Indiana University Press.

제3장   소비에트 + 전화電化 : 마르크스주의와 발전

- Avineri, S. (ed.) (1969) *Karl Marx on Colonialism and Modernization*, New York: Anchor.

- Bailey, A. and Llobera, J. (eds) (1981) *The Asiatic Mode of Production: Science and Politics*, London: Routledge & Kegan Paul.

- Banaji, J. (2010) *Theory as History: Essays on Modes of Production and Exploitation*, Chicago, IL: Haymarket Books.

- Baran, P. (1968) *The Political Economy of Growth*, New York: Modern Reader Paperback.

- Berman, M. (1983) *All That Is Solid Melts into Air: The Experience of Modernity*, London: Verso.

- Bideleux, R. (1985) *Communism and Development*, London: Methuen.

- Brewer, A. (1980) *Marxist Theories of Imperialism: A Critical Study*, London: Routledge.

- Claudin, F. (1975) *The Communist Movement: From Comintern to Cominform*, Harmondsworth: Penguin.

- Cohen, S. (1980) *Bukharin and the Bolshevik Revolution: A Political Biography, 1888–1938*, Oxford: Oxford University Press.

- Escobar, A. (1984) 'Discourse and Power in Development: Michel Foucault and the Relevance of His Work in the Third World', *Alternatives*, 10(3).

- Esteva, G. (1992) *'Development', in W. Sachs (ed.), The Development Dictionary: A Guide to Knowledge and Power*, London: Zed Books.

- Fitzgerald, E. V. K. (1986) 'Notes on the Analysis of the Small Underdeveloped

Economy in Transition', in R. Fagen, C. D. Deere and K. L. Coraggio (eds), *Transition and Development: Problems of Third World Socialism*, New York: Monthly Review Press.

- Harding, N. (1977) *Lenin's Political Thought, Vol. 1: Theory and Practice in the Democratic Revolution*, Basingstoke: Macmillan.

- Kay, C. (1989) *Latin American Theories of Development and Underdevelopment*, London: Routledge.

- Kay, G. (1975) *Development and Underdevelopment: A Marxist Analysis*, London: Macmillan.

- Kornai, J. (1992) *The Socialist System: The Political Economy of Communism*, Oxford: Clarendon.

- Lane, D. (1974) 'Leninism as an Ideology of Soviet Development', in E. de Kadt and G. Williams (eds), *Sociology and Development*, London: Tavistock.

- Leftwich, A. (1992) 'Is There a Socialist Path to Socialism?', *Third World Quarterly*, 13(1) (Special Issue: 'Rethinking Socialism').

- Lenin, V. I. (1967) *The Development of Capitalism in Russia*, Moscow: Progress Publishers.

- Lenin, V. I. (1970) 'Imperialism: The Highest Stage of Capitalism', in *Selected Works in Three Volumes, Vol. 1*, Moscow: Progress Publishers.

- Lewin, M. (1975) *Political Undercurrents in Soviet Economic Debates*, London: Pluto.

- Manzo, K. (1991) 'Modernist Discourse and the Crisis of Development Theory', *Studies in Comparative International Development*, 26(2).

- Marx, K. and Engels, F. (1977) 'Manifesto of the Communist Party', in K. Marx, *The Revolutions of 1848: Political Writings, Vol. 1*, Harmondsworth: Penguin.

- Mengisteab, K. (1992) 'Responses of Afro-Marxist States to the Crisis of Socialism: A Preliminary Assessment', *Third World Quarterly*, 13(1) (Special Issue: 'Rethinking Socialism').

- Mohanty, C. T. (1993) 'Under Western Eyes: Feminist Scholarship and Colonial Discourses', in P. Williams and L. Chrisman (eds), *Colonial Discourse and Post-Colonial Theory*, New York: Harvester-Wheatsheaf.

- Nehru, J. (1972–83) 'The Presidential Address', in S. Gopal (ed.), *Selected Works, Vol. 7*, Delhi: Orient Longman.

- Post, K. and Wright, P. (1989) *Socialism and Underdevelopment*, London: Routledge.

- Preobrazhensky, E. (1979) *Crisis of Soviet Industrialization*, ed. D. Filtzer, New York: Sharpe.

- Sachs, W. (1993) 'Global Ecology and the Shadow of "Development"', in W. Sachs (ed.), *Global Ecology: A New Arena of Political Conflict*, London: Zed Books.

- Shanin, T. (ed.) (1983) *Late Marx and the Russian Road*, London: Routledge.

- Stalin, J. (1973) *The Essential Stalin: Major Theoretical Writings 1905–52*, London: Croom Helm.

- Warren, B. (1980) *Imperialism: Pioneer of Capitalism*, London: Verso.

- Watts, M. (1995) 'A New Deal in Emotions: Theory and Practice and the Crisis in Development', in J. Crush (ed.), *Power of Development*, London: Routledge.

- White, G. (1983) 'Revolutionary Socialist Development in the Third World: An Overview', in G. White, R. Murray and C. White (eds), *Revolutionary Socialist Development in the Third World*, London: Macmillan.

제4장   부르주아의 무덤을 파는 묘지기 : 마르크스주의와 노동자

- Anweiler, O. (1974) *The Soviets*, New York: Simon & Schuster.

- Aronowitz, F. and Di Fazio, W. (1994) *The Jobless Future*, Minneapolis, MN: University of Minnesota Press.

- Arrighi, G. (1996) 'Workers of the World at Century's End', *Review*, 19(3).

- Balibar, E. (1995) *The Philosophy of Marx*, London: Verso.

- Baxandall, R., Ewen, E. and Gordon, L. (1976) 'The Working Class Has Two Sexes', *Monthly Review*, 28(3).

- Braverman, H. (1974) *Labor and Monopoly Capital*, New York: Monthly Review Press.

- Casey, C. (1996) *Work, Self and Society after Industrialism*, London: Routledge.

- Castells, M. (1996) *The Information Age: Economy, Society and Culture, Vol. I: The Rise of the Network Society*, Oxford: Blackwell.

- Castells, M. (1997) *The Information Age: Economy, Society and Culture, Vol. II: The Power of Identity*, Oxford: Blackwell.

- Cohen, G. A. (1978) *Karl Marx's Theory of History*, Oxford: Clarendon.

- Daniels, R. (1969) *The Conscience of the Revolution: Communist Opposition in Soviet Russia*, New York: Simon & Schuster.

- Dyer-Witheford, N. (1999) *Cyber-Marx: Cycles and Circuits of Struggle in High-Technology Capitalism*, Urbana and Chicago, IL: University of Illinois Press.

- Frankel, B. (1987) *The Post-industrial Utopians*, Cambridge: Polity.

- Frege, C. and Kelly, J. (2004) 'Union Strategies in Comparative Context', in C. Frege and J. Kelly (eds), *Varieties of Unionism: Strategies for Union Revitalization in a Globalizing Economy*, Oxford: Oxford University Press.

- Friedman, G. (2008) *Reigniting the Labor Movement: Restoring Means to Ends in a Democratic Labor Movement*, London and New York: Routledge.

- Furedi, F. (1986) *The Soviet Union Demystifi ed: A Materialist Analysis*, London: Junius.

- Gibson-Graham, J. K. (1996) *The End of Capitalism (As We Knew It): A Feminist Critique of Political Economy*, Oxford: Blackwell.

- Gilbert, A. (1981) *Marx's Politics: Communists and Citizens*, Oxford: Martin Robertson.

- Gorz, A. (1982) *Farewell to the Working Class: An Essay on Lost Industrial Socialism*, London: Pluto.

- Gramsci, A. (1977) 'The Revolution against "Capital"', in A. Gramsci, *Selections from Political Writings (1910–1920)*, London: Lawrence & Wishart.

- Hartmann, H. (1986) 'The Unhappy Marriage of Marxism and Feminism: Towards a More Progressive Union', in L. Sargent (ed.), *The Unhappy Marriage of Marxism and Feminism*, London: Pluto.

- Laclau, E. and Mouffe, C. (1985) *Hegemony and Socialist Strategy: Towards a Radical Democratic Politics*, London: Verso.

- Lenin, V. I. (1970) 'Six Theses on the Immediate Tasks of the Soviet Government', in *Selected Works in Three Volumes, Vol. 2*, Moscow: Progress Publishers.

- Marx, K. (1973) *Grundrisse: Foundations of the Critique of Political Economy (Rough Draft)*, Harmondsworth: Penguin.

- Marx, K. and Engels, F. (1976) 'The German Ideology', in K. Marx and F. Engels, *Collected Works, Vol. 5*, London: Lawrence & Wishart.

- Marx, K. and Engels, F. (1977) 'Manifesto of the Communist Party', in K. Marx, *The Revolutions of 1848: Political Writings, Vol. 1*, Harmondsworth: Penguin.

- Petras, J. (1978) 'Socialist Revolutions and Their Class Components', *New Left Review*, I/111.

- Poulantzas, N. (1975) *Classes in Contemporary Capitalism*, London: New Left Books.

- Sirianni, C. (1982) *Workers' Control and Socialist Democracy: The Soviet Experience*, London: Verso.

- Slater, D. (1984) 'Social Movements and a Recasting of the Political', in D. Slater (ed.), *New Social Movements and the State in Latin America*, Amsterdam: CEDLA.

- Smith, S. A. (1983) *Red Petrograd: Revolution in the Factories 1917–18*, Cambridge: Cambridge University Press.

- Stedman Jones, G. (1983) *Languages of Class: Studies in English Working Class History*, Cambridge: Cambridge University Press.

- Thompson, E. P. (1970) *The Making of the English Working Class*, Harmondsworth: Penguin.

- Wood, E. M. (1981) *The Retreat from Class: A New 'True' Socialism*, London: Verso.

제5장 불행한 혼인 : 마르크스주의와 여성

- Adams, M. L. (1994) 'There's No Place Like Home: On the Face of Identity in Feminist Politics', in M. Evans (ed.), *The Woman Question*, 2nd edn, London: Sage.

- Barrett, M. (1980) *Women's Oppression Today*, London: Verso.

- Barrett, M. (1983) 'Marxist-Feminism and the Work of Karl Marx', in B. Matthews (ed.), *Marx: A Hundred Years On*, London: Lawrence & Wishart.

- Barrett, M. (1988) *Women's Oppression Today*, rev. edn, London: Verso.

- Bryson, V. (1992) *Feminist Political Theory: An Introduction*, London: Macmillan.

- Buck, G. and James, S. (1992) 'Introduction: Contextualizing Equality and Difference', in G. Buck and S. James (eds), *Beyond Equality and Difference: Citizenship, Feminist Politics and Female Subjectivity*, London: Routledge.

- Butler, J. (1990) *Gender Trouble: Feminism and the Subversion of Identity*, London: Routledge.

- Carr, E. (1970) *Socialism in One Country of 1924–1926, Vol. 1.* Harmondsworth: Penguin.

- Collins, P. (1991) *Black Feminist Thought*, London: Routledge.

- Coward, R. (1983) *Patriarchal Precedents: Sexuality and Social Relations*, London: Routledge & Kegan Paul.

- Delphy, C. (1984) *Close to Home: A Materialist Analysis of Women's Oppression*, London: Hutchinson.

- Di Stefano, C. (1990) 'Dilemmas of Difference: Feminism, Modernity and Postmodernism', in L. Nicholson (ed.), *Feminism/Postmodernism*, New York: Routledge.

- Edelholm, F., Harris, O. and Young, K. (1977) 'Conceptualising Women', *Critique of Anthropology*, 3(9–10).

- Eisenstein, Z. (1979) 'Developing a Theory of Capitalist Patriarchy and Socialist Feminism', in Z. Eisenstein (ed.), *Capitalist Patriarchy and the Case for Socialist Feminism*, New York: Monthly Review Press.

- Engels, F. (1990) 'The Origin of the Family, Private Property and the State: In the Light of the Researches by Lewis H. Morgan', in K. Marx and F. Engels, *Collected Works, Vol. 26*, Moscow: Progress Publishers.

- Floyd, K. (2009) *The Reification of Desire: Toward a Queer Marxism*, Minneapolis, MN: University of Minnesota Press.

- Fraser, N. and Nicholson, L. (1990) 'Social Criticism without Philosophy: An Encounter between Feminism and Postmodernism', in L. Nicholson (ed.), *Feminism/Postmodernism*, New York: Routledge.

- Gatens, M. (1992) 'Power, Bodies and Difference', in M. Barrett and A. Phillips (eds), *Destabilizing Theory: Contemporary Feminist Debates*, Cambridge: Polity.

- Gould, C. (1999) 'Engels's Origins: A Feminist Critique', in M. Steger and T. Carver (eds), *Engels after Marx*, University Park, PA: Penn State University Press.

- Harding, S. (1986) 'What Is the Real Material Base of Patriarchy and Capitalism?', in L. Sargent (ed.), *The Unhappy Marriage of Marxism and Feminism*, London: Pluto.

- Hartmann, H. (1986) 'The Unhappy Marriage of Marxism and Feminism: Towards a More Progressive Union', in L. Sargent (ed.), *The Unhappy Marriage of Marxism and Feminism*, London: Pluto.

- Hekman, S. (1992) *Gender and Knowledge: Elements of a Postmodern Feminism*, Cambridge: Polity.

- Honeycut, K. (1981) 'Clara Zetkin: A Socialist Approach to the Problem of Women's Oppression', in K. Slaughter and R. Kern (eds), *European Women on the Left: Socialism, Feminism, and the Problems Faced by Political Women, 1880 to the Present*, Westport, CT: Greenwood.

- hooks, b. (1991) *Ain't I a Woman: Black Women and Feminism*, Boston, MA: South End Press.

- hooks, b. (1994) *Feminist Theory: From Margin to Center*, Boston, MA: South End Press.

- Jackson, S. (1999) 'Marxism and Feminism', in A. Gamble, D. Marsh and T. Tant (eds), *Marxism and Social Science*, Houndmills: Macmillan.

- Lenin, V. I. (1966) *The Emancipation of Women*, New York: International Publishers.

- Lorde, A. (1994) 'The Master's Tools Will Never Dismantle the Master's House', in M. Evans (ed.), *The Woman Question*, 2nd edn, London: Sage.

- MacKinnon, C. A. (1982) 'Feminism, Marxism, Method, and the State: An Agenda for Theory', *Signs*, 7(3).

- Maconachie, M. (1987) 'Engels, Sexual Divisions and the Family', in J. Sayers, M. Evans and N. Redclift (eds), *Engels Revisited: New Feminist Essays*, London: Tavistock.

- Marshall, B. (1994) *Engendering Modernity: Feminism, Social Theory and Social Change*, Cambridge: Polity.

- Marx, K. (1976) *Capital: A Critique of Political Economy, Vol. 1*, Harmondsworth: Penguin.

- Marx, K. and Engels, F. (1976) 'The German Ideology', in K. Marx and F. Engels, *Collected Works, Vol. 5*, London: Lawrence & Wishart.

- Mitchell, J. (1971) *Woman's Estate*, Harmondsworth: Penguin.

- Mitchell, J. (1974) *Psychoanalysis and Feminism*, Harmondsworth: Penguin.

- Mohanty, C. T. (1992) 'Feminist Encounters: Locating the Politics of Experience', in M. Barrett and A. Phillips (eds), *Destabilizing Theory: Contemporary Feminist Debates*, Cambridge: Polity.

- Mohanty, C. T. (1993) 'Under Western Eyes: Feminist Scholarship and Colonial Discourses', in P. Williams and L. Chrisman (eds), *Colonial Discourse and Post-Colonial Theory*, New York: Harvester-Wheatsheaf.

- Molyneux, M. (1981) 'Women in Socialist Societies: Problems of Theory and Practice', in K. Young, C. Wolkowitz and R. McCullagh (eds), *Of Marriage and the Market Women's Subordination in International Perspective*, London: CSE Books.

- Morgan, R. (1984) *Sisterhood Is Global: the International Women's Movement Anthology*, Harmondsworth: Penguin.

- Peterson, S. (2003) *A Critical Review of Global Political Economy: Integrating Reproductive, Productive and Virtual Economies*, London: Routledge.

- Rowbotham, S. (1979) 'The Women's Movement and Organizing for Socialism', in S. Rowbotham, L. Legal and H. Wainwright, *Beyond the Fragments: Feminism and the Making of Socialism*, London: Merlin.

- Scott, J. (1990) 'Deconstructing Equality-versus-Difference', in M. Hirsch and E. F. Keller (eds), *Conflicts in Feminism*, New York: Routledge.

- Stites, R. (1978) *The Women's Liberation Movement in Russia: Feminism, Nihilism and Bolshevism, 1860–1930*, Princeton: Princeton University Press.

- Vogel, L. (1983) *Marxism and the Oppression of Women: Toward a Unitary Theory*, New Brunswick, NJ: Rutgers University Press.

- Walby, S. (2009) *Globalisation and Inequality: Complexity and Contested Modernities*, London: Sage.

- Weedon, C. (1987) *Feminist Practice and Poststructuralist Theory*, Oxford: Blackwell.

- Whelan, I. (1995) *Modern Feminist Thought: From the Second Wave to 'Post-Feminism'*, Edinburgh: Edinburgh University Press.

제6장   상부 구조의 귀환 : 마르크스주의와 문화

- Adam, B. and Allan, S. (1995) 'Theorizing Culture: An Introduction', in B. Adam and S. Allan (eds), *Theorizing Culture: An Interdisciplinary Critique after Postmodernism*, London: UCL Press.

- Ahmad, A. (1992) *In Theory: Classes, Nations, Literatures*, London: Verso.

- Althusser, L. (1984) 'A Reply on Art in Reply to André Daspre', in *Essays on Ideology*, London: Verso.

- Aricó, J. (1988) *La Cola del Diablo. Itinerario de Gramsci en América Latina*, Buenos Aires: Puntosur.

- Arvon, H. (1973) *Marxist Esthetics*, Ithaca, NY: Cornell University Press.

- Ashcroft, B., Griffiths, G. and Tiffin, H. (eds) (1995) *The Post-Colonial Reader*, London: Routledge.

- Barrett, M. (1991) *The Politics of Truth: From Marx to Foucault*, Cambridge: Polity.

- Boyne, A. and Rattansi, A. (1990) 'The Theory and Politics of Postmodernism: By Way of an Introduction', in R. Boyne and A. Rattansi (eds), *Postmodernism and Society*, London: Macmillan.

- Butler, J. (1998) 'Merely Cultural', *New Left Review*, I/227.

- Callinicos, A. (1989) *Against Postmodernism: A Marxist Critique*, Cambridge: Polity.

- Caudwell, C. (1970) *Romance and Realism*, Princeton, NJ: Princeton University Press.

- Caudwell, C. (1973) *Illusion and Reality: A Study of the Sources of Poetry*, London: Lawrence & Wishart.

- Davies, I. (1995) *Cultural Studies and Beyond: Fragments of Empire*, London: Routledge.

- Eagleton, T. (1976) *Marxism and Literary Criticism*, London: Methuen.

- Featherstone, M. (1991) *Consumer Culture and Postmodernism*, London: Sage.

- Forgas, D. (1984) 'National-Popular: Genealogy of a Concept', in *Formations of Nations and Peoples*, London: Routledge & Kegan Paul.

- Foucault, M. (1980) 'Truth and Power', in C. Gordon (ed.), *Power/Knowledge: Selected Interviews and Other Writings, 1972–1977*, Brighton: Harvester.

- Fraser, N. (1998) 'Heterosexism, Misrecognition and Capitalism: A Response to Judith Butler', *New Left Review*, I/228.

- García Canclini, N. (1995) *Hybrid Cultures*, Minneapolis, MN: University of Minnesota Press.

- Gramsci, A. (1971) *Selections from the Prison Notebooks*, ed. and trans. Q. Hoare and G. Nowell Smith, London: Lawrence & Wishart.

- Guha, R. (ed.) (1982) *Subaltern Studies, Vol. 1*, Delhi: Oxford University Press.

- Hall, S. (1996a) 'Gramsci's Relevance for the Study of Race and Ethnicity', in D. Morley and K. H. Chen (eds), *Stuart Hall: Critical Dialogues in Cultural Studies*, London: Routledge.

- Hall, S. (1996b) 'Cultural Studies and Its Theoretical Legacies', in D. Morley and K. H. Chen (eds), *Stuart Hall: Critical Dialogues in Cultural Studies*, London: Routledge.

- Hayward, M. (1983) *Writers in Russia: 1917–1978*, London: Harvill.

- Hirst, P. (1979) *On Law and Ideology*, London: Macmillan.

- Holub, R. (1992) *Antonio Gramsci: Beyond Marxism and Postmodernism*, London: Routledge.

- Jameson, F. (1991) *Postmodernism: Or, the Cultural Logic of Late Capitalism*, London: Verso.

- Johnson, R. (1979) Three Problematics: Elements of a Working-Class Culture', in J. Clarke, C. Critcher and R. Johnson (eds), *Working-Class Culture: Studies in History and Theory*, London: Hutchinson.

- Laclau, E. and Mouffe, C. (1985) *Hegemony and Socialist Strategy: Towards a Radical Democratic Politics*, London: Verso.

- Larrain, J. (1983) *Marxism and Ideology*, London: Macmillan.

- Lifschitz, M. (1973) *The Philosophy of Art of Karl Marx*, London: Pluto.

- Marx, K. (1968) *Selected Works in One Volume*, London: Lawrence & Wishart.

- Portantiero, J. C. (1983) *Los Usos de Gramsci*, Buenos Aires: Folios Ediciones.

- Poulantzas, N. (1980) *State, Power, Socialism*, London: Verso.

- Prawer, S. S. (1978) *Karl Marx and World Literature*, Oxford: Oxford University Press.

- Rattansi, A. (1997) 'Post-Colonialism and Its Discontents', *Economy and Society*, 26(4).

- Ray, L. and Sayer, A. (1999) 'Introduction', in L. Ray and A. Sayer (eds), *Culture and Economy after the Cultural Turn*, London: Sage.

- Said, E. (1985) *Orientalism*, Harmondsworth: Penguin.

- Said, E. (1993) *Culture and Imperialism*, London: Chatto & Windus.

- Sarup, M. (1993) *An Introductory Guide to Post-Structuralism and Postmodernism*, London: Harvester.

- Smith, M. (2000) *Culture: Reinventing the Social Sciences*, Buckingham and Philadelphia, PA: Open University Press.

- Solomon, M. (ed.) (1979) *Marxism and Art*, Brighton: Harvester.

- Spivak, G. C. (1993) 'Can the Subaltern Speak?', in P. Williams and L. Chrisman (eds), *Colonial Discourse and Post-Colonial Theory*, Hemel Hempstead: Harvester-Wheatsheaf.

- Struve, G. (1972) *Russian Literature under Lenin and Stalin, 1917–1953*, London: Routledge & Kegan Paul.

- Thompson, E. P. (1970) *The Making of the English Working Class*, Harmondsworth: Penguin.

- Vaughan James, C. (1973) *Soviet Socialist Realism: Origins and Theory*, London: Macmillan.

- Williams, R. (1977) *Marxism and Literature*, Oxford: Oxford University Press.

제7장　까다로운 대화 : 마르크스주의와 국가

- Anderson, B. (1983) *Imagined Communities: Reflections on the Origin and Spread of Nationalism*, London: Verso.

- Anthias, F. and Yuval-Davis, N. (1989) 'Introduction', in N. Yuval-Davis and F. Anthias (eds), *Woman-Nation-State*, London: Macmillan.

- Appadurai, A. (1993) 'Patriotism and Its Futures', *Public Culture*, 5(3).

- Avineri, S. (ed.) (1969) *Karl Marx on Colonialism and Modernization*, New York: Anchor.

- Bauer, O. (1978) 'Observaciones sobre la cuestion de las nacionalidades' (Bemerkungen zur Nationalitätenfrage, *Die Neue Zeit*, 1908), in R. Calwer, K. Kautsky, O. Bauer, J. Strasser and A. Pannekoek, *La Segunda Internacional y el problema nacional y colonial (segunda parte)*, Cuadernos de Pasado y Presente 74, Mexico: Siglo XXI.

- Bauer, O. (1979) *La cuestión de la nacionalidades y la socialdemocracia* (Die Nationalitäten en frago und die Socialdemokratie, 1907), Mexico: Siglo XXI.

- Benner, E. (1995) *Really Existing Nationalisms: A Post-Communist View from Marx and Engels*, Oxford: Clarendon.

- Bernstein, E., Belfort Bax, E., Kautsky, K. and Renner, K. (1978) *La Segunda Internacional y el problema nacional y colonial (primera parte)*, Cuadernos de Pasado y Presente 73, Mexico: Siglo XXI.

- Bottomore, T. and Goode, P. (eds) (1978) *Austro-Marxism*, Oxford: Clarendon.

- Calhoun, C. (1997) *Nationalism*, Buckingham: Open University Press.

- Carrière d'Encausse, H. and Schram, S. (eds) (1969) *Marxism and Asia*, London: Allen Lanes Penguin.

- Chatterjee, P. (1986) *Nationalist Thought and the Colonial World: A Derivative Discourse*, London: Zed Books.

- Chatterjee, P. (1996) '*Whose Imagined Community?*', in G. Balakrishnan (ed.), *Mapping the Nation*, London: Verso.

- Claudin, F. (1975) *The Communist Movement: From Comintern to Cominform*, Harmondsworth: Penguin.

- Davis, H. B. (ed.) (1976) *The National Question: Selected Writings by Rosa Luxemburg*, New York: Monthly Review Press.

- Degras, J. (ed.) (1971) *The Communist International 1919–1943: Documents, Vol. 1*, London: Frank Cass.

- Foucault, M. (1972) *The Archaeology of Knowledge*, London: Tavistock.

- Gellner, E. (1983) *Nations and Nationalism*, Oxford: Basil Blackwell.

- Haupt, G. (1974) 'Les Marxistes face à la question nationale: l'histoire du problème', in G. Haupt, M. Lowy and C. Weill (eds), *Les Marxistes et la question nationale, 1848–1914*, Paris: Maspero.

- Hobsbawm, E. (1990) *Nations and Nationalism since 1780: Programme, Myth, Reality*, Cambridge: Cambridge University Press.

- Ignatieff, M. (1994) *Blood and Belonging: Journeys into the New Nationalism*, London: Vintage.

- James, P. (1996) *Nation Formation: Towards a Theory of Abstract Community*, London: Sage.

- James, P. (2006) *Globalism, Nationalism, Tribalism: Bringing Theory Back In*, London: Sage.

- Jayawardena, K. (1986) *Feminism and Nationalism in the Third World*, London: Zed Books.

- Kautsky, K. (1978) 'Nacionalidad e internacionalidad' (Nationalität und Internationalität, *Ergänzwigshefte zur Neuen Zeit*, 1908), in R. Calwer, K. Kautsky, O. Bauer, J. Strasser and A. Pannekoek, *La Segunda Internacional y el problema nadonal y colonial (segunda parte)*, Cuadernos de Pasado y Presente 74, Mexico: Siglo XXI.

- Kedourie, E. (1960) *Nationalism*, London: Hutchinson.

- Kolakowski, L. (1981) *Main Currents of Marxism, Vol. 2: The Golden Age*, Oxford: Oxford University Press.

- Lenin, V. I. (1963a) 'Self-determination', in *Collected Works, Vol. 20*, Moscow: Progress Publishers.

- Lenin, V. I. (1963b) 'Critical Remarks on the National Question', in *Collected Works, Vol. 20*, Moscow: Progress Publishers.

- Lenin, V. I. (1970) *Questions of National Policy and Proletarian Internationalism*, Moscow: Progress Publishers.

- Loew, R. (1979) 'The Politics of Austro-Marxism', *New Left Review*, I/118.

- Marx, K. (1974) *The First International and After: Political Writings, Vol. 3*, London: Penguin.

- Marx, K. and Engels, F. (1971) *Ireland and the Irish Question*, Moscow: Progress Publishers.

- Marx, K. and Engels, F. (1976) *Collected Works, Vol. 6*, London: Lawrence & Wishart.

- Marx, K. and Engels, F. (1977a) *Collected Works, Vol. 8*, London: Lawrence & Wishart.

- Marx, K. and Engels, F. (1977b) *Collected Works, Vol. 9*, London: Lawrence & Wishart.

- Marx, K. and Engels, F. (1982) *Collected Works, Vol. 38*, London: Lawrence & Wishart.

- Munck, R. (2007) 'Global Civil Society: Royal Road or Slippery Path', *Voluntas: International Journal of Voluntary and Non-Profit Organisations*, 17(4).

- Nairn, T. (1981) *The Break-up of Britain: Crisis and Neo-Nationalism*, London: New Left Books.

- Nairn, T. (1997) *Faces of Nationalism: Janus Revisited*, London: Verso.

- Nimni, E. (1991) *Marxism and Nationalism: Theoretical Origins of a Political Crisis*, London: Pluto.

- Norton, A. (1988) *Reflections on Political Identity*, Baltimore, MD: Johns Hopkins University Press.

- Parker, A. (ed.) (1992) *Nationalisms and Sexualities*, New York: Routledge.

제8장　'민중의 아편'：마르크스주의와 종교

- Bloch, E. (1970) *A Philosophy of the Future*, New York: Herder & Herder.

- Derrida, J. (1994) *Spectres of Marx: The State of the Debt, the Work of Mourning, and the New International*, London: Routledge.

- Eagleton, T. (2009) *Reason, Faith and Revolution: Reflections on the God Debate*, New Haven, CT and London: Yale University Press.

- Castells, M. (1998) *The Information Age: Economy, Society and Culture, Vol. III: End of Millennium*, Oxford: Blackwell.

- Castro, F. (1987) *Fidel and Religion: Castro Talks on Revolution and Religion with Frei Betto*, New York: Simon and Schuster.

- Christians for Socialism (1975) *Social Scientist*, 4(2).

- Gramsci, A. (1971) *Selections from the Prison Notebooks*, ed. and trans. Q. Hoare and G. Nowell Smith, London: Lawrence & Wishart.

- Gutiérrez, G. (1973) *A Theology of Liberation*, Maryknoll, NY: Orbis Books.

- Lenin, V. I. (1971) 'About the Attitude of the Working Party toward the Religion', in

Collected Works, Vol. 17, Moscow: Progress Publishers.

- Lewis, B. (1990) 'The Roots of Muslim Rage', *Atlantic Monthly*, 266(3).

- Löwy, M. (1996) *The War of Gods: Religion and Politics in Latin America*, London and New York: Verso.

- MacIntyre, A. (2001) *Marxism and Christianity*, London: Duckworth.

- Marx, K. (1970) *Critique of Hegel's Philosophy of Right* (1843), ed. J. O'Malley, Cambridge: Cambridge University Press.

- Marx, K. (1973) *Grundrisse: Foundations of the Critique of Political Economy (Rough Draft)*, Harmondsworth: Penguin.

- Marx, K. (1974) *The First International and After: Political Writings, Vol. 3*, London: Penguin.

- Marx, K. (1976) *Capital: A Critique of Political Economy, Vol. 1*, Harmondsworth: Penguin.

- Marx, K. and Engels, F. (1976) 'The German Ideology', in K. Marx and F. Engels, *Collected Works, Vol. 5*, London: Lawrence & Wishart.

- Rodinson, M. (1979) *The Arabs*, Chicago, IL: University of Chicago Press.

- Toscano, A. (2000) 'Rethinking Marx and Religion', www.marxau21.fr/index. php/textes-thematiques/religion/5-rethinking-marx-and-religion (accessed 20 January 2015).

- Turner, D. (1992) 'Religion: Illusions and Liberation', in T. Carver (ed.), *The Cambridge Companion to Marx*, Cambridge: Cambridge University Press.

제9장 위기 이후 : 마르크스주의와 미래

- Althusser, L. (1978) 'The Crisis of Marxism', trans. Grahame Lock, *Marxism Today*, 22(7).

- Bayat, A. (2013) 'Revolution in Bad Times', *New Left Review*, 80.

- Blackburn, R. (2011) 'Crisis 2.0', *New Left Review*, 72.

- Breman, J. (2009) 'Myth of the Global Safety Net', *New Left Review*, 59.

- Castells, M. (1996) *The Information Age: Economy, Society and Culture, Vol. I: The Rise of the Network Society*, Oxford: Blackwell.

- Castells, M. (1997) *The Information Age: Economy, Society and Culture, Vol. II: The Power of Identity*, Oxford: Blackwell.

- Castells, M. (1998) *The Information Age: Economy, Society and Culture, Vol. III: End of Millennium*, Oxford: Blackwell.

- Clarke, S. (1994) *Marx's Theory of Crisis*, London: Palgrave Macmillan.

- Davis, M. (2011) 'Spring Confronts Winter', *New Left Review*, 72.

- Duménil, G. and Lévy, D. (2009) 'Old Theories and New Capitalism: The Actuality of Marxist Economics', in J. Bidet, and S. Kouvelakis (eds), *Critical Companion to Contemporary Marxism*, Chicago, IL: Haymarket Books.

- Foster, J. and Magdoff, F. (2009) *The Great Financial Crisis*, New York: Monthly Review Press.

- Fraser, N. (2014) 'Behind Marx's Hidden Abode', *New Left Review*, 86.

- Gamble, A. (2009) *The Spectre at the Feast: Capitalist Crisis and the Politics of Recession*, Houndmills: Palgrave Macmillan.

- Hobsbawm, E. (1991) 'Goodbye to All That', in R. Blackburn (ed.), *After the Fall: The Failure of Communism and the Future of Socialism*, London: Verso.

- Hobsbawm, E. (2011) *How to Change the World: Tales of Marx and Marxism*. London: Abacus.

- Hudis, P. (2012) *Marx's Concept of the Alternative to Capitalism*, Chicago, IL: Haymarket Books.

- Korsch, K. (1931) 'Crisis of Marxism', www.marxists.org/archive/ korsch/1931/ crisis-marxism.htm (accessed 8 March 2016).

- Marx, K. (1973) *Grundrisse: Foundations of the Critique of Political Economy (Rough Draft)*, Harmondsworth: Penguin.

- Marx, K. and Engels, F. (1975) *The Holy Family, or Critique of Critical Criticism*, Moscow: Progress Publishers.

- Marx, K. and Engels, F. (1976) 'The German Ideology', in K. Marx and F. Engels, *Collected Works, Vol. 5*, London: Lawrence & Wishart.

- Polanyi, K. (2001) *The Great Transformation: The Political and Economic Origins of Our Time*, 2nd edn, Boston, MA: Beacon.

- Schumpeter, J. (1976) *Capitalism, Socialism and Democracy*, New York: Beacon.

- Streeck, W. (2014) 'How Will Capitalism End?', *New Left Review, 87*.

마르크스 2020

초판 1쇄 인쇄 2018년 5월 3일
초판 1쇄 발행 2018년 5월 10일

지은이 로날도 뭉크
옮긴이 김한슬기

펴낸이 박세현
펴낸곳 팬덤북스

기획위원 김정대·김종선·김옥림
편집 김종훈, 이선희
디자인 심지유
영업 전창열

주소 (우)03966 서울시 마포구 성산로 144 교홍빌딩 305호
전화 070-8821-4312 | **팩스** 02-6008-4318
이메일 fandombooks@naver.com
블로그 http://blog.naver.com/fandombooks

등록번호 제25100-2010-154호

ISBN 979-11-6169-046-9 03160